新常态下
白酒行业发展
路径选择

XINCHANGTAIXIA
BAIJIUHANGYE FAZHAN
LUJING XUANZE

赵凤琦 著

经济管理出版社
ECONOMY & MANAGEMENT PUBLISHING HOUSE

图书在版编目（CIP）数据

新常态下白酒行业发展路径选择/赵凤琦著 . —北京：经济管理出版社，2016.3
ISBN 978 - 7 - 5096 - 4222 - 1

Ⅰ.①新… Ⅱ.①赵… Ⅲ.①白酒工业—工业发展—研究—中国 Ⅳ.①F426.82

中国版本图书馆 CIP 数据核字（2016）第 021180 号

组稿编辑：张 艳
责任编辑：张 达 杨 雪
责任印制：黄章平
责任校对：车立佳

出版发行：经济管理出版社
　　　　　（北京市海淀区北蜂窝 8 号中雅大厦 A 座 11 层 100038）
网　　址：www. E - mp. com. cn
电　　话：（010）51915602
印　　刷：北京晨旭印刷厂
经　　销：新华书店
开　　本：720mm×1000mm/16
印　　张：17
字　　数：270 千字
版　　次：2016 年 3 月第 1 版 2016 年 3 月第 1 次印刷
书　　号：ISBN 978 - 7 - 5096 - 4222 - 1
定　　价：59.00 元

序

在我国众多行业中，白酒酿造业可谓是最为传统而又古老的行业。它起始于农耕文明初期，形成于资源禀赋较好的粮食产区，是农耕文明时期生产力发展到一定阶段、粮食等作物结余之后形成的产物。由于酿酒是一个复杂的生物发酵过程，对水质、气候等都有特殊要求，因此，行业集群明显带有地域性特征。千百年来，历经百代薪火相传，逐步形成当今长江流域、黄河流域和淮河流域等名酒板块，在世界烈酒酿造规模与消费市场份额中都占有重要地位。同时，白酒酿造独特的工艺技术，也是国家认定的非物质文化遗产。因此，实现我国白酒产业可持续发展显得尤为重要且意义深远。

我国自古就有"酒以成礼"的说法，酒既有自身的物质特征，也有品酒所形成的精神内涵，更是成为中华民族传统文化的重要组成部分，深深植根于人民大众的生活之中。改革开放以来，随着经济的发展和消费升级，白酒行业进入了发展的快车道，行业规模不断发展壮大，产量迅速增加，在国民经济中占比也快速提升，成为区域经济中的重要支柱产业。然而，白酒酿造是以粮食为原料，在消耗资源的同时，对生态环境也产生一定的影响，因此，行业常遭诟病。近10多年来，行业发展方式粗放，市场竞争无序，部分企业诚信缺失，社会责任感不强等，已经严重影响了行业的健康发展，特别是粗放的增长方式放大了我国白酒行业周期性过热的副作用，对行业乃至整个社会经济都带来了巨大影响。从2002年到2012年的10多年间，白酒行业盲目发展，缺乏理性。随着外部环境的变化和新常态经济的出现，白酒市场消费快速理性回归，扩张时期形成的沉没成本也大大加重了企业的负担。

中共十八大提出了"两个一百年"的奋斗目标，在经济建设上提出了"两个加快"的方针，即加快完善社会主义市场经济体制和加快转变经济发展方式。特别是中共十八届三中全会提出的"让市场在配置资源中起决定性作用"，为白酒行业可持续发展指明了方向。在当前情况下，要相信市场的力量，让其在配置资源中起决定性作用。同时，中外历史表明，在市场经济尚不成熟的条件下，针对类似白酒等传统行业，运用政府有形之手配置资源也是一个重要方面。在实践中，政府要尊重市场规则，相信市场力量，把市场能够配置的资源主动让渡给市场，同时，要做到不缺位、不越位和不错位，依据市场规则和行业特点"两手"并用，互为补充，才能实现行业的可持续发展。

可持续发展理论是20世纪80年代末期兴起的一种新型的理论，主要表达两个核心观点：一是人类需要发展，只有发展才能满足人类发展的要求；二是发展要有限度，特别是要考虑环境的承受限度，不能以损害自然界为代价来支持当代人和后代人的生存和发展。此后的研究使可持续发展的理论得到进一步丰富和完善，发展是可持续发展的前提；人是可持续发展的主体；环境保护是可持续发展的重要条件；可持续长久的发展才是真正的发展，等等。

可持续发展理论对于指导白酒行业突破环境与资源的制约，实现健康可持续发展，具有重要的指导意义，对建立资源节约型和环境友好型社会，必将产生重大而又深远的影响。但在实践中，从生产、流通到消费领域，如何实现资源的优化配置，减少投资和市场风险，实现效益最大化，也是理论界及白酒行业企业家们的难题。

赵凤琦博士的专著《新常态下白酒行业发展路径选择》运用产业经济学和可持续发展的理论，通过对我国白酒行业30年特别是近10年的回顾总结，分析了在新常态下白酒行业面临的约束条件，研究了白酒行业可持续发展的内涵、实现的手段和路径。该书着重围绕两个方面进行论述：一是在资源环境包括经济新常态下实现白酒行业可持续发展的内涵和标准；二是实现可持续发展需要走一条什么样的路，如何选择较为有效的路径。凤琦同志早期在政府工作过，后来又在白酒企业工作多年，对白酒行业可持续发展的理论和政策做过较为全面系统的研究，结合他的工作实际，发表过很多文章，提出了不少有创见性和可操作性的政策和建议，有助于白酒行业发展方式的转变和可持续发展目标的实现。其论著具有重要的理论和现实意义。

2012年以来的白酒行业全面深度调整，已使白酒产区的政府特别是四川、贵州、河南、江苏等酿造大省以及企业切身感受到实现可持续发展的重要性和紧迫性。切实转变增长方式，走可持续发展的道路已由国家的要求和推动迅速转变为地方政府和白酒企业自身的需要。一些知名酒企主动调整产品结构和经营方针，大力实施"民酒战略"，实现名酒向民酒的回归，在发展的方式上也由"量的扩张"变为"质的提高"。

　　经济新常态下的白酒行业的现实约束和理论研究必将加快白酒行业相关政策的制定与完善。实现白酒行业可持续发展是政府、企业和社会成员的共同呼声与现实选择。我们有理由相信新常态下我国白酒行业会以市场为导向，主动转变增长方式，走出一条可持续发展的健康道路，为中共十八大提出的"两个一百年"的奋斗目标做出贡献。

中国酒业协会理事长

二〇一五年八月

目　录

第一章　绪论

我国白酒业历史源远流长，至今已有千年的历史。作为一种文化传承，我国白酒行业必须走健康可持续的发展道路。这不仅是历史赋予今天白酒人的时代责任，更是破解我国"三农"难题、建设和谐社会、传播我国文化的重要载体。

第一节　问题的提出及研究的意义

一、问题的提出

2013 年世界葡萄酒及烈酒博览会（Vinexpo）发布的一项研究报告预测称，我国白酒的消费位列世界烈酒行业领先地位，其消费量占全球烈酒总消费量的 1/3。我国是全球最大的烈酒市场，同时也是全球烈酒市场增长最快的国家。固然我国白酒消费市场规模是庞大的，但如果除以我国更为庞大的人口基数，那么我国白酒的人均消费水平则远远低于伏特加、威士忌与白兰地全球主要消费地的人均消费量。后三者无论是在本国市场还是在国际市场，都表现得风生水起，不仅给所在国带来丰厚的利润，也将本国的文化输出到国际。与之相比，我国白酒行业却是畸形发展，整体市场表现得不理性、不健康，相互进行产品的同质化竞争与价格的拼杀，导致市场发展呈现"过山车式"的巨幅波动，整体行业反复遭受"冰火两重天"的悲喜。作为国民经济的一部分，当下我国白酒行业的发展是不健康的。实现整体行业健康可持续发展目标已成为整个行业的一个期盼与追求，但其中很多问题迫切需要分析研究。

白酒行业属于制造业中的食品行业。白酒行业作为传统工艺与现代技术相结合的行业，一方面，拥有传统的固态发酵技术；另一方面，也在与时俱进地接受现代技术洗礼。现代技术的快速发展，让一些不良企业或个人见利忘义，利用现代科技，走所谓的造酒"捷径"，严重地危害了人民群众的身体健康和冲击了市场秩序。在现实生活中，个别企业为了追求短期超额利润，恶意添加外来成分，甚至搞假冒伪劣，如1998年山西朔州、2004年广东等地的毒酒案，给人民的生命财产造成重大损失。2012年的"酒精门"和白酒塑化剂风波等食品安全事故频发，给行业发展敲响警钟，同时也急剧恶化了白酒行业发展的外部舆论环境，几乎将我国白酒行业千百年来积累的良好形象和声誉毁于一旦，白酒业的发展面临着前所未有的消费信任危机和生存危机。

在国内白酒市场乱象不断的同时，国际上知名烈酒品牌和酒业"大鳄"已经相继悄然进入我国市场。进口的酒类虽然只占我国烈酒消费总市场的一小部分，但增长非常迅速。2012年的进口酒在我国的销售总额中的比率是2001年销售额所占比率的2.5倍，比2011年增长了16%，这个增长幅度超过了世界上的其他市场。干邑白兰地、混合苏格兰威士忌和伏特加是我国内地市场的三大酒种，芝华士、轩尼诗和尊尼获加是我国内地销量的前三甲品牌，占据了我国2011年进口烈酒43%的份额。如果按照市场销售额计算，芝华士、轩尼诗和尊尼获加超过绝大多数我国的传统名牌酒企。"狼"不只是来了，而且还在不断蚕食我国传统白酒的市场份额。与此同时，国际的酒业"大鳄"通过并购我国优秀白酒企业的办法直接进入我国市场。白酒行业进入门槛较低，但具有高市场投入、低市场风险、高资金回报的特点。前几年，由于宏观经济较好地带动了消费升级，规模以上特别是自然垄断企业大都获取了超额利润，吸引了大批的国际资本进入我国白酒行业，最典型的是2008年高盛（Goldman Sachs）入股安徽口子窖酒业（占25%股份），2011年帝亚吉欧（Diageo）收购四川水井坊酒业，后者作为国际酒业的"龙头老大"，毫不掩饰其拓展我国白酒市场的勃勃野心。此外，还有一大批游资在资本的二级市场觊觎我国白酒企业，我国白酒行业安全已引起国人的关注。

二、研究的意义

（一）现实意义

我国白酒行业之所以要走健康可持续发展的道路，与它是中华文化的重要组成部分紧密相关。具体地讲，还出于以下三个方面的需要：

1. 追逐"中国梦"中的传统文化传承与传播需要。白酒文化是中华民族性格和情感精神的外化，是中华民族表情达意的重要载体。作为我国传统文化传承的重要载体，白酒文化在中华文化的发展历程上无处不在，是中华文明薪火相传的见证者。我国白酒千年来与我国文明同生共荣的历程表明，白酒具有极强的生命力，极具包容性和感染力，能够成功突破历史的局限性，使之成为中华民族文化传承中不可或缺的物质与精神元素。白酒的群饮与共享承载着我国传统的消费文化价值。近期出现了白酒文化在传播中被扭曲的问题，这是中华文化全面复兴时期对白酒全面释放文化价值提出的新课题。我国白酒行业面对社会需求，应该真实回归"本我"，倡导"健康饮酒"文明，主动参与保护民族文化的安全，坚守与遵循传统白酒酿造工艺独特的文化价值，与创造市场品牌价值相融并举，让白酒的内在文化价值与外在文化价值共同作用市场，用文化价值彰显民族品牌风采。

2. 国家整体经济转型升级中的白酒行业提档升级的需要。随着白酒行业发展形势的变化，整个行业都在讲"转型"，转型的关键是行业发展的方向。这既离不开坚守我国传统白酒纯粮固态发酵这一民族工艺传统的灵魂和精髓，同时也要适应时代的潮流，进行与时俱进的创造与革新。而我国白酒创造在于赋予其与新时期社会主流价值观相一致的新的文化内涵，寻求社会大众的"共振"，培养与推动白酒更加理性的消费氛围。白酒一定要结合自身行业特色，发挥环境保护的榜样力量，将可持续发展理念贯穿到企业日常经营的各个环节当中，在系统内建立"生产者、消费者、还原者"行业生态价值链，追求经济发展与环境资源相互协调，努力实现人与自然环境、酿酒工业与自然环境、社会环境与自然环境的协调发展。

3. 白酒行业国际化的需要。中华民族复兴潮流浩浩荡荡，正在日益形成推动全球和平发展的重要的动力源。民族的才是世界的，民族的才是最有生命力的。我国白酒作为民族的品牌真正地走向世界必须依靠中华文化的传播，白酒实现国际化运作同样必须依靠中华文化的向外输出。白酒作为我国文化的有效传播载体之一，必须顺应世界烈酒消费的潮流，从口味国际化入手，自觉提升白酒的质量，自觉地扬弃白酒消费文化中的不健康成分，向健康文明的白酒文化转变，借助于全球的孔子学院和孔子课堂的酒文化传播，借助于世界各地中国年、月、周的文化展示活动，借助于世界各地唐人街和中国城白酒文化展示，通过多管道的白酒消费文化营销，将我国酒文化自身的魅力演绎好，彰显民族行业特有的文化价值。

（二）理论意义

上述三点理由说明如何实现我国白酒行业的可持续发展，是一个亟待解决的现实重要课题。本研究在简要回顾我国白酒行业发展历程之后，力求通过对其发展现状及存在主要问题的把握，从管理体制、生产经营、发展环境、科技创新等方面找出影响中国白酒行业健康可持续发展的主要环节和主要因素，结合国外烈酒行业及国内白酒企业成功典型的个案剖析，尝试探寻构建白酒行业健康可持续发展的路径与模式。并基于以上研究结果，就我国白酒行业可持续发展战略的实施，提出相关的对策与建议。

第二节　中国白酒行业可持续发展研究综述

单纯追求经济增长和财富增加为目的的传统发展观，引发生态环境、社会和谐与稳定危机，人类遭遇了增长的极限。地球作为人类唯一的家园，人类社会的发展必须做到可持续的永续发展，这是一种全新的发展模式。从传统的发展观到当代可持续发展观，是人类社会发展思想和观念的一次根本性变革。

一、关于"可持续发展"的经典定义

在 20 世纪 80 年代以前，可持续发展只是作为一个专用概念和术语，出现在生态学、资源经济学和自然保护等方面的教科书和专业文献之中。1987年，世界环境与发展委员会（以下简称 WCED）向联合国大会提交了研究报告《我们共同的未来》，第一次将可持续发展提升至一种有待完善的理论体系[①]。该研究报告一经 42 届联大辩论通过并公布出版后，立即在全球范围内产生轰动性的影响效应。可持续发展的观念很快演变为全世界所普遍接受的思潮，掀起了至今仍方兴未艾的可持续发展研究与运动的全球浪潮。《我们共同的未来》的最大贡献在于它首次提出了可持续发展的战略主张，并明确定义了可持续发展的概念，即"可持续发展是既满足当代人的需求，又不对后代人满足其自身需求的能力构成危害的发展"[②]。WCED 的可持续发展概念和可持续发展模式已成为影响全球可持续发展思潮和运动的经典阐释。

1989 年，联合国环境规划署（以下简称 UNEP）第 15 届理事会接受和认同 WCED 的可持续发展概念和可持续发展模式，并对它们进行了补充与扩展，在会议通过的《关于可持续发展的声明》中将可持续发展的概念引申为"可持续发展系指满足当前需要，又不削弱子孙后代满足其需要的可持续发展，而且决不包含侵犯国家主权"的含义。WCED 和 UNEP 的可持续发展概念，鲜明地表达了两个核心观点：一是人类要发展，要满足人类的发展要求；二是发展要有限度，特别是要考虑环境的承受限度，不能损害自然界支持当代人和后代人生存的环境可持续发展能力。此后的研究又陆续得出一些引申的观点，主要有：发展是可持续发展的前提；人是可持续发展的主体；环境保护是可持续发展的重要方面；可持续的长久发展才是真正的发展。

与理论上的研究热潮相呼应，全世界范围内可持续发展运动与实践也在如火如荼地推进当中。1991 年，发展中国家环境与发展部长级会议在北京召开，会议通过了《北京宣言》。1992 年 6 月，联合国环境与发展大会在巴西里约热内卢召开，世界上 100 多个国家的元首或政府首脑出席此次会议，大会通过了《里约宣言》《21 世纪议程》等 5 个文件。这次会议标志着世界上大多数国家和组织已经接受了可持续发展理念，是第一次把可持续发展思潮推向全球性的实际行动。此后，为了协调和监督各国落实《21 世纪议程》的

---

① 世界环境与发展委员会：《我们共同的未来》，世界知识出版社 1989 年版。
② 马中：《环境与资源经济学概论》，高等教育出版社 1998 年版。

进展情况，联合国还专门成立了可持续发展委员会（CSD）。

二、国际酒精饮料行业健康可持续发展研究现状

从已掌握的国内外文献来看，当前国际社会对可持续发展的研究主要集中在以下四个方面：一是建立专门化组织，或者推出专门项目，在可持续发展理论的指导下，综合研究和管理资源的生产、贸易和技术支持等具体事宜；二是从科技的角度研究，力争以技术进步推动经济与环境的可持续发展；三是从市场、贸易和金融的角度研究；四是加拿大、澳大利亚、中国等国家广泛地开展了生态、经济、人口、资源与环境等方面的可持续发展研究。

目前，国外学术及业界对食品、酒精饮品及饮料行业的可持续发展研究不多，但各国都高度关注本国优势酒精饮品行业的发展。在可持续发展方面的研究主要包括以下内容：

加拿大农业和农业食品组织（Agriculture and Agri – Food Canada）开发的一个促进加拿大食品和饮料行业可持续发展的生态效益指标体系（Eco – efficiency Indicators，EEIs）。该体系包括：能源使用、温室气体的排放、水资源利用和废水的处理、有机残留物和包装残留物等方面的强度指标和回收比率。EEIs 有助于帮助监管机构和行业进行具体的处理操作和管理，促进和实施清洁生产的举措，并会导致运营成本节省、产品创新好提升竞争力。该体系于2008 年首次发布测评报告[①]。

采用生态足迹来衡量食物和饮料消费对环境价值影响研究。Andrea Collinsa 和 Ruth Fairchildb（2007）在不同的假设前提下，研究居民的消费更可持续与减少对环境影响之间的关系，结论是生态足迹技术能够有助于地方政府在可持续食品和饮料的消费政策方面的决策[②]。Vicki Waye（2008）研究认为碳足迹和粮食/食品当地化是旨在减少温室气体排放的环保措施，但对澳大

---

① Dominique Maxime, Michèle Marcotte, Yves Arcand, 2006：" Development of Eco – Efficiency Indicators for the Canadian Food and Beverage Industry", Journal of Cleaner Production, Volume 14, Issues 6 – 7, 2006, pp. 636 – 648.

② Andrea Collinsa, Ruth Fairchildb, 2007："Sustainable Food Consumption at a Sub – national Level：An Ecological Footprint, Nutritional and Economic Analysis", Journal of Environmental Policy & Planning, Volume 9, Issue 1, 2007, pp. 5 – 30.

利亚的食品出口行业（如葡萄酒业）而言，因其远离出口市场，造成的运输成本可以大大增加产品的碳足迹和不利影响销售。在澳大利亚葡萄酒主要出口市场中，要求商品标注食物里程标签（food miles labeling）的做法并不违反 WTO 协议，如果食物里程标签成为标准化或以其他方式通过国家认可，将会推动当地食品采购，而不利于澳大利亚的食品出口①。

发展食品更可持续的供应链是让参与供应链的企业将产品质量责任延长至社会和环境绩效层面。食品制造商、零售商、非政府合作组织、政府和农民组织的合作是至关重要，以便提高对某些供应标准链的标准和使农民从事更可持续的农业实践活动②。

三、我国国内白酒行业可持续发展研究现状

经过多年探索，我国在可持续发展方面的研究已从理念传播、概念诠释阶段发展到理论体系建构阶段，并取得了多方面的成果，主要集中在可持续发展原则、内涵、特征、价值、理论基础、研究方法、发展模式、具体实践等方面，都比较成熟而且很成体系③。在实践方面，1994 年 3 月，在全球大国中，我国第一个发布了《21 世纪议程》；两年后，我国正式将可持续发展确定为国家的基本发展战略，一直延续至今，并且发挥着越来越强大的社会影响。可持续发展已经成为一种社会主流思潮。

截至 2014 年 3 月，就检索到的学术文献而言，与我国白酒行业健康可持续发展有关的研究，除了白酒业现状研究以外，主要集中在以下四个方面：一是我国白酒业健康可持续发展的生产经营因素分析。二是我国白酒业的技术创新与清洁生产因素分析。三是白酒业的行业集群优化研究。四是我国白酒行业国际化的进程与策略研究。

（一）我国白酒行业现状的分析

至 2013 年，从数据上来看，我国白酒行业的发展方兴未艾，我国白酒行

---

① Vicki Waye, 2008："Carbon Footprints, Food Miles and the Australian Wine Industry", http://www. law. unimelb. edu. au/files/dmfile/downloadf0481. pdf.

② B. Gail Smith, 2007："Developing Sustainable Food Supply Chains", Downloaded from rstb. Royalsociety Publishingorg. on December 29, 2013.

③ 中国科学院：《2001 年我国可持续发展战略报告》，科学出版社 2002 年版。

业的产量、销售收入、税金、利润等已经连续9年实现增长。与此同时，我国白酒行业呈现出规模化、工业化和多元化格局；在产品结构上以降度酒为主；毛细管色谱分析等现代生物技术得以应用和发展①。但通过对我国白酒业数据收集、测算和分析，发现我国白酒行业集中度处于较低的态势，且不稳定，严重影响整个行业竞争力②。有学者研究分析认为近几年白酒行业效益的增长主要是市场经济调整和消费理性回归的结果，并不代表白酒业进入大发展时期，他们论述了我国白酒行业的困境及应对策略③。

（二）我国白酒业健康可持续发展的生产经营因素分析

有的学者认为我国白酒行业当前发展中的很多问题源自行业定位不准，与当前社会发展相脱节，如"同质化"、饮酒与健康、生态环境保护、人类物质文化生活质量提升和中华民族传统行业继承与发展等各种需求④。对比可持续发展的要求，在行业结构调整、企业改革、高新技术的研究应用、人才培养和"依法治酒"等方面还有大量的工作要做⑤。

主流的观点认为行业政策与有关行业标准是当今影响我国白酒行业发展的重要制度因素⑥。行业政策在宏观层面限制了白酒优势区域的行业发展。有关白酒行业标准不到位，导致产品质量与知识产权无法得到有效保护，既不利于国内白酒行业的健康可持续发展，也不利于我国白酒走向国际市场。

白酒属于享受型消费品。从生产经营的角度来看，主流的观点认为白酒业要实现健康可持续发展，最重要和最迫切的任务是抓住、扩大和培育消费者，核心力量是我国正在成长当中的中产收入阶层，他们是白酒消费的最大人群与动力源，并对白酒消费理念和方式产生越来越大的影响，因此白酒业需要适应他们的现代消费方式和满足消费者的价值需求⑦。

白酒品牌的竞争，将是对消费者心智资源的争夺，谁抓住对消费者心智资源的占位，谁才有胜出的机会。只有把消费者心中沉淀的文化从潜意识中

①⑤　王延才：《我国白酒行业发展报告》，《酿酒》2001年第7期。

②　刘杜若：《我国白酒行业的集中度及其决定因素的实证研究》，《酿酒科技》2009年第4期。

③　赵姗姗、李娜：《浅谈白酒行业面临的困境及应对策略》，《酿酒》2013年第4期。

④　胡承、沈才洪、杨小柏、胡永松：《对我国白酒发展中一些问题的思考》，《酿酒》2003第3期。

⑥　傅国城：《关于白酒行业发展战略趋势的思考》，《酿酒》2005年第9期。

⑦　杨廷栋：《白酒的发展取向是满足消费者的价值需求》，《酿酒科技》2009年第9期。

唤醒，与企业文化形成共振，才能让企业品牌深入消费者内心①。品牌是企业获取竞争力的法宝，实现市场化运作是当今企业成功的关键，资本运作和产权制度改革是企业持续发展的动力。

酒类产品"信任品"属性，决定了政府规制以及消费者自我保护都面临难以克服的信息不对称，行业协会对产品质量安全的自我规制可以克服政府与市场的双重失灵，是一种更为有效的规制路径选择②。

（三）我国白酒业健康可持续发展的技术创新与清洁生产因素分析

从 21 世纪初开始，在全行业依次开展"中国白酒 169 计划"和"中国白酒 158 计划"整体性地提高了行业的科技水平，将传统白酒行业引向了现代生物科技、新型工业化和机械化发展道路③。有很多研究预测了白酒行业各专业技术在未来的发展趋势，并对检测技术中的高端仪器分析，数据分析中的复杂数学模型，工艺技术中的分子生物学、基因组学，品评勾兑中的计算机智能勾兑，生产、包装中的机械化、自动化等方面的运用进行总结④。建立白酒质量追溯管理系统是当前正在推进的一项工程，它可分为生产链和流通链质量追溯管理系统两部分，建设白酒质量追溯管理系统的关键是要实现数据、报文和流程标准化⑤。物联网技术在白酒行业的应用前景广阔，当前处于应用初级阶段，主要是基于无线传感网的酿酒生产过程自动化应用和基于 RFID 及二维码的防伪溯源应用。未来白酒酿造生产过程无线传感器网络应用包括曲药温度监测、曲房环境控制模型、白酒发酵窖池温度监测数据模型、粮食储藏环境控制、酒库环境监测。防伪溯源应用主要包括防串货、防造假、抽奖管理⑥。

---

① 傅国城：《我国白酒行业发展应侧重于理性升级与企业文化形成共振》，《酿酒》2012 年第 5 期。

② 凌潇、严皓、廖国强：《酒类产品质量安全的行业协会自我规制》，《酿酒科技》2013 年第 8 期。

③ 王延才：《走新型工业化和机械化道路是传统白酒发展的必由之路》，《酿酒科技》2011 年第 10 期。

④ 陈勇：《白酒行业技术发展趋势分析》，《酿酒科技》2013 年第 3 期。

⑤ 李文坤：《白酒产品追溯管理系统设计研究》，北京邮电大学工商管理硕士专业学位论文 2009 年。

⑥ 何宏魁、李安军、万春环、汤有宏、周庆伍：《物联网技术在白酒行业应用综述》，《酿酒科技》2012 年第 2 期。

有研究从法规要求、市场需求、消费者期望等角度阐述了白酒行业食品安全管理的必要性和重要性。相关研究分析了从原粮种植、采购、基酒酿造、贮存、勾调、包装等环节可能产生的食品安全危害及控制要点，剖析了白酒行业食品安全管理现状，展望了白酒行业食品安全管理的发展趋势①。

有学者对比分析了欧盟标准化战略及其法规标准体系对欧洲饮料酒行业的支撑作用后发现，我国白酒行业的标准化技术的发展明显滞后，并就我国白酒国家标准、年份白酒的定义、保质期指标、行业低碳经济发展模式下的标准体系建设等提出了具体建议②。还有学者研究认为应从目前白酒发展的实际出发，加快技术创新步伐，研究制定符合食品安全要求、有利于公民健康的白酒国家卫生标准，研究制定有利于白酒行业发展的国家标准，研究制定利于个性化发展的国家标准，研究制定白酒产品标准、检验标准③。

此外，还有一些研究涉及白酒行业的循环经济与清洁生产的内容。白酒工业作为我国传统发酵行业，一直存在能耗高、废物多等问题。降低粮耗是白酒行业发展循环经济的关键环节。有学者就我国白酒工业的能源、资源消耗情况以及主要污染物的种类、数量、来源等进行研究，并将提出在实施清洁生产中有效解决以上问题的方法和措施④。

(四) 我国白酒业健康可持续发展的行业集聚与行业链优化研究

作为现代行业形态，我国白酒行业必须向着规模化、集约化和名优酒的方向发展。有研究以行业集聚理论和行业链理论为研究基础，从我国白酒市场集中度、要素特征等方面分析得出我国白酒行业的集聚特征、集聚效应、组织结构、发展趋势，并指出了我国白酒行业的集聚和行业链方面存在的不足，提出了提升我国白酒行业竞争力的优化对策⑤。

白酒行业作为资源导向型行业，在不同的区域呈现不同的发展状况。造成这种差异的原因：一方面，是各地的资源禀赋不同；另一方面，是各地的

① 王明、沈才洪：《白酒行业食品安全管理现状及趋势》，《酿酒科技》2010 年第 1 期。
② 王化斌、李明志：《对我国白酒标准化技术与发展的几点建议》，《酿酒科技》2010 年第 1 期；熊正河、钟其顶、郑淼、王继坤、田亚琼：《标准对白酒行业国际化的技术支撑作用研究》，《酿酒科技》2011 年第 5 期。
③ 闫宗科：《健全白酒标准 促进白酒行业健康安全发展》，《酿酒科技》2012 年第 8 期。
④ 王延才：《大力发展循环经济，促进行业持续发展》，《酿酒科技》2006 年第 8 期。
⑤ 侯亚景：《我国白酒行业集聚与行业链的优化研究》，天津理工大学硕士学位论文 2011 年。

人才、技术、资本等要素的差别。国家在酒业发展的宏观调控上，应进一步优化空间布局，促使我国酒业走出一条"高效利用自然资源、完美结合现代高新科学技术与传统生产工艺、充分发挥人力资源优势"的开发之路①。

打造"中国白酒金三角"对优先发展优势行业，弘扬我国酒文化，提高"金三角"地区整体经济效益和竞争实力，提升我国白酒在国际上的竞争力和影响力，具有重要的理论与现实意义。有研究对四川、贵州联手打造"中国白酒金三角"的战略措施及相关骨干企业在打造"中国白酒金三角"中的作用角色进行了分析②，提出了优化"中国白酒金三角"的白酒行业空间布局，必须打破行政壁垒、推动行业集群化发展、打造区域品牌等优化白酒行业空间组织的建议③。白酒文化旅游在打造"中国白酒金三角"行业集群区的过程中意义重大，对我国酒文化的传播具有积极的影响，有助于促进区域经济发展水平和区域特色产品品牌效应的提升④。

（五）我国白酒行业的国际化路径研究

这类文章较多，研究的视角也各有不同，有的是从企业组织视角，有的是从文化视角，还有的从技术标准视角看的。

面对白酒行业"入世"的冲击，运用 SWOT（优势、劣势以及面临的机遇与挑战）技术分析我国白酒行业后发现，作为我国特有的酒种，我国传统白酒具备进入国际市场的优势和机遇⑤，但同时存在缺乏文化输出引导、存在规模不经济、市场竞争无序和政策上缺乏有效的宏观调控等问题，但也有民族文化因素⑥。

有的研究进一步指出，要实现我国白酒国际化之路，首先要选对酒的风味，清香型、老白干香型酒以及露酒是重点向国外推介的品种，因为它们与国际消费者的口味最接近；在技术方面，要加强健康因子的研究，提高我国

---

① 杨柳：《白酒行业发展的路径选择》，《酿酒科技》2009 年第 2 期。
② 黄永光、刘杰：《中国白酒金三角发展战略分析》，《酿酒科技》2010 年第 8 期。
③ 李启宇、何凡：《"中国白酒金三角"白酒行业空间组织优化探讨》，《酿酒科技》2013 年第 4 期。
④ 孟宝、郭五林、鲍燕：《中国白酒金三角旅游开发与我国白酒品牌国际影响力提升浅议》，《酿酒科技》2012 年第 12 期。
⑤ 王炎：《WTO 与我国的传统酒业》，《农村经济》2005 年第 9 期。
⑥ 杨柳：《我国白酒业的核心竞争力研究》，《酿酒》2006 年第 1 期。

白酒科学技术水平①。当前我国白酒的国际化应该坚持传承与创新相结合，"两手抓，两手都要硬"：一手抓我国（酒）文化的深层输出，一手抓在国际化背景下的品质、口感的创新②。白酒品牌的打造和文化营销，应充分利用我国文化走向世界这一机遇，借助我国文化的推广，顺势组织行业骨干企业到世界上推广我国酒文化，积极开拓国际市场③。"走出去"是一项系统工程，要有领导部门牵头，组织各方面的力量，包括外贸、旅游、文化，特别是传媒部门，向外推介、宣传我国的酒文化。只要各方面共同努力，我国白酒一定会更好地走向世界④。

四、国内研究现状评价

综上所述，国内关于白酒行业健康可持续发展研究散见于以上5个方面，针对白酒行业可持续发展的系统研究成果不多，特别是缺乏关于白酒行业可持续发展宏观与综合的研究成果，目前此领域还是一片空白。此外，现有的研究内容与方法上还存在以下问题：一是对行业现状的研究仅仅是对十一届三中全会以来白酒行业发展阶段的划分和存在问题的罗列，缺乏深层的分析和规律的总结，更缺乏科学和理论的指导。二是对白酒行业结构、品牌的研究大都是个案、微观的分析，形成的对策不具有普遍指导意义，个别研究曲解概念，混淆品牌和文化的真实含义。三是对白酒行业集聚及行业链的研究缺乏特定自然经济、社会条件分析，在相关理论的运用上显得不够紧密。四是对白酒行业国际化的研究忽视了我国白酒国家标准的创新和国际食品卫生标准的对接，以及我国白酒的资本价值功能研究。

本书在借鉴已有研究成果的基础上，依据我国白酒行业发展历程与现状，未来供需状况，对我国白酒行业可持续发展总体及要素进行分析，以探寻我国白酒行业可持续发展的可行道路与模式。

---

①④　钟国辉、邹海晏：《对我国白酒走向世界的思考》，《酿酒》2011年第4期。

②　徐岩：《我国白酒国际化进程中的传承与创新》，《酿酒科技》2012年第12期。

③　傅国城：《我国白酒行业发展应侧重于理性升级与企业文化形成共振》，《酿酒》2012年第5期。

第三节　研究思路、方法与结构安排

一、研究思路

本书将从我国白酒行业的现状分析出发，研究白酒行业在宏观经济中的地位与作用及存在的问题，并就白酒行业发展路径作探讨和分析。因此，从本书的逻辑分析看，基本呈现的是"综合—分解—综合"的结构。本书研究的结构如图1-1所示。

技术线路：文献资料和数据的收集、处理、分析。其中包括：国内外的文献收集，我国白酒行业发展的现状与趋势、问题与成果的分析；我国的法律、规章制度对白酒行业的影响分析；白酒行业自身存在问题与社会相关因素分析以及白酒行业发展需要解决的问题及其路径的选择。

二、研究的方法与数据来源

本书以"中国白酒行业可持续发展"为研究标的，以综合地运用微观经济学、产业经济学和制度经济学的理论为分析基础，通过采取定量与定性分析相结合，时间和空间比较相结合的方法，多视角考察我国白酒行业健康可持续发展存在的问题、改进的重点环节和重点方面以及可能存在的优化路径。为此，在具体研究方法上，还采取分散与集中、规范研究和实证研究相结合，力求理论分析和操作建议更加完善和可行。

（一）实证分析法

我国白酒行业可持续发展现状研究必须建立在实证分析的基础上，从而客观地揭示我国白酒行业在可持续发展方面存在的问题、改进的重点环节和重点方面以及未来发展趋势。无论是白酒行业的产销量、市场结构、经济效益、贸易相关数据等，力求让数据分析的结果来"说话"。

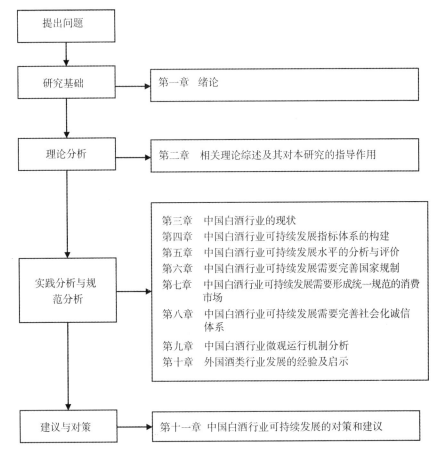

图 1-1　本书研究的结构图

（二）规范分析法

该方法覆盖了实证分析法适用范围外的大多数章节内容，如在白酒行业健康可持续发展需要完善国家规制、形成统一规范的消费市场、完善国家技术指标体系、完善社会化诚信体系、外国酒类行业发展的成功经验及启示和对策及建议等方面分析中，尽管很多方面无法具体量化，但是通过归纳与推理等规范分析方法的应用，同样能推导出既符合客观规律又符合社会道德评价的相关结论。

（三）比较分析法

主要集中在我国白酒行业的区域分布之间、知名企业之间、与国外行业之间在酒的风格、特色、规模与增长、发展趋势、经营策略、政府规制、行业管理和社会责任等方面异同，以此从多个角度来揭示我国白酒行业多层次健康可持续发展的现状和问题与差距的情况。

（四）因素分析法

实现"我国白酒行业健康可持续发展"是一个体系，要研究清楚、说得明白研究的命题，必须将系统结构到因素层级进行分析。本书将分别从管理体制、生产经营、发展环境、科技创新等方面进行具体的因素分析，以此来探寻决定和影响我国白酒行业健康可持续发展的主要因素。

本书所引用的数据来源于国家统计局历年的《中国统计年鉴》、中国食品协会和中国酿酒工业协会的统计数据，部分上市企业及其他非上市企业的数据来源于万德（Wind）数据库。还有些数据，特别是微观分析和国内外相关数据都由笔者搜集整理或实地调研得来。

第二章　相关理论综述及其
对本研究的指导作用

首先，一个行业的发展是长期动态的演进过程，同时也存在着其自身的规律性特征。对于这些规律性特征的总结，形成了一套自成体系的理论，即为产业经济学理论。毋庸置疑，产业经济学理论是白酒行业发展的理论基础。其次，为了纠正白酒行业发展和市场运行过程中所普遍存在的垄断、外部性、信息不完全和不对称等"市场失灵"现象，需要政府这只"看得见的手"进行规制和干预。因此，规制经济理论也是指导白酒行业发展的重要理论。最后，企业诚信问题普遍存在于我国白酒行业中，严重制约了白酒行业的健康发展。因此，必须加强白酒行业和企业的诚信体系建设，而这离不开企业诚信理论的指导。基于以上三个方面的考虑，本章将在对产业经济学理论、规制经济理论和企业诚信理论进行综述的基础上，阐述具体相关理论在本研究中的实际应用。

第一节　产业经济学理论及其在白酒行业的应用

产业经济学是一门新兴的应用经济学科，是将产业作为研究对象，不仅研究产业组织，即产业内部企业和市场的微观运行，而且还研究整个行业及行业间的关联互动，即产业结构、产业融合、产业集聚、产业布局、产业竞争力、产业安全和产业政策等。因此，产业经济学理论的内容主要包括产业组织理论、产业结构理论、产业集群（布局）和产业竞争力理论等。

一、产业经济学对白酒行业可持续发展研究的指导意义

产业经济学作为现代经济学中用于分析现实经济问题的新兴应用经济学理论，对于一个国家、地区、行业乃至企业的发展都具有重要的理论价值和指导意义。我国是世界上的制造业大国，而白酒行业又是制造业中重要的一员，白酒行业的良好健康发展应当得到重视，而实践需要有合适的理论指导作为基础，那么对我国白酒行业可持续发展的研究必须要有相应的产业经济学理论指导。

（一）微观意义

企业是产业经济学的研究主体，企业研究是产业与市场分析的开端，企业行为决定了行业的特征及发展过程。对于目前我国的白酒行业来说，企业微观层面的问题层出不穷。比如，国内中小酒厂盲目发展，企业之间开展恶性竞争，行业集中度整体偏低。那么需要分析在什么类型的市场上，白酒企业才能行使控制价格和获取高额利润的市场势力？有利于促进白酒行业市场绩效的最佳企业规模水平是多少？白酒企业用什么样的方法会使市场环境缺乏竞争？白酒企业如何通过兼并收购进行集团化和规模化发展？又如，在粮食及其他原材料纷纷涨价以及消费者更加挑剔和需求多样化的背景下，白酒企业应当实施什么样的企业发展模式？如何通过提高产品质量、创新产品种类和培育知名品牌来提高企业竞争力？再如，从开放经济视角来看，在跨行业、跨国资本以及洋酒企业大规模涌入我国的趋势下，我国白酒企业如何应对这种冲击？我国白酒企业如何"走出去"？如何培育白酒行业的跨国公司？这些都需要用相应的行业组织理论来解释和解决。

（二）宏观意义

我国正处在工业化和城市化的过程中，市场经济不够发达、城市化程度不够高，再加上区域经济发展不平衡、政府在经济发展中起着主导作用等特殊国情，这些因素决定了我国白酒产业发展不可能像西方发达市场经济体那样在微观层面上通过企业自身的资产重组和产量调整自动解决行业结构的非均衡问题，而必须发挥政府在区域和行业之间调配资源的能动作用，即要在

保持市场机制良好运行的基础上，大力发挥政府在白酒行业组织和行业结构调整中的作用。因此，除了行业组织层面的微观研究，我国白酒行业的可持续发展问题还必须考虑产业结构、产业关联、产业集群和区域产业布局等中观层面的研究。比如，从行业结构来看，白酒行业在我国或区域制造业中的份额多少？对国民经济或地方经济的贡献有多大？如何促进白酒行业结构的优化和价值链升级，即白酒产业工艺流程升级、产品升级、功能升级及链条升级的路径和机制分别是什么？又如，从产业关联来看，白酒行业的上下游行业之间的关联度如何？白酒行业与农业及其他制造业产业如造纸、印刷、包装、化工、玻璃及塑料等之间是如何相互影响的？如何通过相关行业的发展带动白酒行业的发展？再如，从行业布局来看，造成目前我国白酒行业布局混乱的根源是什么？如何优化？从行业集群来看，我国应如何利用制造业集群的基础和发展经验，发挥国内巨大内需市场规模优势，培育具有较强国际竞争力的白酒行业集群，等等。

二、产业经济学在白酒行业可持续发展研究中的应用

（一）产业组织理论的应用

1. 运用市场（行业）集中度指标，刻画我国白酒行业的市场竞争状况。所谓市场集中，是指市场中卖方和买方各自供求规模及其分布，用来衡量企业的数目和相对规模差异的指标即为市场集中度。市场集中度是决定市场结构最基本和最重要的因素，集中反映了市场的竞争或垄断程度。因此，可以通过考察国内几家规模最大白酒企业的市场份额或者规模以上白酒企业的产值规模来揭示我国白酒行业的市场竞争状况。本研究主要采用万吨产量企业规模数量和年销售收入前50名的白酒企业规模状况来反映我国白酒行业的市场竞争程度。

2. 运用市场绩效理论，从行业利润、税收贡献、就业贡献、出口额等不同角度全面刻画我国白酒行业的运行绩效。在第三章关于我国白酒行业现状的分析中，除了运用毛利率、销售利润率、成本费用利润率、（净）资产利润率、新产品销售值、利润总额、R&D经费、出口交货值等供给角度衡量白酒行业的市场绩效，而且还以税收总额及结构、规模以上白酒企业从业人员

等指标来考察我国白酒行业的绩效。

3. 运用产品差异化理论，分析我国白酒行业的品牌化发展和白酒消费市场的培育。作为市场结构的重要决定因素之一，产品差异化可以塑造产品个性、激发消费者偏好，从而获取市场需求，而且还可以通过减少销售的中间环节，为消费者节省渠道成本，因而产品差异化被认为是企业创建品牌与取得竞争优势的重要策略。目前，我国白酒产品存在着问题包括：酒质口感雷同、包装雷同、缺乏创新，品牌运作不力、品牌定位能力差、品牌文化承载能力弱、品牌传播策略欠缺和品牌的战略意识不强等。产品差异化理论可以指导我国白酒企业通过实施正确的产品差异化策略来寻求自主品牌升级和本土消费市场的培育，这在第五章和第八章中均有不同程度的体现。

4. 运用策略性行为理论及博弈论方法，剖析我国白酒行业的微观运行机制。在寡占市场中，一个企业通过影响竞争对手对该企业行动的预期，使竞争对手在预期的基础上作出对该企业有利的决策行为，这种影响竞争对手预期的行为就是策略性行为。常见的策略性行为有掠夺性定价和限制性定价。所谓掠夺性定价是指在位企业为了将竞争者赶出市场或者防止潜在竞争者的进入，将价格减至竞争者的平均成本以下，即便是自己也遭受短期损失；但一旦竞争者离开（不打算进入）市场，在位企业就会提高价格以弥补掠夺期损失（Schmalensee，1979；Rosenbaum，1987；Romano and Berg，1985）。限制性定价则是指在位企业通过当前的价格策略来影响潜在竞争者对进入市场后的利润预期，从而影响潜在竞争者的进入决策，是一种短期非合作策略性行为。限制性定价包括遏制进入定价（Bain，1956），即在位企业制定一些价格策略以完全阻止潜在竞争者进入市场，以及动态限制性定价或最优限制性定价（Gaskins，1971；Flaherty，1980；Judd，1985），即在位企业通过跨期利润现值之和价格最大化策略以减少甚至消除潜在竞争者的进入，此时的价格水平通常处于短期垄断价格水平之下、完全遏制进入水平之上。在第九章中，通过对我国白酒行业中企业策略性竞争行为如肆意杀价、恶意串货、买断市场、虚假广告等揭示白酒行业存在的问题，并通过对茅台、洋河与秦池等典型案例进行分析，总结白酒企业经营的成败经验。

5. 运用进入壁垒理论，揭示培育我国大型白酒企业集团的路径和机理，并分析我国白酒行业消费市场分割的成因。进入壁垒和进入阻止是企业数量和企业规模分布的决定性力量，从而成为影响市场结构与市场绩效的重要因素。从边际成本等于价格的帕累托静态效率的观点来看，进入壁垒的存在降低了市场竞争程度，在进入壁垒约束下新进入企业所需承担的额外生产成本意味着资源配置的扭曲，造成了资源配置效率的损失。但是，从行业效率增长的动态角度来看，适度的进入壁垒和行业集中度可能有利于技术创新和技术进步。因此，从长期来看，进入壁垒对社会福利具有双重效应。冯·威泽克（Von Weizsacker，1980）的模型分析表明，尽管多数理论认为降低或消除进入壁垒从而鼓励进入是可以改善社会福利的，但在一定条件下，提高对在位企业的保护反而有利于社会福利，即进入壁垒的存在可能是增加社会福利的。对于我国白酒行业来说，一方面，市场的无序竞争意味着行业进入壁垒较低，在位企业无法通过构建有效的进入壁垒来提高行业集中度从而获得规模经济水平；另一方面，由于地方保护主义而形成的行政性壁垒，区域之间普遍存在白酒市场分割现象，导致外地企业无法进入本地市场，较低的市场一体化水平导致白酒企业无法享受足够的市场规模效应。那么，有必要对各种进入壁垒的影响因素及其福利效应进行分析。对于由产品技术特点、资源供给条件、消费者偏好、社会法律制度以及政府行为等外生因素决定的进入壁垒特别是区域性市场进入壁垒，需要政府进行制度创新和适当的引导；而对于企业而言，为了促成规模经济效应的发挥，可以设法采取某些有意识的策略性行为构建行业层面的进入壁垒。对于进入壁垒理论的应用，散见于第三章的白酒行业现状分析、第六章的白酒企业规制分析、第七章的白酒消费市场分析以及第十章的促进白酒行业健康可持续发展的对策建议分析中。

（二）行业集群与行业竞争力理论的应用

1. 运用行业集群理论，研究我国白酒行业规模化发展以及白酒行业竞争力和白酒消费市场的培育。首先，白酒行业集群化发展有利于形成集原材料采购、生产、销售等于一体完整的白酒行业价值链条，不仅可以产生规模效应，而且有利于交易成本的降低，还便于促进集群内部白酒企业之间的学习效应和技术溢出效应，从而提升白酒行业和企业的竞争力。其次，行业集群和消费需求集中是良性循环的关系：一方面，由于行业集群和企业集中增加了消费需求，企业都会选择消费需求规模大的地方，进一步促进了企业集中；另一方面，消费市场的扩大有利于增加企业的销售量和利润，进而提高消费者（行业工人）的收入水平，刺激其消费支出增加，从而扩大市场需求。根据上述理论，培育具有较强竞争力的我国白酒行业集群和形成统一规范的消费市场是互动的关系。如何促进这种互动关系，是本研究的核心内容之一。

2. 运用行业价值链（Value Chain）理论评价我国白酒行业国际竞争力，并找出提升路径与对策。波特（1985）在其《竞争优势》中提出了价值链理论。他认为，企业大都可以被看作是一个由设计、生产、销售、交货、售后服务等一系列创造价值的活动所组成的集合体。因此，企业的每项活动都可以从是否创造价值的角度来判断和评价，企业的竞争优势也主要来源于企业与竞争对手在价值链上位置的差异。价值链理论为白酒行业国际竞争力的研究提供了一种新的思路，即按其所从事的价值链环节和活动进行竞争力评价。在全球价值链分工条件下，白酒行业从酒的制曲、酿造、原材料供应、调制、储存和包装、品牌营销整个一条价值链可以分布在不同国家和地区，那么我国的白酒行业企业所具体从事的环节决定了其国际竞争力。此外，如何整合价值链，充当白酒行业价值链的链主，也成为我国白酒企业的重要任务之一。在第十一章的促进白酒行业可持续发展的对策建议分析中，提出运用价值链思路来构建白酒行业竞争力指标。

第二节 规制经济理论及其在白酒行业的应用

规制经济学是 20 世纪 70 年代以后逐渐发展起来的一门新兴的微观经济学分支，主要研究在垄断、公共产品、信息不对称等外部性所带来的市场失灵情况下政府的干预问题，包括政府为什么要干预、采取什么措施干预、干预是否有效以及在干预无效情况下通过规制与放松规制之间的权衡而找到次优选择。

一、规制经济学对白酒行业可持续发展研究的指导意义

规制经济学对白酒行业可持续发展研究的意义主要表现在其政策指导作

用上。比如，针对白酒行业，政府应当努力维持什么样的市场结构，自由竞争、垄断经营、寡头竞争还是差异化竞争？政府所制定的竞争规则和竞争政策，是不是可以有效改善白酒市场运行方式？针对白酒行业内的中小企业，政府应当采取什么样的政策措施加以扶持、鼓励和约束？一国政府或者一个区域的地方政府如何制定有利于本国和本地白酒行业竞争力培育的技术标准和适宜的评价体系，等等。

二、规制经济学在白酒行业可持续发展研究中的应用

规制来源于政府纠正市场失灵，是实现生产资源的市场化配置、保障产品质量安全的手段。规制体系是由政府规制机构、规制参与主体、规制法律体系和规制保障体系等组成。规制保障体系一般包括技术标准体系、产品质量安全应急体系、检验检测机构体系等方面。根据规制性质的差异，政府规制包括经济性规制和社会性规制。对于白酒行业来说，也必须兼用这两种规制手段。规制经济理论的应用主要体现在第二章、第七章和第八章的内容中。

（一）经济性规制的应用

经济性规制是针对存在自然垄断和信息不对称问题的行业领域，比如公用事业、交通、通信、金融业等，为了提高资源配置效率水平和保护消费者利益，通过许可证等手段，对企业的进入和退出条件、产品价格和服务的数量和质量、投资、财务会计等行为进行的规制。经济性规制的方式主要包括价格规制和进入规制。经济性规制可以用来规范白酒行业合理的市场竞争，提高白酒行业竞争力。

白酒行业并不具备自然垄断的特点，但显然存在信息不对称，其存在于企业与企业之间，也存在于企业与消费者之间，致使难以实现帕累托最优。而且，在不同白酒市场上市场结构也不尽相同。比如，在高档白酒市场，主要是茅台、五粮液等少数几个品牌，属寡头垄断型市场结构；而在普通白酒市场，厂商众多、品牌众多，市场竞争更加激烈，接近于自由竞争的市场结构。不同的市场特征决定了对其实施规制的具体目标、规制方式以及规制对象等方面的不同。更严重的是，我国白酒行业竞争秩序紊乱，企业不正当竞争非常普遍。主要包括：一是终端销售商存在价格欺诈行为。二是生产商和

销售商漫天要价或联合抬高物价牟取暴利。三是强迫交易或搭售、商业欺诈、坑蒙拐骗时有发生。四是假冒伪劣产品、低价倾销、侵犯商业秘密、损害竞争对手商业信誉等时有出现。五是运用行政权力甚至司法力量干预市场流通的行政垄断行为。对于这些问题，必须运用价格规制、企业数量规制、产量规制、投资规制、进入与退出规制等经济性规制手段促使白酒企业正当竞争，确保白酒行业资源的有效配置。

（二）社会性规制的应用

社会性规制是基于对劳动者和消费者健康和安全的考虑，需要政府制定一些规章制度对产品质量、生产安全、环境污染等方面进行规制，其针对的是社会中所有企业和消费者。社会性规制的方式主要包括直接限制、行政手段、经济手段、信息披露和提供等。社会性规制可以用来制定白酒技术标准和质量标准，构建白酒产品质量安全和环保体系，从而维护白酒行业工人、消费者以及大众的利益。

我国白酒行业中频频出现的假酒、酒精门、塑化剂等食品安全事故，亟须政府进行严格的社会性规制。一是直接规制和间接规制相结合，即采用白酒企业许可经营、白酒产品质量认证标准与通过诱导、财政补贴、税收优惠、提供相关信息等途径鼓励白酒企业主动确保产品质量和安全的规制手段。二是公共规制和自主规制相结合，一方面，通过白酒行业管理部门依据法律制定规格、标准，对白酒产品的生产、流通、销售全过程的行为进行监督管理；另一方面，调动白酒企业自主规制、自我管理的积极性，鼓励其遵从国家制定的规格和标准，或者独自制定高于国家水平的规格和标准，对企业的生产经营行为进行规范与控制，主要包括对外信息披露、内部质量管理、责任承诺等方面的内容。

第三节　企业诚信理论及其在白酒行业的应用

诚信是商道之本，是与市场经济直接相关的道德准则。古往今来，学界从哲学、伦理学、经济学、管理学、社会学、法学等多个学科视角进行了不同的阐释。诚信在不同领域的内涵是不同的，但主要体现在经济领域的契约诚信、道德领域的伦理诚信以及社会生活领域的心理诚信这三个方面。其中，道德层面的诚实守信是基础，经济层面的契约关系履行是关键，心理层面的社会主体之间信任是目标。

一、企业诚信理论对白酒行业可持续发展研究的指导意义

所谓企业诚信，就是企业在社会经济交往活动中，通过提高自身的诚信素质和修养，切实履行各种契约的承诺来塑造其良好的信誉和形象，以期获得更可观的利润及可持续发展。企业诚信的类型主要有企业内部员工之间的诚信、企业与企业之间的诚信、企业与消费者之间的诚信、企业与政府之间的诚信、企业与银行之间的诚信、企业与社会之间的诚信等。作为市场经济的重要主体，企业的诚信水平不仅直接影响着企业自身竞争力，而且还间接影响着资源的配置效率和经济社会的健康发展。因此，企业诚信水平对构建和谐、诚信社会具有相当重要的意义。

从白酒行业来看，企业诚信表现在白酒生产和销售企业在内部管理、生产加工、产品销售、售后服务整个价值链活动过程中诚实守信，不断提高诚信修养，忠实履行各种契约和承诺，塑造自身的信誉及良好的内部、外部形象。然而，自20世纪90年代以来，我国白酒企业经营中偷税漏税、虚假广告、制假售假、以次充好、坑蒙欺诈、合同违约、逃废债务、破坏环境等诚信缺失现象屡禁不止，甚至有愈演愈烈之势，严重扰乱了市场秩序，阻碍了我国白酒行业的市场化进程和可持续发展，降低了我国酒业的国际竞争力。因此，有必要运用科学的企业诚信理论来引导白酒企业诚信经营，治理白酒企业经营诚信缺失，规范白酒行业的诚信体系。

二、企业诚信理论在白酒行业可持续发展研究中的应用

本书第八章中考察了如何通过完善社会化诚信体系来促进白酒行业健康可持续发展，其中所运用的企业诚信理论主要是从产权经济学、契约经济学和经济伦理学这三个视角来探讨的。

（一）产权经济学理论的应用

产权经济学理论强调了产权在企业声誉或信誉的形成和企业诚信建设中的重要性，认为信誉机制是市场经济有效运行的基础条件，通过一体化组织内交易替代现货市场的交易能减少交易成本，从而形成稳定的信誉机制，而一体化的前提条件就是产权清晰。因为产权明晰的企业能够有效地复制信任机制发生作用的条件：可以将市场交易的一次性博弈转化为重复博弈，从而提供一个追求长期利益的稳定预期（张维迎，2001）。另外，明晰产权、保护产权、建立信誉机制还离不开政府规范行为、良好的信息传输体制、完备的法律环境等。

目前，我国白酒企业虽然数目众多，但是大多数企业规模偏小，产权主体缺位，经营管理模式滞后，还未广泛建立起具有明晰产权关系的现代企业制度。因此，推动白酒企业诚信体系建设，必须以产权理论为指导，引导和鼓励企业进行产权改革，减少政府管制，使政府管制合理化与适当化，完善法治环境，促进信任的形成与发展，保证白酒企业真正成为市场经济中法人财产所有权的行为主体。

（二）契约经济学理论的应用

契约经济学，是研究经济主体如何通过特定的契约安排来解决信息不对称问题，属于新制度经济学和信息经济学的一部分。其主要内容包括委托—代理理论、不完全契约理论等，主要研究方法是博弈论。契约经济学在白酒行业诚信问题中的具体应用可以体现在：一是通过建立委托—代理模型，考察白酒企业内部员工之间的雇用诚信问题，落实内部责权、保障职工利益。二是通过构建和求解道德风险模型和逆向选择模型，分析白酒企业与银行、投资者之间的融资诚信问题，建立良好的银企和债权债务关系。三是通过将对消费者的诚信看作企业的无形资产和声誉资本，运用声誉资本理论分析白酒企业与消费者之间的商业信誉关系，尊重消费者权益。四是运用重复博弈理论，分析白酒企业与其他企业、第三方中介机构及政府和社会之间的信用行为，尊重相关法律法规，互相尊重契约承诺，维护双方的长期合作，完善白酒企业征信制度，等等。

（三）经济伦理学的应用

从经济伦理学视角来看，企业诚信是企业作为市场经济主体的一种道德实践过程。诚信也是企业的一种伦理道德资本，企业投入这种资本就能够增值；反之，则会降低企业经营绩效。著名经济伦理学教授戴维·J.弗里切（1999）曾指出，无论是从宏观还是微观意义上来看，遵从社会道德的行为都是商业获取长远的成功所必需的。从宏观角度来看，违背道德的行为会扭曲市场体系，导致资源配置效率低下；从微观角度来看，一个企业的不道德行为会导致其长期经营绩效降低。林恩·夏普·佩因（1999）则认为，一套建立在合理的伦理制度和准则下的组织价值体系也是一种资产，可以产生组织绩效、市场关系和社会地位等多种收益。

伦理诚信对于与居民生活消费密切相关的白酒行业而言更为重要，甚至在很大程度上决定着白酒企业乃至整个酒类行业的发展前景。但是诚信原则作为道德准则，不具有强制力和普遍约束性。在当前我国市场体系不完善和社会信用制度缺失的转型背景下，企业普遍缺乏道德诚信，白酒企业制假售假、以次充好、肆意破坏环境等诚信缺失现象滋生。白酒行业诚信环境的建立，不仅需要文化上的倡导、道德上的宣传，还需要相关法律制度的保障，即通过道德的法律化途径来实现企业诚信化经营。因此，本书将运用经济伦理学视角下的诚信理论来探讨白酒企业与政府在共建诚信体制和政策上的相互作用及各自使命，进而提出促进我国白酒行业诚信化发展以及完善社会化诚信体系的政策建议。

第三章　中国白酒行业的现状

第一节　白酒行业在国民经济中的地位与作用

作为我国特有的酒类品种，白酒具有悠久的历史和文化传统，在各国的烈酒类产品中占有重要地位。白酒在行业划分中属制造业，在行业中又归轻工业，在国民经济中占有重要的地位。由于白酒行业能创造高额的利税，历来就受到国家的高度关注。在食品工业中，酿酒行业创造利税收入仅次于烟草行业，为国家提供了大量的财政积累资金。而在酒类产品中，白酒创造的经济效益一直高于其他酒类，带动了农产品、食品原材料、塑料包装等相关行业的发展。新中国成立以后，白酒行业发展加快。新中国成立之初，我国白酒产品结构主要是 50 度以上散装、简装白酒为主。到改革开放之初，白酒产量有了大幅度增长，1949 年、1978 年，我国白酒产量分别为 10.8 万吨、143.74 万吨。进入 21 世纪以来，白酒产量进入新一轮增长期，2001 ~ 2013 年，从 420.19 万千升增长至 1226.2 万千升，增长了 1.92 倍。

一、十一届三中全会以来我国白酒业发展态势

20 世纪 80 年代以来，随着改革开放的深入，居民生活水平的提高，白酒产量迅速增长，1996 年，我国白酒生产达到巅峰，总产量 801.3 万吨，比改革开放初期增长 5 倍多。"九五"计划以来，白酒行业发展开始由单一追求产量向重视经济效益、经济质量方面转变，各大酒厂不断提高投入产出比

和综合经济效益，国家也加大了对白酒行业的行业政策方面的指导。这一阶段，国家对白酒行业主要以调控和调整为主，此后数年，白酒产量逐步下降。从新中国成立以来主要年份的产量增速来看，"五五"、"六五"、"七五"、"八五"各个五年计划期间的增长率分别为69%、57%、52%、50.6%，但到了"九五"计划期间，增长率下降到23%左右。可以认为，"九五"以前，我国白酒行业发展相当迅速，几近失控，"九五"期间，经过国家行业政策调控，白酒产量开始回落。进入21世纪，整个"十五"期间，白酒产量稳中有降，年产量从2001年的420.19万千升下降至2005年的349.37万千升，"十一五"期间，白酒产量增长迅速，从2006年的397.08万千升增长至2013年的1226.2万千升，增长了2.09倍。

从行业的组织化程度来看，"八五"计划以前，我国白酒行业以中小型企业为主，同时存在大量的手工作坊，生产布局较为分散，除了传统的名优白酒产地外，全国其他地方的小酒厂也迅速发展起来。经过"九五"时期的调整和发展，白酒市场一方面受宏观调控的影响；另一方面，日益加速的市场化的因素促进了白酒生产企业的壮大，特别是通过日益激烈的市场竞争，一部分规模企业日渐壮大，经济效益逐步提高，白酒行业的规模化、多元化发展态势明显。到"十二五"期间的2012年，白酒行业市场集中度大大提高，生产经营明显向名酒企业集中。规模以上企业中，大型白酒企业销售占全行业的54%，利润占80%，出口占90%。2013年，大型白酒企业主营业务收入为2756.49亿元，利润总额为618.33亿元，分别占全部白酒企业的54.93%、76.82%。

21世纪之初，我国白酒行业开始转型发展。

（一）受宏观调控和行业政策影响，白酒行业发展的势头有所减缓

据有关资料统计，2000年，我国有白酒企业3.7万余家（不包括家庭手工作坊），其中乡以上独立核算的企业4700余家。与以往年份相比，企业数量方面有所减少，规模以上企业（年销售收入500万元以上的国有和非国有企业）1999年、2000年分别为1334家、1182家，一年中减少了150家左右。但白酒产量还是略有增加，增速和上年比有所下降。2000年产量为476.11万吨，增长1.09%，销售收入、税金、利润总额分别为513.25亿元、84.25亿元、43.27亿元，增长率分别为1.54%、-2%、4.8%。利税合计

127.52 亿元，在酒类行业各酒种之中最高。从营运质量来看，2000 年，白酒行业总资产、总负债分别为 900 余亿元、550 余亿元，资产负债率为 61% 左右，流动资产平均余额为 480 多亿元，应收账款净额为 100 亿元左右，流动资金周转天数 107 天。与全国同期其他行业相比，白酒行业自有资金充足，偿债能力较强。2012 年，列入统计的规模型白酒企业有 1290 家，比 2003 年增加了 89 家，但资产规模增长巨大，2012 年为 3920 亿元，2003 年为 990 亿元。数据表明规模型白酒企业发展迅猛，白酒行业的转型发展取得了实质性的成效。

（二）产品质量提档升级较快，新的品牌特别是地产白酒不断涌现

随着白酒企业中机械化设备的增加和微机勾兑等技术的广泛应用，白酒的质量和口感不断提高，2000 年，国家质量技术监督局对白酒质量抽查结果表明，白酒产品整体合格率达 90% 以上，规模企业的合格率更高，大中型白酒企业的产品合格率在 97% 以上。2007 年国家质检总局对白酒产品抽样合格率为 90.5%，2012 年第二季度，山西省质监局重点对 9 类食品质量进行了监督抽查。其中，白酒抽样合格率为 91.67%。随着生物技术的开始应用，白酒中多种成分得到有效控制和合理运用，各主要知名企业如茅台、五粮液、洋河等向市场推出了各种档次、各种口感的产品。随着市场竞争的白热化，知名白酒企业日益重视品牌的作用，把产品质量当作企业的生命，大量投入广告费用，加大品牌的策划和推广力度。随着消费市场的扩大和消费需求的多层次化，一方面，名优酒的销量快速增长；另一方面，新的白酒品牌不断涌现，在全国主要省份，都有知名的地产品牌，形成了如苏酒、皖酒、鲁酒等各种品牌，在当地市场得到广大消费者的认可，市场占有率日益上升。

（三）白酒产品向低度化、多样化方向发展

伴随着人民生活水平提高，对健康饮酒有了更高的要求，同时科学技术飞速发展，为控制酒精含量提供了手段，白酒行业的产品结构出现了向低度化调整的趋势。酒精含量大幅度下降，已经普遍降低了 10 度以上。进入 21 世纪以来特别是 2010 年来，市场上以降度酒（40～49 度）为主，60 度以上的高度白酒基本上退出了市场，低度白酒（39 度以下）已经占有白酒市场的 40% 左右。在酿造工艺方面，保持了传统的特色又不断融入现代方法。液态

法（以食用酒精为酒基）生产工艺得到了广泛的应用，液态法具有出酒率高、生产效率高、经济效益好等优点，近年来处于不断发展和创新过程中，液态法白酒的产量在白酒中占到55%以上。在口感方面，各种香型的白酒得到了不同程度的发展。2010年以来，浓香型、清香型白酒分别占到70%、15%左右，兼香、酱香及其他香型的白酒占15%左右。

随着白酒新产品开发力度的不断增强，不同品牌、酒度、档次、包装的白酒纷纷进入酒类市场。"八五"、"九五"期间对白酒行业发展的导向性政策中提倡"纯净型"白酒，21世纪以来，"纯净型"白酒已经进入市场销售，这种类型的白酒量产是现代高科技应用的结果，其特点是酒类成分中甲醇、杂醇油含量极低，适应了广大消费者和市场对健康的需求，符合了世界烈酒的发展趋势，因而为市场所看好。

（四）有实力的白酒企业纷纷走上规模化、多元化之路

近年来白酒市场日益扩大，企业规模呈增长趋势。1999年，白酒产量达万吨的规模型企业全国约有70家，有30家产量在2万吨以上。2000年，年销售收入前50名的白酒企业中，集团企业有22家，股份制企业有8家。2012年规模以上白酒工业销售产值4265.42亿元，单个企业平均生产规模3.3亿元左右。随着规模扩大和实力提高，一些市场销售好、竞争力强的名优白酒企业通过多种方式如联营、收购、兼并进行资本运作。在对外加大资产重组力度，进行资本扩张的同时，对内则是通过技术改造，扩大生产能力。这一时期，主要的白酒企业纷纷组建起集团化运作模式，成立了集团总部，参股或控股了各种形式的分公司、子公司，一些地方上的小型酒企，有的因市场竞争、经营不善等问题，被兼并到大企业集团的旗下，这些白酒企业集团则利用主厂的资金、技术、管理、品牌优势，不断拓宽经营领域，走上了多元化经营之路。它们除了参股、兼并同类企业扩大产能外，也进入葡萄酒、果露酒、啤酒的生产领域。但更多的企业从事与主业无关的多元化产业，这里有成功经验也有失败教训。许多大型企业集团开始进入房地产、酒店、金融、印刷、饲料、医药等行业，多元化经营大多坚持"以酒为基础，综合发展"的方针，但由于执行上的偏差和对其他行业的不熟悉导致了不同的经营业绩。

二、白酒行业发展现状

2012 年，我国规模以上白酒企业达到 1290 家，生产原酒 1153.16 万千升，同比增长 12.44%，完成工业销售产值 4265.42 亿元，占工业和建筑业（第二行业主营业务收入）0.46%，实现利润 818.56 亿元，同比增长 48.52%，占全部工业企业利润总额的 1.32%。2013 年，全国白酒产量达到 1226.2 万千升，同比增长 7.05%，增速比上年回落 11.5 个百分点。销售收入为 5018 亿元，同比增长 11.2%，利润和税金分别为 804.87 亿元、555.14 亿元，与上年相比出现负增长，分别增长 −1.9%、−0.08%。白酒产品平均销售收入为 40.92 元/升，平均利润为 6.56 元/升，平均销售利润率为 16.04%。高端白酒销售明显下滑，全年高端白酒销售额同比下降 63.56%，中低端白酒销售额同比增长 15.77%。从区域经济发展的角度看，白酒是部分中西部地区的支柱行业。2012 年，四川省规模以上白酒企业产值达到 1475.47 亿元，占四川工业主营业务收入的 4.69%。贵州省规模以上白酒企业实现工业销售产值 317.82 亿元，占全省工业主营业务收入的 5.32%。2013 年，四川规模以上白酒企业主营业务收入为 1791.18 亿元，贵州省为 450.7 亿元。此外，在四川的宜宾市、泸州市、绵阳市，贵州的遵义市，安徽的亳州市，江苏的宿迁市等，白酒已成为这些地区的支柱行业，无论是 GDP，还是财政收入，白酒行业在其中都占有相当大的比例。

（一）税收高速、平稳增长，占国家比重持续上升

酿酒行业为国家提供了大量利税，在食品制造业中所创造的经济效益仅次于烟草行业。在酒类产品中，白酒行业创造的效益一直名列前茅。2003 年以来，税收总额从 135.56 亿元增加到 2011 年的 1066.27 亿元，增长近 8 倍。年增长率较快，高于全国税收的增长率，2007 年、2010 年、2011 年的增长率分别为 37.59%、39.18%、44.81%，而同年国家税收增长率为 31.08%、23%、22.58%。白酒行业税收占全国税收比重不断提高，2003~2011 年持续上升，占比从 0.68% 提高到 2011 年的 1.19%（如表 3−1 所示）。

表 3-1 2003 年以来白酒行业税收及占国家比重情况

年份	税收总额（亿元）	增长率（%）	全国税收（亿元）	增长率（%）	占比（%）
2003	135.56		20017.31		0.68
2004	158.74	17.10	24165.68	20.72	0.66
2005	194.07	22.25	28778.54	19.09	0.67
2006	243.97	25.71	34804.35	20.94	0.70
2007	335.68	37.59	45621.97	31.08	0.74
2008	431.41	28.52	54223.79	18.85	0.80
2009	529.05	22.63	59521.59	9.77	0.89
2010	736.32	39.18	73210.79	23.00	1.01
2011	1066.27	44.81	89738.39	22.58	1.19
2012			100614.30	12.12	

资料来源：国研网、中宏网统计数据库及《中国统计年鉴》2013 年版。表中的增长率为按现价计算所得。

从白酒行业税收结构来看，主营业务税金及附加、增值税是主要来源。主营业务税金及附加从 2007 年开始到 2011 年，增长趋势单边上扬，但 2012 年有了较大的回落，增速为 19.96%。2013 年为 295.56 亿元。增值税 2003 年为 34.33 亿元，2012 年增至 260.94 亿元，增值税波动较大，2007 年增长至一个高峰，当年增长率为 33.23%，以后两年持续下降，2009 年仅增长 12.11%，2011 年增长率为 46.57%，2012 年又回落至 25.54%，2013 年增值税为 259.58 亿元（如表 3-2 所示）。

表 3-2 白酒行业税收结构及增长情况

年份	主营业务税金及附加（万元）	增长率（%）	税收总额（万元）	增长率（%）	应交增值税（万元）	增长率（%）
2003	571478		1355592		343348	
2004	617504	8.05	1587444	17.10	383348	11.65
2005	728143	17.92	1940692	22.25	469720	22.53
2006	831869	14.25	2439731	25.71	569445	21.23
2007	963038	15.77	3356816	37.59	758665	33.23
2008	1137880	18.16	4314061	28.52	991169	30.65
2009	1387551	21.94	5290529	22.63	1111218	12.11

续表

年份	主营业务税金及附加（万元）	增长率（%）	税收总额（万元）	增长率（%）	应交增值税（万元）	增长率（%）
2010	1749877	26.11	7363247	39.18	1418128	27.62
2011	2389678	36.56	10662692	44.81	2078533	46.57
2012	2866748	19.96			2609424	25.54
2013	2955650	3.10			2595789	-0.50

资料来源：国研网、中宏网统计数据库，表中的增长率为按现价计算所得。2013 年数据来自中国酒业协会编印的《中国酿酒工业行业信息》。

（二）大大促进了白酒产地的就业

白酒行业对环境有特定的依赖和对工艺的特殊需求，决定了该行业的很多生产环节属于劳动密集型。一个生产能力达到万吨原酒的企业，直接和间接提供的就业岗位将超过 1 万人。我国的白酒企业一般都在欠发达地区，这些地区工业企业少，劳动力资源相对于东部发达地区较为丰富，因此，白酒行业在吸收剩余劳动力等方面发挥重要的作用。2003 ~ 2012 年，白酒规模以上工业企业的从业人员从 34.14 万人增加至 47.77 万人，其中 2004 ~ 2007 年人数有所下降，2008 年以后就业人员稳定增长（如表 3 - 3 所示）。由数据可以看出，就业人员的增长远远比不上行业规模的增长，一个重要原因是先进机器设备的使用和生产工艺的提升，使得白酒的生产效率大幅度提高。对于白酒产地来说，就业的效应还是非常明显的，2012 年，四川规模以上企业从业人员 15.16 万人，占全国白酒规模以上企业从业总人数的 1/3 左右，山东、湖北、河南、贵州、安徽从业人员在 3 万 ~ 4 万人（如表 3 - 4 所示）。

表 3 - 3　我国 2003 ~ 2012 年规模以上白酒企业从业人员人数

年份	全部从业人员年平均人数（人）	年份	全部从业人员年平均人数（人）
2003	341377	2008	363796
2004	323712	2009	365662
2005	301396	2010	411512
2006	302222	2011	420877
2007	317468	2012	477721

资料来源：国研网、中宏网统计数据库。

表 3 - 4 2012 年全国各地区白酒业规模以上企业从业人数

地区	规模以上工业企业从业人数（人）	地区	规模以上工业企业从业人数（人）	地区	规模以上工业企业从业人数（人）
全国	477721	浙江	337	重庆	4797
北京	2767	安徽	33212	四川	151589
天津	1432	福建	1835	贵州	31532
河北	13950	江西	8107	云南	1887
山西	15131	山东	40238	西藏	
内蒙古	15090	河南	33491	陕西	8723
辽宁	10796	湖北	40021	甘肃	4771
吉林	8770	湖南	7577	青海	1605
黑龙江	5620	广东	2954	宁夏	472
上海	185	广西	2909	新疆	4058
江苏	23861	海南	4		

资料来源：国研网、中宏网统计数据库。

（三）拉动消费、扩大内需，带动关联行业

白酒不是消费的必需品，但是情感交流、沟通的媒介。白酒拉动消费的功能体现在三个方面：首先，白酒直接消费额每年在 4000 亿元左右。其次，带动餐饮消费。最后，白酒及其关联行业职工收入的消费。2004～2013 年，白酒的市场规模不断扩大，以工业销售产值来衡量市场消费，2004 年为632.78 亿元，2012 年增至 4265.42 亿元，增长率逐年上升略有波动，2011 年达到顶峰为 36.98%，2012 年受大环境的影响下降增幅收窄，为 19.15%（如表 3 - 5 所示）。2013 年主营业务收入为 5018 亿元。白酒行业的带动作用也是明显的，白酒企业属粮食加工业，也是农业行业化龙头项目，可以实现农产品加工增值。白酒行业还带动了造纸印刷、包装、化工、玻璃及塑料等行业的发展，促进商业流通。

表3-5 中国2004~2013年白酒消费情况

年份	工业销售产值（当年价格）（亿元）	增长率（%）	年份	工业销售产值（当年价格）（亿元）	增长率（%）
2004	632.78	13.52	2009	1977.63	23.67
2005	732.53	15.76	2010	2613.46	32.15
2006	937.98	28.05	2011	3579.82	36.98
2007	1248.82	33.14	2012	4265.42	19.15
2008	1599.11	28.05	2013	5018	11.20

资料来源：国研网、中宏网统计数据库。2013年工业销售产值数据用中国酒业协会编印的《中国酿酒工业行业信息》中的主营业务收入代替，为保持上下文一致，增长率用中国酒业协会计算的11.2%的数据。

（四）行业规模不断扩大，白酒产量不断提高

2013年，我国白酒制造业实现产品销售收入5018亿元。2003~2013年，主营业务收入增长率分别为12.18%、17.40%、31.23%、33.51%、30.45%、27.08%、30.65%、35.51%、20.69%、11.20%。2012年之前，主营业务收入增长率一直高于总资产增长率，2012年总资产增长率为23.81%，10年来第一次超过主营业务收入增长率。2003~2012年，规模以上的白酒企业数从1001家增至1290家，总资产从990亿元扩大至3920亿元，产能不断扩大（如表3-6所示）。2013年规模以上的白酒企业数增加到1423家。

表3-6 2003~2013年白酒行业规模情况

年份＼项目	企业单位数（个）	全部从业人员年平均人数（人）	同比增长（%）	主营业务收入（万元）	同比增长（%）	资产总计（万元）	同比增长（%）
2003	1001	341377		5464226		9907978	
2004	986	323712	-5.17	6129952	12.18	10055746	1.49
2005	957	301396	-6.89	7196713	17.40	10018994	-0.37
2006	1055	302222	0.27	9444158	31.23	11556102	15.34
2007	1159	317468	5.04	12608954	33.51	13131960	13.64
2008	1441	363796	14.59	16448374	30.45	16204475	23.40

续表

项目＼年份	企业单位数（个）	全部从业人员年平均人数（人）	同比增长（%）	主营业务收入（万元）	同比增长（%）	资产总计（万元）	同比增长（%）
2009	1521	365662	0.51	20902035	27.08	19017340	17.36
2010	1626	411512	12.54	27309493	30.65	24133956	26.91
2011	1277	420877	2.28	37006463	35.51	31662041	31.19
2012	1290	477721	13.51	44662555	20.69	39201332	23.81
2013	1423			50180079	11.20		

资料来源：国研网、中宏网统计数据库，数据按当年价格计算。2013 年主营收入数据来自中国酒业协会编印的《中国酿酒工业行业信息》，为保持上下文一致，增长率用中国酒业协会计算的 11.2% 的数据。

白酒产量不断提高。2002～2004 年 3 年间，产量有所下降，年增长率分别为 -9.95%、-12.46% 和 -5.89%，以后逐年回升，2008 年，受国际金融危机的影响，增长率回落至 15.26%，至 2010 年，增长率达到近 10 年来高峰，为 26.01%。2011 年以来增幅明显下降，2012 年同比增长 12.44%，产量为 1153.16 万千升，2013 年产量达 1226.20 万千升（如表 3-7 所示）。

表 3-7　2002～2013 年白酒产量

年份	白酒产量（折65度，万千升）	增长率（%）	年份	白酒产量（折65度，万千升）	增长率（%）
2002	378.36	-9.95	2008	569.34	15.26
2003	331.20	-12.46	2009	706.93	24.17
2004	311.68	-5.89	2010	890.83	26.01
2005	349.37	12.09	2011	1025.55	15.12
2006	397.08	13.66	2012	1153.16	12.44
2007	493.95	24.40	2013	1226.20	7.05

资料来源：国研网、中宏网统计数据库，数据按当年价格计算。2013 年白酒产量数据来自中国酒业协会编印的《中国酿酒工业行业信息》，为保持上下文一致，增长率用中国酒业协会计算的 7.05% 的数据。

（五）产销衔接良好，出口增长较快

2003～2012 年，我国白酒工业销售产值从 557.44 亿元增长至 4265.42 亿元，增长近 8 倍。从增速来看，2007 年、2010 年、2011 年均超过 30%，2012 年销售同比增长 19.15%，增速比上年下降了 17 个百分点。产销衔接良好，库存控制在一定范围内，除了 2008 年产成品资金增长超过销售增长外，其余年份均低于销售，2012 年产成品资金占用为 230.91 亿元，同比增长 17.98%，增速比上年同期下降了 7 个百分点，占销售的比重为 5.41%。

出口增长较快，出口交货值从 2003 年的 9.23 亿元增加至 2012 年的 34.79 亿元。2004 年、2005 年在国内市场需求不旺的情况下，白酒行业出口高速增长，增长率分别为 38.14%、39.39%，2008 年国际金融危机，出口下降了 25.31%，2012 年国内销售下降，出口增长了 24.64%（如表 3 - 8 所示）。2013 年海关口径的白酒出口量是 1390921 升，价值为 25775.79 万美元。

表 3 - 8　2003 ~ 2012 年白酒行业产销情况

项目 年份	工业销售产值 （当年价格） （万元）	同比增长 （%）	出口交货值 （当年价格） （万元）	同比增长 （%）	产成品 （万元）	同比增长 （%）
2003	5574429		92287		726065	
2004	6327830	13.52	127482	38.14	718353	- 1.06
2005	7325292	15.76	177702	39.39	709807	- 1.19
2006	9379839	28.05	213389	20.08	797892	12.41
2007	12488201	33.14	225733	5.78	843150	5.67
2008	15991148	28.05	168606	- 25.31	1128009	33.79
2009	19776348	23.67	167437	- 0.69	1279212	13.40
2010	26134616	32.15	245330	46.52	1566995	22.50
2011	35798218	36.98	279147	13.78	1957221	24.90
2012	42654204	19.15	347931	24.64	2309105	17.98

资料来源：国研网、中宏网统计数据库，数据按当年价格计算。

（六）成本上升较快，加强管理、控制成本的潜力较大

2003 ~ 2011 年，白酒行业主营业务成本从 345.23 亿元上升至 2408.03 亿元，增长约 7 倍，与销售增长基本同步。2006 年、2007 年、2008 年、2011

年，增幅均超过30%。营业费用从2003年的54.66亿元增至2011年的194.48亿元，管理费用从43.54亿元增至2012的209.69亿元，此两项费用的增幅远低于主营业成本的增长。财务费用增长从2003年的8.7亿元增至2012年的15.26亿元，主要是因为白酒企业的资产负债率低，利息负担较轻。2010~2011年，营业费用增长率开始下降，分别为18.72%、−4.58%，增幅比上年分别减低近11个、23个百分点，通过加强内部管理控制成本的潜力较大，2012年、2013年主营业务成本分别增长16.04%、17.88%（如表3−9所示）。

表3−9 2003~2013年白酒行业成本费用情况

年份	主营业务成本（万元）	同比增长（%）	营业费用（万元）	同比增长（%）	管理费用（万元）	同比增长（%）	财务费用（万元）	同比增长（%）
2003	3452265		546602		435454		86951	
2004	3839488	11.22	590792	8.08	435449	0.00	85722	−1.41
2005	4497911	17.15	668411	13.14	484333	11.23	64980	−24.20
2006	6059271	34.71	814914	21.92	597941	23.46	80510	23.90
2007	7979651	31.69	1072122	31.56	762977	27.60	93588	16.24
2008	10786488	35.17	1324473	23.54	965749	26.58	123364	31.82
2009	13851618	28.42	1716796	29.62	1168521	21.00	116307	−5.72
2010	17972122	29.75	2038112	18.72	1493064	27.77	166334	43.01
2011	24080339	33.99	1944813	−4.58	1485630	−0.497	224791	35.14
2012	27942269	16.04			2096873	41.14	152582	−32.12
2013	32937265	17.88						

资料来源：国研网、中宏网统计数据库，数据按当年价格计算。2013年主营业务成本数据来自中国酒业协会编印的《中国酿酒工业行业信息》，增长率为上下两年数据简单计算所得。

（七）行业整体盈利能力较强，亏损面下降

2003~2012年，白酒行业利润总额从44.08亿元增长至818.56亿元，增长了近18倍。2007年、2010年、2011年，年增长速度在50%左右，利润的增幅远高于销售收入和成本的增幅。亏损企业的亏损总额不断下降，从2003年亏损6.77亿元下降至2012年的2.89亿元，白酒行业亏损面从23.98%下降为4.50%，亏损深度从15.35%下降为0.35%（如表3−10所示）。据中国酒业协会统计资料，2013 年，白酒行业利润 804.87 亿元，同比下降 1.09%，但平均销售利润率仍达到 16.04%。

表 3 - 10　2003 ~ 2013 年白酒行业盈亏情况

年份	利润总额（万元）	同比增长（%）	亏损企业亏损总额（万元）	同比增长（%）	亏损深度（%）	亏损面（%）
2003	440766		67657		15.35	23.98
2004	586609	33.09	45092	-33.35	7.69	20.18
2005	742852	26.63	65472	45.20	8.81	16.93
2006	1038443	39.79	52325	-20.08	5.04	13.36
2007	1635152	57.46	41798	-20.12	2.56	10.61
2008	2185040	33.63	88370	111.42	4.04	8.40
2009	2791783	27.77	26071	-70.50	0.93	7.50
2010	4195281	50.27	23767	-8.84	0.57	6.46
2011	6194526	47.65	20727	-12.79	0.33	4.23
2012	8185628	32.14	28923	39.54	0.35	4.50
2013	8048689.7	-1.09				

注：亏损深度 = 亏损企业亏损总额/利润总额 ×100。

资料来源：国研网、中宏网统计数据库，数据按当年价格计算。2013 年白酒利润数据来自中国酒业协会编印的《中国酿酒工业行业信息》，为保持上下文一致，增长率用中国酒业协会计算的 -1.09% 的数据。

白酒行业利润持续增长的原因是行业的特殊性决定了行业盈利能力较强。2003 ~ 2012 年，白酒行业毛利率一直保持在 30% 以上，2003 年为 36.82%，2011 年为 34.93%，略有下降。销售利润率、资产利润率、净资产利润率这三项指标近 10 年内持续上升，2012 年分别为 18.33%、20.88%、36.63%，而 2003 年这三项指标分别为 8.07%、4.45%、9.69%。2003 年、2011 年的成本费用利润率分别为 12.77%、25.72%（如表 3 - 11 所示）。据我国酒业协会统计口径，2013 年，白酒销售利润率为 16.04%。

表 3－11　2003～2012 年白酒行业盈利能力

年份	毛利率（％）	销售利润率（％）	成本费用利润率（％）	资产利润率（％）	净资产利润率（％）
2003	36.82	8.07	12.77	4.45	9.69
2004	37.37	9.57	15.28	5.83	12.04
2005	37.50	10.32	16.52	7.41	14.47
2006	35.84	11.00	17.14	8.99	17.37
2007	36.71	12.97	20.49	12.45	23.32
2008	34.42	13.28	20.26	13.48	24.71
2009	33.73	13.36	20.15	14.68	26.04
2010	34.19	15.36	23.34	17.38	31.46
2011	34.93	16.74	25.72	19.56	36.06
2012		18.33		20.88	36.63

资料来源：国研网、中宏网统计数据库，数据按当年价格计算。

（八）白酒地域性优势明显，四川、山东、河南、辽宁、江苏产量和销售占据行业前列

2013 年，我国白酒累计产量为 1226.20 万千升，其中，产量最大的 5 个省（市、区）是四川、山东、河南、江苏、湖北，当年产量分别为 336.36 万千升、131.71 万千升、106.76 万千升、94.05 万千升、72.15 万千升，其占行业产量的比重分别为 27.43%、10.74%、8.71%、7.67%、5.88%，其累计产量合计占全国白酒总产量的 60.43%（如表 3－12 所示）。

表 3－12　2013 年各地区白酒产量情况

地区	白酒（折 65 度，万千升）	占全国的比重（％）	地区	白酒（折 65 度，万千升）	占全国的比重（％）
全国	1226.20	100.00	河南	106.76	8.71
北京	28.00	2.28	湖北	72.15	5.88
天津	2.77	0.23	湖南	25.67	2.09
河北	27.66	2.26	广东	11.88	0.97
山西	11.19	0.91	广西	9.31	0.76
内蒙古	64.59	5.27	海南	0.12	0.01

地区	白酒 （折65度，万千升）	占全国的 比重（%）	地区	白酒 （折65度，万千升）	占全国的 比重（%）
辽宁	54.78	4.47	重庆	17.23	1.41
吉林	56.17	4.58	四川	336.36	27.43
黑龙江	50.05	4.08	贵州	32.38	2.64
上海	0.63	0.05	云南	7.63	0.62
江苏	94.05	7.67	西藏	0.00	0.00
浙江	2.07	0.17	陕西	10.49	0.86
安徽	40.20	3.28	甘肃	4.46	0.36
福建	3.86	0.32	青海	2.11	0.17
江西	14.19	1.16	宁夏	1.26	0.10
山东	131.71	10.74	新疆	6.47	0.53

资料来源：国研网、中宏网统计数据库。

从重点地区行业运营状况来看，2012年，实现工业销售产值前五位的省分别是四川（1475.47亿元）、湖北（378.27亿元）、山东（374.51亿元）、贵州（317.82亿元）、江苏（287.19亿元），实现工业销售产值合计占全国的比重为66.42%（如表3-13所示）。2013年，主营业务收入全国排名前六的省份是四川（1791.18亿元）、湖北（507.52亿元）、贵州（450.7亿元）、山东（421.46亿元）、河南（272.52亿元）、江苏（272.38亿元），以上六省业务收入占全国白酒的比重为74.05%。

表3-13 2012年白酒行业各地区运营情况

地区	工业销售产值（亿元）	工业销售产值同比增长（%）	地区比重（%）	亏损企业亏损总额（万元）	地区	工业销售产值（亿元）	工业销售产值同比增长（%）	地区比重（%）	亏损企业亏损总额（万元）
全国	4265.42	27.59	100.00	28923.10	河南	230.77	19.06	5.41	0.00
北京	12.74	15.44	0.30	0.00	湖北	378.27	31.77	8.87	539.70
天津	5.48	-15.45	0.13	385.40	湖南	77.58	39.67	1.82	657.30
河北	104.16	15.03	2.44	1129.60	广东	23.73	11.28	0.56	159.80
山西	79.61	26.39	1.87	315.90	广西	11.94	1.91	0.28	1733.80
内蒙古	113.63	21.37	2.66	830.20	海南	0	-99.30	0.00	99.00
辽宁	174.56	23.48	4.09	985.80	重庆	38.11	52.38	0.89	52.00

续表

地区	工业销售产值（亿元）	工业销售产值同比增长（%）	地区比重（%）	亏损企业亏损总额（万元）	地区	工业销售产值（亿元）	工业销售产值同比增长（%）	地区比重（%）	亏损企业亏损总额（万元）
吉林	96.85	16.80	2.27	730.50	四川	1475.47	25.90	34.59	2394.10
黑龙江	56.44	48.96	1.32	73.30	贵州	317.82	46.65	7.45	5807.60
上海	0.56	-47.30	0.01	0	云南	9.97	40.07	0.23	0
江苏	287.19	31.86	6.73	1272.50	西藏	0		0	0
浙江	1.95	-10.19	0.05	0	陕西	60.31	21.46	1.41	2947.10
安徽	204.27	20.81	4.79	4660.80	甘肃	21.26	30.49	0.5	1116.90
福建	11.80	13.65	0.28	557.50	青海	9.82	67.03	0.23	0
江西	60.22	28.29	1.41	0.00	宁夏	3.23	587.53	0.08	0
山东	374.51	29.89	8.78	1978.5	新疆	23.17	31.77	0.54	495.80

资料来源：国研网、中宏网统计数据库。

（九）大型企业的规模优势突出

2013 年，我国白酒行业主营业务收入为 5018 亿元（如表 3 - 14 所示）。

大型企业业务收入为 2756.5 亿元，同比增长 6.28%，增幅比行业平均水平 11.22% 低一半，占全国的比重为 54.93%；利润总额为 618.33 亿元，同比增长 -6.19%，增幅低于行业平均水平 5 个百分点左右，占全国的比重仍较高为 76.82%。2013 年与上年相比，尽管大型企业的盈利增幅有所下降，但规模优势仍很明显，以占白酒行业一半左右的销售额实现全行业近九成的出口，近八成的利润。2012 年出口交货值为 31.17 亿元，同比增长 18.29%，增幅比行业平均水平 28.48% 低 10 个百分点，占全国的比重仍较高为 89.6%。

中型企业实现收入 702.48 亿元，同比增长 15.46%，增幅比行业平均水平略高 4 个百分点左右，占全行业收入比重为 14%。利润占全行业的比重为 7.57%，2012 年出口为 2359 万元，增幅高达 57.77%，但所占白酒行业出口比重较低为 0.68%。

小型企业实现收入 1559.03 亿元，同比增长 19.04%，增幅比行业平均水平高 8 个百分点左右，占全行业比重为 31.07%。利润为 125.59 亿元，比上年增长 15.99%，占全行业的比重为 15.60%。

表3-14　2013年白酒行业不同规模企业运营情况

指标		全部	大型企业	中型企业	小型企业
主营业务收入	实际值（万元）	50180080	27564933	7024817	15590329
	同比增长（%）	11.22	6.28	15.46	19.04
	占行业比重（%）	100.00	54.93	14.00	31.07
出口交货值（2012年数据）	实际值（万元）	347931	311732	2359	33839.3
	同比增长（%）	28.48	18.29	57.77	486.74
	占行业比重（%）	100.00	89.60	0.68	9.73
利润总额	实际值（万元）	8048690	6183255	609556	1255879
	同比增长（%）	-1.92	-6.19	14.60	15.99
	占行业比重（%）	100.00	76.82	7.57	15.60

资料来源：2012年数据来自国研网、中宏网统计数据库，2013年白酒收入、利润数据来自中国酒业协会编印的《中国酿酒工业行业信息》。

第二节　当前白酒行业存在的主要问题

进入"十二五"以后，随着竞争的加剧和国家对"三公消费"的限制及市场主体自身的原因，白酒行业出现了诸多的问题。这些问题如不能及时解决，将从根本上动摇白酒行业的发展。

一、市场无法配置资源

无数的实践和成功的经验告诉我们，发挥市场机制的作用实施资源配置才是高效的，当市场被扭曲，代之以"有形之手"配置资源必定是低效或无效的。经过"十五"及"十一五"的发展，我国白酒行业已进入新的历史发展时期。但存在的问题也较多，最突出的问题是"两只手"相互掣肘，市场机制不能正常发挥作用。

（一）政府消费左右着市场

企业作为市场的主体，理应按市场规律办事，靠正当竞争获取市场利润。

但由于我国特殊的体制和国情，大部分的白酒企业在开拓市场时，把政府公关和消费作为首选目标而忽视面广量大的市场。特别是利用少数官员的影响力引领白酒消费市场，使企业产品快速导入消费群体，不仅损害公众人物的形象也破坏了市场公平竞争规则。

（二）公款消费扭曲了市场价格

决定商品价格的是资源稀缺性和市场的供求状况。目前，我国白酒的供求状况严重失衡，白酒的价格应该下降，企业的利润水平也应该降低。但实际情况是白酒的利润水平远远高于其他行业，特别是名酒企业中的一线品牌，利润高得惊人。国家统计局数据表明，2010年和2011年，白酒行业利润增幅都在50%左右，利润增幅远远高于销售收入和成本的增幅。2012年白酒行业的毛利率仍然保持在35%左右，一线品牌毛利率超过80%，净资产利润率达到36.63%。这么高的利润水平不仅吸引众多的外来投资者，同时也应引起我们的思考。白酒在供大于求的情况下价格及盈利水平本应下降，但事实情况是不降反升，究其原因是政府公款消费扭曲了市场价格的结果。道理很简单，在一个完善健康的市场中，白酒的价格是随着供求的状况变化而变化，当政府用公款消费时，由于消费者的购买价格与自己收入无关，所以第一反应就是要选择大牌或价格昂贵的酒。通常情况下，名牌和价格较贵的酒也是品质较好的酒，政府公款消费时少有考虑性价比。只要有需求，无论是多贵的酒，政府都能买。这就造成了白酒价格的虚高。很多企业看准这一"市场机会"，就不断更换包装，重起名称，不切实际地宣传唤起政府的购买欲望。此时的市场调节和配置资源的作用已荡然无存，市场已完全失灵。"三公"消费控制后，高端的白酒风光不再，很多名酒变成民酒，说明政府的公款消费是扭曲市场价格的主因。

（三）地方保护撕碎了市场

市场是在完备的法律法规中能够自由交换商品或资源的场所。建立全国统一的白酒消费市场不仅是市场成熟的表现，也是实现我国白酒行业可持续发展的必要条件。改革开放以来，特别是近10年，白酒的生产、运输、销售等法律法规逐步完善，为建立全国统一的白酒市场奠定了法制基础。但是由于体制、政策的因素以及白酒行业门槛低的行业特点，白酒行业的市场化水平依然低下，除了上述的原因外地方政府保护造成了市场分割。

众所周知，白酒行业进入门槛低。在"投资小，见效快"的利益驱动下，前些年很多地方都新建、扩建白酒项目，高峰时，我国注册的白酒企业有近4万家。当好县长首先要办好酒厂，成为当时的流行语。为了保护地方酒厂，各地都对外来酒水严查重管，几乎有稍上规模的白酒企业的县（市），都组织由工商、税务和技术监督部门组成的所谓"联合执法检查"，对外地的酒动辄查封，听候处理，结果泥牛入海杳无音信。2009年江苏北部某个县级市，为了启动当地的一个乡办小酒厂，就组织"联合执法队"对外来的酒进行"三查"（查来源、查质量、查税收）。为了彰显震慑力，由公安经案大队牵头，对所有外来酒一律暂扣，其中查封和暂扣了一个邻市的国家大型名酒企业的产品。执法人员把销售商的电脑主板和所有账册全部拿走，商品全部暂扣。两周以后，被查企业的董事长上门询问，县委书记电话协调，市长带企业董事长去求情，直至经过两个地级市的书记协调，最后同意放行，但条件是企业赞助100万元作为该市的扶贫基金。类似事件很多，乍看起来都是为了地方的发展，但实质是破坏了全国统一市场的形成，破坏市场经济的规则。按目前的统计，全国有规模以上的白酒企业近1300家，如有一半以上企业所在地政府对外来的白酒进行封杀，那么白酒行业将走入绝境。

二、消费者缺乏理性

衡量市场是否成熟的一个重要标志是消费者是否能够理性消费或者说有足够多的理性消费群体。这对于行业的发展具有十分重要的意义。我国有5000年的文明，白酒伴随其中，经过若干代人的薪火相传，白酒的品质不断提高，文化的积淀也愈益深厚，但消费者并没有因此形成理性的消费观。这与西方烈酒行业发展相比，这既是整个民族不得不说的痛，也是影响我国白酒行业可持续发展的根由。消费者缺乏理性消费在形式上表现为盲目跟风。

（一）高端消费看官员

这是盲目消费的第一个表现。官员特别是一个地区或部门的领导对白酒的消费有绝对的引领和导向作用。他们在政务或商务接待时所用酒水，对周边的人影响很大。于是部分消费者纷纷效仿。随着时间的推移和官员的外迁，加上企业的推波助澜，受影响和效仿的人呈几何级数增长，因此产品的影响和销售范围也在不断扩大。这就是我前面所说的企业违背市场规则公关官员的动因。但从白酒消费上看，普通消费者跟官员之风，错的不是官员而是跟风人。白酒是食品，每个有行为能力的人都要根据喜好和消费条件选择最适合自己的白酒产品，而不应该盲目跟风。凡是理性消费者都应该有自己的判断，形成自己的消费主张，久而久之，理性消费群体就会不断扩大，对品牌的认同感不断增强。这样群体一旦形成必将大大地促进我国白酒行业的健康发展。

（二）中端消费看广告

广告在产品的营销中具有不可替代的作用，依靠广告选择白酒消费的消费者也不是理性的消费者。历史上，白酒企业有靠广告成功的范例，也有失败的典型。但作为消费者，必须有自己的判断和主张，要明白消费、理性消费，不能被广告牵着鼻子走。

在现实生活中，有相当多的白酒消费者，对白酒知识了解甚少，当需要选择白酒品牌时，往往不知如何选择，此时，只有跟着广告走。这样做对自己和行业发展都不利。首先对自己不利。现在的白酒广告不外乎三种情况：一是直接说自己的酒品质好。二是说所用的粮食好水源好。三是说自己的酒历史悠久。三个说法不同，但归根结底还是说自己的酒好。广告是为厂方销售服务的，但广告是要消费者买单的，如果消费者跟着广告走，或者说喝广告酒，那付出的成本不仅是金钱，还有可能是身体。因为有些产品的广告是名不副实的。其次对行业发展不利。行业的发展最终靠消费拉动，没有一大批忠实于我国白酒的理性消费群，白酒行业就不可持续发展。如果消费跟着广告走，那么消费者心中就无品牌，更谈不上什么忠诚度。最终的结果就是哪家企业的广告多、广告做得好就消费那家企业的产品。如果是这样，对我国白酒行业来说，将是致命性的灾难。现在国外的各种酒都想大举进入我市场，如果国外品牌广告多又好，岂不转向国外酒水？因此，普及白酒知识培养忠实的消费群体已是当务之急。

（三）低端消费看促销

这是非理性消费的第三个表现。促销是销售常用的一种方法，各种商业活动都在用。白酒是较早运用促销方法加快产品销售的行业之一，当然也有成功的经验和失败的教训。促销是买卖双方的事，作为厂方是想通过促销扩大销售，作为买方，想通过厂方促销得到更多的消费者剩余，彼此都无可厚非。但问题在于白酒的买卖双方都很上瘾，现在的中低端白酒厂方是不促不销，买方是不促不买，已进入了恶性循环的怪圈。这种现象不仅破坏了市场交易规则，扰乱了消费者正常选择，更主要的是影响和阻碍了白酒行业可持续发展。无论是过去还是现在，促销只有两种方法：一是对白酒的区域经销商给扣点或返利。二是针对终端的消费人群直接在酒瓶盒内放礼品、人民币或其他币种。低端白酒的利润空间很小，促销的费用来源只有一条，那就是通过降低质量来压缩成本。促销费用最终买单的还是消费者。

三、企业缺乏社会责任

企业是市场的主体，是社会的细胞，为市场提供质优价廉的产品，为社会创造财富是企业的主要职责。近年来，我国一些名优骨干白酒企业纷纷以捐资办学、扶贫济困、救助赈灾等形式体现社会责任。这的确是一种正能量，有利于社会的稳定和企业的发展，也能够吸引市场和消费者对企业的关注，给予更多的市场资源。但企业的主要社会责任不在于为社会捐多少款，而在于以最少的资源消耗和排放生产出更多的适销对路的产品。然后才是将合法所得的利润拿出部分回馈社会。企业缺乏社会责任，行业发展就不可能健康。中西方成功企业的实践告诉我们，企业有社会责任，才能基业长青。从白酒企业的实际情况看企业缺乏社会责任的主要表现有：

首先，广告宣传误导消费者。这类广告都有共同的特征就是编造历史故事。说某年某月在建设某项目开挖地基时，发现距今有几千年的窖池，证据是挖到了陶坛或碎片，经某某专家鉴定证实就是那个年代的，以此证明企业历史悠久。还有的是制造事件。在北方某个白酒企业，发现湖中水下有一木桶，随即打捞，结果发现桶上刻有该企业名称，还有出厂时的铅封，打开桶盖，香气扑人，随后取样送检，结果表明，各项理化指标和今天的国家标准相近，酒精度还大于 65 度。这是企业制造的事件和杜撰的故事，业内人看就是个笑话，那个年代就酿不出 65 度的酒，固态发酵蒸馏酒精度到 65 度是近现代的事，那个年代就没这个技术。其次，产品以次充好欺骗消费者。为了保证产品质量，我国对白酒的生产工艺和质量标准都有严格的规定和要求，但少数无良企业为了降低生产成本，在生产环节和勾调过程中添加禁止添加的物质，以此提高原酒产量和产品等级谋取非法所得。这种以此充好的欺骗消费者的行为也是缺乏社会责任的表现。最后，买断酒店独家经销权绑架消费者。前几年，由于酒店禁止自带酒水，少数企业就以进店费的名义或买断酒店独家酒水经销权等做法迫使消费者购买自己的产品。企业在一个城市买断若干酒店的独家经销权，其实质就是设立"防火墙"，阻止其他厂家的酒水进入某个市场与其竞争。看起来，这是企业间的竞争手段，实质上是垄断市场资源、破坏市场秩序、强迫消费者购买的行为。这种不正当的市场竞争行为既是企业缺乏社会责任的表现，也会阻碍行业发展。

四、安全事故触目惊心

白酒是传统行业，经过若干年的积淀，行业也有了明显的发展，出现了一批我国名酒企业和国家大型企业，为国家或地方的社会经济发展都做出了贡献。但由于进入门槛低，散、小、乱的局面依然存在。这种并存的局面就决定了食品和行业的安全受到双重的威胁。

（一）食品安全事故频发威胁消费者人身安全

如前所述，我国的白酒行业散、小、乱的局面在短时间内难以改变。这些面广量大的小微企业在激烈的市场中不堪一击，但在利益的驱使下，总会有少数素质低下、法律意识淡薄的不法分子铤而走险，干起了制假、售假坑害百姓的勾当。盘点一下假酒事件，我们看到的是一行行血泪。有多少无辜的人因为假酒而命丧黄泉，又有多少家庭因假酒而支离破碎，又有多少孩子因假酒失去父爱。抚今追昔，我们深深地感到实现白酒行业可持续发展肩上的责任是多么的沉重。

1. "1·26"山西朔州假酒案震惊全国。1998年春节期间，山西朔州地区发生特大毒酒事件，不法分子采购大量含高浓度甲醇的工业酒精，加水调制成白酒出售，造成20多人中毒死亡、数百人被送进医院抢救。在喝假酒致死的农民梁卓武的葬礼上，他年幼的儿子泪眼呆滞地望着镜头，似乎还不懂死亡的含义，此时的他已永远失去了父爱。

后果：20 多人致死、数百人被送进医院抢救；6 名造假者被判处死刑。

2. 屡罚不止的重灾区。6 年以后的 2004 年，还在山西朔州文水县，小酒厂密集的高车村又有人在制售假酒。暗访者看到了震惊的一幕：该县共有 7 家取得了国家生产许可证的制酒企业，而所谓企业就是个体手工作坊。这些作坊为了省钱，在市场上回收肮脏不堪的旧瓶子，用水稍加冲淡也不消毒就用。这种所谓的酒还能入口吗？

后果：当年仅高车村的罚款就有 28 万多元，让人震惊的同时不免疑惑。

3. 云南元江假酒中毒事件。2003 年 12 月 5 日，云南玉溪市元江哈尼族彝族傣族自治县 50 余名农民喝过假酒后于 12 月 7 日出现中毒现象，其中有 4 名患者因饮量过大而死亡。据报道，中毒者在 12 月 6 日喝过从当地甘庄农场符龙泉商店买来的用工业酒精勾兑出的假酒，其甲醇含量为普通酒的 168 倍。其中在死者何成明的家里，除了他年迈的老母亲在家外，已无他人了，因为在 6 日那天何成明全家除了年迈的老母亲外都因喝假酒中毒。

后果：30 多名假酒中毒患者，其中 4 名患者因中毒过深死亡。

4. 剧毒敌敌畏茅台。在贵阳瑞金北路吉安巷 4 号一民宅中，贵阳市工商部门捣毁一个灌装"国务院特供"、"民航特供"假茅台酒的生产窝点。经现场清点，这里当天"生产"的茅台酒成品尚有近 50 件还没来得及运走，涉及茅台酒市场上的十来个品种，甚至连茅台酒没有的品种"国务院机关事务管理局专用酒"、"民航特供酒"等品种现场都有，从包装上看其制作水平之高就连专业人员用肉眼都很难识别。

在制假现场，令人注意的是一种剧毒农药敌敌畏和一支注射器。经制假者交代，茅台酒制假者为让假酒口味达到逼真的效果，一般都要将这种毒药注射到假酒中。据估计，按当年的包装 1×12 规格计算，这个窝点的造假能力每天 1000 瓶左右，已经有大量掺加敌敌畏的毒茅台流向市场。

后果：敌敌畏是一种毒性很强的有机磷农药，误服过量会当即死亡，误服少量会刺激消化道和胃黏膜，可能引起胃出血或胃穿孔。

5. 假冒"百年国窖"、"泸州老窖"酒案。2005 年 1 月 27 日，丰台工商分局接到举报。举报者说在北京市丰台区新发地农产品中央批发市场内有商户销售假冒的"百年国窖"、"泸州老窖"酒。经工商部门现场检查，位于北京市丰台区新发地农产品中央批发市场 C 厅的 1030 号摊位商户孙凤英，于

2005 年 1 月下旬以抵债方式从他人处购入"泸君"牌"百年国窖"酒 209 箱、"泸州"牌"泸州老窖"银窖酒 176 箱。经商标所有权人鉴定，全部为侵权假冒商品。

后果：工商部门没收了全部侵权商品，并对当事人处以 20000 元罚款。

6. 何东旗制售假酒案。2005 年 1 月 8 日，北京朝阳工商分局接到举报，反映朝阳区南磨房乡厚俸村 87 号有人涉嫌制造假酒，朝阳工商分局随即会同公安干警前往该地进行检查。

经查，当事人何东旗于 2004 年 12 月 16 日至 2005 年 1 月 8 日期间在朝阳区南磨房乡厚俸村 87 号从事制造假冒白酒的经营活动。朝阳工商分局当场查扣当事人加工制造的假冒"牛栏山二锅头"、"红星二锅头"、"金六福"、"京酒"等白酒共计 4294 瓶。

后果：没收了全部假冒白酒，并对当事人处以 10000 元罚款。

7. "纯桂林米酒"毒人事件。2004 年 1 月中旬，广西全州李久清擅自使用工业酒精勾兑"纯桂林米酒"的假酒出售，导致 4 人死亡，5 人轻微伤。事发后，该嫌犯潜逃到浙江省富阳市，后于 2005 年 5 月 1 日被公安人员抓获归案。

后果：东莞市中级人民法院一审判处李久清死刑，剥夺政治权利终身，并处没收个人全部财产。

8. 广州毒酒杀人事件。2004 年 5 月 11 日，广州市白云区钟落潭发生两起因饮用甲醇超标的散装白酒中毒事件，2 人死亡，2 人留医观察。经查，毒酒来自白云区五龙岗村。案发时，部分假酒已销往广州市花都等地。这次假酒事件共计造成 14 人死亡、10 人重伤的特别严重后果。

后果：导致 14 人死亡、41 人受伤，首犯程才明以销售有毒食品罪一审被判死刑，其余 41 名被告人分别被判处 13 年到 1 年零 6 个月不等有期徒刑。

以上仅仅是见诸报道的恶性假酒毒酒案，一般性的案件时有发生。从中可以看出，白酒行业中的问题是多么严重，真正实现白酒行业可持续发展可谓是任重而道远。

(二) 境外资本觊觎白酒骨干企业威胁行业安全

目前，我国的白酒行业除了面广量大的小微白酒企业外，还有近 1300 家规模以上的白酒骨干企业。这些企业有稳定的产品质量、著名的品牌、固定的渠道和较高的收益。这种状况对境外的逐利资本有很大诱惑力。因此，境外资本伺机进入白酒企业，行业安全形势也十分严峻。

帝亚吉欧是英国经营全球高档酒集团之一。该集团在全球市场销售收入近100亿欧元，但在亚洲市场贡献份额较小，为了突破中国市场，帝亚吉欧把目光落在四川省的水井坊上。2006年，帝亚吉欧从盈盛（水井坊原经营团队组建的公司）手中，以5.17亿元购得43%的全兴集团股权，成为水井坊第二大股东，4个月后，帝亚吉欧派出人员直接参与公司的管理。2008年8月，帝亚吉欧再次以1.4亿元将水井坊公司工会所持6%的股权揽入怀中，连同原有的股份上升到49%。此时，帝亚吉欧并未止步，2010年3月1日，帝亚吉欧再次购入4%的全兴集团股份，至此，帝亚吉欧实现了对水井坊的绝对控制。

帝亚吉欧收购水井坊，过程十分微妙，除了收购价格设计精准外，步骤环环紧扣。为了绕开国家对名酒保护这个坎，帝亚吉欧可谓是煞费苦心。国家发改委、商务部颁布的《外商投资行业指导目录》明确规定，名优白酒生产需中方控股。而水井坊旗下的全兴酒业中的全兴大曲就是名优白酒。根据这一规定，当帝亚吉欧收购水井坊49%股份以后就应该受阻，为什么后来收购还能顺畅呢？原因就在于水井坊为了配合帝亚吉欧实现绝对控股，将旗下全兴酒业55%的股权转让给非关联的中资企业成都金瑞通实业股份有限公司，这就为帝亚吉欧收购扫清了政策障碍。收购完成后，水井坊本应如虎添翼，前景一片光明，但几年过去了，我们看到那名噪一时的水井坊已在白酒行业高歌猛进的大潮中沉寂下去，留给人们的却是对白酒行业安全的思考。

第三节　白酒行业存在问题成因分析

白酒行业是传统行业，形成与发展都带有时代的烙印，存在问题的原因也很复杂，有的问题是长期积累的结果，也有的是体制性因素造成的。分析这些问题及其成因既要用现代的标准和眼光又不能脱离特定的社会背景进行审视。笔者重点针对影响白酒行业可持续发展的体制、机制和政策性因素进行分析并提出对策建议，希望对存在问题的解决，释放出体制新、机制活和政策好等方面的红利，以此推动我国白酒行业健康可持续发展。

一、政府干预过多，造成市场失灵

政府的有形之手和市场的无形之手是配置资源的两种方法。但从配置的效率看，市场配置资源比政府配置资源更加有效。这一点已经被发达国家所证实。改革开放以来，我国实行社会主义市场经济体制，经过30多年的努力，初步建立了社会主义市场经济的法律体系和市场体系，但与发达国家相比，我们市场经济体制还是初级的，政府组织和领导市场经济时常常带有计划经济的色彩，特别是地方政府，从过多地关注、关心企业生产的发展演变为干预企业正常经营。政府从生产、销售到投资都很关心，都要过问，干了很多政府很累、企业很烦、市场很囧的事。

在市场经济体制下，政府的职能很明确，就是要培育市场主体，构筑市场载体。所谓培育市场主体，就是要通过制定政策，鼓励更多的自然人成为法人参与市场竞争。构筑市场载体就是指政府要建立健全法律规章，在法律的框架下，保护每一个公民自由地参与市场竞争和人身财产安全。市场的职能是依据价值规律通过价格对市场资源进行配置，当供大于求时，价格走低，生产企业利润减少，为此企业减少生产；当商品供不应求时，价格上扬，企业获利多而增加生产。市场在平衡—不平衡—平衡中适时地配置资源。

白酒行业是个完全竞争性行业，国家放开管制较早，经过20多年的发展，市场化程度和参与竞争的水平都应该很高。但事实恰恰相反，行业状况还是散、小、乱，发展状况是过山车。形成这种状况的原因很多，追根溯源还是体制性因素，也就是地方政府干预过多，市场无法配置资源造成的。首先，地方政府拉郎配，减少市场竞争主体。地方政府希望辖区内企业越大越好，但企业的成长是漫长的过程，而地方政府要进行5年一次换届。有的地方政府为了体现任期内政绩就打起了拉郎配的主意。在同一个区域内，如果有两家实力相当的酒厂，地方政府就会以减少恶性竞争为由实施兼并，如果实力相对较弱的企业不同意兼并，有的地方政府则采取换人、查税等方法实施打压，直至同意兼并为止。对中小白酒企业，则采取"放开搞活"使其自生自灭。这样一来就没有市场竞争而是形成了区域白酒垄断。其次，地方政府垄断消费市场，拒绝市场竞争。对本地酒企的产品或者外地白酒，只要和所在地政府搞好关系，地方政府就给予特殊的保护政策。一是地方政府指定接待用酒，区域范围所有政府（公务）接待必须用指定酒，否则不予报销。二是禁止外地酒进入本区域市场，一旦发现则加倍处罚，其实质是地方政府在分割市场。三是地方政府消费破坏市场规则，变相地干预市场。地方政府消费不计成本，拉高了白酒价格，不能真实反映商品价值。供求状况决定商品价格的市场规则被打破，市场机制不能有限配置资源。四是地方政府主导下的白酒行业扩大产能造成市场供求失衡。我国白酒的消耗量大约500万吨/年，2012年仅产量就超过1000万吨/年，在严重供求失衡情况下，稍上规模的白酒企业都在地方政府的要求和推动下扩产增量。从白酒金三角到淮河名酒带，从河西走廊到天山脚下，无不见到白酒扩建的施工场面。经过3年多的建设，工程大都竣工。但白酒的形势已出现向下拐点，巨额资金堆在那里无法发挥作用，企业形成了沉没成本，还要承担巨额的财务费用，此时的地方政府再不发声或声音不大。

二、白酒知识普及不够，缺乏健康饮酒文化的引领

无论和西方的烈酒还是葡萄酒相比，我们对白酒知识的普及远远不够。这是缺乏理性消费群的第一个原因。西方国家的普通消费者对所消费的酒的工艺、品质以及如何鉴别和品评都能说得很清楚。而我国的白酒就需要补上这一课。笔者有两件事情记忆犹新：一次是在南非的一个葡萄酒庄，开普敦的一位国会议员招待我们一行，一份烤牛排和油炸土豆条，甚是简单，但供品尝的葡萄酒十分丰盛，大约有10多种。每上一款酒，坐在邻桌的小伙子都给我们详细介绍这款酒的葡萄名称、大约年份、特点和不足之处。对此，笔者十分好奇，通过导游询问他从事的工作，结果他是建筑工程师。对此笔者感到很惊讶，一个普通消费者对酒的了解如此透彻实在是意想不到。也许这是个案，不能说明什么，但笔者在法国的一个酒庄见到的场景足以回答笔者的疑问。那是一个规模较大的葡萄酒庄（据介绍拿破仑在那里品过酒），到这里来参观的人很多，来自世界各地。但不管人们来自哪里，都会感到不虚

此行，着实受到一次葡萄酒知识和文化的熏陶。参观者可随意取一份印有不同国家文字且十分精美的小折页先浏览一下，然后跟随工作人员去参观。在此过程中，工作人员重点介绍葡萄品质，如何种植、修剪，对土壤、水分及气候的要求，再讲酿造工艺对酒质的影响、怎么鉴评等，最后到地下一层酒窖品酒。整个过程环环相扣，一气呵成，留下的印象就是好酒是怎么形成的，参观者在不知不觉中接受了它的思想、文化，相信大多数人印象深刻。国内一些名酒企业大都有自己的博物院或展览馆，但内容大多是千篇一律：辉煌的历史、灿烂的文化、领导的关怀、未来规划等，很难给参观者留下深刻的印象，当然对企业的产品也就不会钟情，理性的消费群就很难形成。

白酒知识普及不够，导致了消费非理性。首先，是选择非理性。其次，是消费不健康。笔者时常会听到"感情深，一口闷，感情浅，舔一舔"、"宁伤身体，不伤感情"等话语。从中感悟到白酒交流沟通的功能已被发挥到了极致，但从另一角度看，这也亵渎了名优白酒的名誉和品质。因为品质较低的白酒喝下去也有这种效果，无须进行选择，这正是消费者盲目跟风消费的根由。前些年，我国著名的白酒专家沈怡方先生提出要在全国创办酒道馆，普及白酒知识，提倡健康饮酒，这是一件功在当代、利在千秋的好事。我们欣喜地看到不少地方已经行动，效果初步显现。如果范围能够继续扩大，一方面，普及白酒知识，弘扬国粹精品文化；另一方面，创新经营模式，实现体验营销，更主要的是增加和扩大白酒的理性消费群，强化对民族产品和文化的认同感。如能这样，我国的白酒才能真正地走向国际市场，实现"是民族的，也是世界的"梦想。

三、规制不全及罚则不严，力度有待加强

规制是法律及各种规章的总称，用于调整行政组织及市场主体关系、规范行为的强制性措施。它最基本的也是最主要的功能有两条：一是所有法人和自然人都必须遵守。二是违背必将受到惩罚。白酒是食品，关于食品方面的法律、规章有很多，诸如《食品卫生法》、《食品安全法》以及《白酒流通条例》等。这些规制的颁布实施对遏制白酒重特大安全事故的发生都起到了积极的作用。但从规制的内容和行业发展的情况看，白酒行业还存在很大的

安全隐患，如不及早修改完善规制，防患未然，重特大安全事故还会发生，直至动摇行业根基。

本书前文列举的近年来发生的假酒毒酒案触目惊心，但细究原因还是执法不严和罚则不重造成的。地方政府为了保护当地企业，睁一只眼闭一只眼，造成执法不严。前几年，国家对各地白酒生产企业换发许可证，要看白酒企业生产必备的仪器和设备，其中规定白酒生产企业要有气象色谱仪等分析检测设备。由于这台设备价格昂贵，很多小微企业都没添置，按照规定就应收回白酒生产许可证，取消白酒生产资格。当地政府为了保护这些白酒企业，就到名优白酒企业去借，验收到哪家就把这色谱仪抬过去。最后是皆大欢喜。从这件事本身看，一方面，可以理解为地方政府为企业办实事做好事；另一方面，是政府不作为或者执法不严，这种做法的直接后果就是给白酒安全留下隐患，因缺少设备有可能生产出假酒流向市场造成大范围的伤亡事故。因此，防止假冒伪劣白酒进入市场，地方政府责任重大，而要使地方政府真心负起责任就要有相应的问责追责机制，否则就是一句空话。

规制的另一功能就是惩处，即对违背规制的行为进行处罚。但统览整个罚则，总感对违反食品安全的行为无论是经济还是刑事责任追究都处罚过轻，缺乏威慑力。仅以《食品安全法》为例。该法的罚则集中在第九章的法律责任中，对违法生产经营食品的货值不足1万元，处2000～5万元以下罚款，货值超过1万元，处货值金额5～10倍以下的罚款，情节严重的吊销营业执照。这些罚则对违法者来说，没有惧怕更无威慑力。

白酒的造假者对社会危害程度极大，应该根据造假规模大小、所用原料可能的危害程度、已经出现的后果等不同情况处罚。对于生产规模小，所用原料对消费者危害较轻，又没出现严重后果的，可适用《食品安全法》的罚则。对大的制售假酒者则采用危害社会公共安全罪实施处罚。十一届全国人大四次会议期间，笔者与部分全国人大代表认为，对白酒造假者应以危害公共安全罪论处。因为白酒（食品）造假者具有危害公共安全罪的显著特征：一是犯罪不针对特定的群体和自然人。二是危害程度大，负面影响广，容易造成社会恐慌。三是危害事件不可逆转，救助困难等。四是对行业的负面影响短期内难以消除。鉴于此，用危害公共安全罪实施对造假者追责就具有很强的威慑力。只有这样，才能减少造假者对社会产生的危害。

第四章　中国白酒行业可持续
发展指标体系的构建

行业可持续发展是指在可持续发展思想指导下，通过不断引进与开发新的行业技术、运用新的管理技术和经营模式，促进行业快速发展的同时实现资源的永续利用，在行业发展过程中实现与生态环境之间的良性互动，实现行业发展整体效应的最大化。

白酒行业的可持续发展是指有效地利用特殊的行业发展资源如水质、酒窖、独特的酿造工艺等，将白酒行业发展的内在规律和长远发展规划有机结合起来，注重白酒行业经济效益与社会效益的统一，注重技术研发、行业标准制定以及食品安全保障的统筹协调，消除制约白酒行业发展的因素，减少白酒行业发展过程中产生的对环境等方面的负面效应，为白酒行业的健康发展提供长期、持久的动力，使白酒行业结构由低级向高级不断演进，白酒产品质量不断提高，生产过程中对资源的消耗不断降低、对环境的污染程度不断降低。白酒行业在发展过程中要注重可持续、协调性和均衡性。

2013 年以来，白酒行业增长乏力，进入一个调整周期。据中国酒业协会发布的数据显示，2014 年，汇总的 2602 家全国酿酒行业规模以上企业中，亏损企业有 327 个，企业亏损面为 12.57%。亏损企业累计亏损额 44.71 亿元，同比增长 6.21%。2014 年，白酒行业销售收入 5259 亿元，同比增长 5.7%，实现利润总额 699 亿元，比上年同期下降 12.6%。白酒生产大省四川、山东、河南几个省份中，12 月四川和山东白酒产量均呈现负增长。这究竟是发展进入了"新常态"阶段，还是在可持续发展过程中遇到了"瓶颈"？本书通过建立白酒行业可持续发展指标体系来衡量白酒行业可持续发展的能力水平，分析其各个影响因素的重要性水平，为白酒行业实现可持续发展提供理论依据。

第一节 白酒行业可持续发展指标体系构建原则

白酒行业可持续发展指标体系的构建将遵循六大原则，分析出影响白酒行业可持续发展能力的主要因素，以此来选取相关的指标，组合出反映可持续发展水平的指标体系。

白酒行业可持续发展综合评价体系设置的关键在于体现"发展度"、"持续度"、"协调度"的子一级的目标评价指标体系。指标体系设计是否科学、合理、恰当，直接关系到最终的评价结果。白酒行业可持续发展指标体系不是随意、简单地将一系列指标堆积在一起并组合起来，指标体系的设计应遵循以下基本原则：

（一）客观性、完备性原则

白酒行业可持续发展指标的第一要求是具备客观性。指标体系作为一个完整的系统，能够真实、准确、客观地反映和刻画白酒行业可持续发展的基本特征，从而为指导白酒行业进行科学决策、根据市场需求进行量产和实际运营提供理论依据。完备性指的是构成指标体系的各个指标要全面地反映白酒行业可持续发展的主要影响因素，尽可能不要遗漏某个重要的方面。这就要求我们选取指标时不仅要较少受人为因素的干扰，要尽可能地具备客观性，而且要利用科学的评价方法来对白酒行业的可持续发展能力进行评价，在评价时，既不能依靠单个样本来评价整体，以免以偏概全，也不要过分依赖某个权威的意见，避免受人为因素的干扰。

（二）科学、合理、有效的原则

指标体系的构建和各指标内容的设置和取舍要有科学的依据，要有经济理论的支撑，各项指标在所有指标中的权重确定要运用科学、合理的方法。就指标设置而言，一方面，选择的指标必须能够反映白酒行业的发展水平，不要选择无意义或无关紧要的指标；另一方面，指标设计在名称、含义、内容、时间段以及计算的范围、单位和方法等方面必须科学明确，没有歧义。

只有坚持科学、合理、有效的原则，设置的指标所包含信息才是可靠和客观的，评价的结果才具有可信度和反映客观情况。

（三）系统性原则

指标体系的设计能综合反映白酒行业的总体状况，包括白酒行业的基本发展情况和内部行业组织结构、产品结构。如果采用单个或几个指标是难以反映分析和评价一个国家或地区的白酒行业可持续发展水平的，容易导致以偏概全，与实际不符。评价指标体系的设置上要包括白酒行业的规模、发展速度、人力资本增长、增加值、贡献率、创新能力、投入产出水平以及各种比例关系等，尽可能全面地反映白酒行业可持续发展的总体态势和内部结构变化情况。

（四）可比性原则

设计指标体系时，同一层次的指标如二级指标层次或三级指标层次要满足可比性的要求，这些指标能够进行横向或纵向对比，看出白酒行业在总量、规模和结构调整方面的基本状况。这些指标还能够进行白酒行业各项水平值与其他行业相应值的对比。如白酒业的产值、利税等占整个工业行业的比重变化，由此可以看出白酒业在一定的时间段内在国民经济中地位的变化。对具有相同的计量范围、计量口径和计量方法的指标，指标取值要采用相对值（用百分比的数据），不要采用绝对值，才能进行分析和比较，否则，由于存在量纲的影响造成数据不可比。指标体系中的各项指标应当互不相关、彼此独立；否则，在进入计量分析时会造成多重共线性的影响，从而造成测量结果误差过大。

（五）可测度原则

评价白酒行业的发展水平、可持续性、协调度关键是把设置好的指标进行数量化。在反映白酒行业可持续发展能力的指标中总是有一些指标是难以量化，需要定性说明，这类指标尽可能地不要进入可持续发展指标体系中，选取的指标应是可测度的。不仅这些指标的统计、计算过程应当明确，而且这些数据是比较容易获得和来源比较可靠。如果某个不可量化的指标十分重要，那么定性指标也要尽量有一定的量化手段。

（六）可操作性原则

白酒行业可持续发展指标体系中的指标数量要简单实用，在能基本反映白酒行业发展情况时，指标的数量应尽可能压缩，要便于分析白酒行业自身发展情况和与其他行业进行比较。指标的设计要求概念明确、定义清楚，能够有效地采集数据，不论是官方统计数据还是调查数据，都要保证数据来源是可靠的和权威的。在设计指标体系时就要考虑采用什么样的分析技术和手段，所选取的指标应尽量与白酒行业发展的现有数据相衔接，必要的新指标应增加。指标的内容简洁，有一些需要合成的指标也应当易于计算。只有当评价指标体系具有数据易得、方法直观可靠、计算简便科学时，才具有操作性和可行性。

第二节　白酒行业可持续发展指标体系构建的假定条件

中国白酒行业发展特点，构成了设置可持续发展指标体系的假定条件。其实就是根据波特的竞争力理论框架，描述出竞争态势和主要竞争优势来源，高档酒市场的竞争战略主要是实行差别化战略，低档酒市场主要策略是成本型竞争。

（一）假定条件一：白酒行业目前处于深度调整期，逐步进入白酒产品生命周期的成熟期，高增长将难以为继

行业发展具有其自身特点，一般有 4 个发展阶段：导入期、成长期、成熟期、衰退期。从目前白酒行业的运行数据来看，白酒行业已经处于转型期，进入深度调整阶段，将告别高成长期，过渡到成熟期。在行业成熟期，高增长的情况很难再出现。在某些条件下，甚至整个行业的增长会逐步降低，乃至停止增长和出现负增长。2002~2012 年，白酒行业高速增长，销售收入增长近 8 倍，固定资产投资增长近 11 倍，而同期社会消费品零售总额仅增长 3.9 倍。行业的增长主要受投资拉动的特征非常明显。2012 以来，白酒业的市场增速开始下降，销售收入增速较同年下滑 0.5 个百分点。2014 年，中国白酒行业累计产量 1257.13 万千升，同比增长 2.5%。自 2014 年 10 月以来，白酒产量开始负增长。2014 年 1~10 月，白酒总产量为 1003.89 万千升，同

比增长 4.54%。10 月白酒产量为 111.39 万千升，同比下降 2.49%。2014 年 12 月，全国白酒产量同比下滑 2.56%。另外，白酒行业的用户消费基本趋于稳定，行业进入壁垒与市场集中度不断提高，行业竞争激烈程度趋于稳定。由此判断，白酒行业目前处于深度调整期，将逐渐进入成熟期。全行业高增长的局面将难以为继。

（二）假定条件二：白酒行业已经出现产能过剩，去库存化的压力将越来越大

白酒市场已经出现"供过于求"。21 世纪以来的 10 多年，规模以上白酒企业的营业收入从不足 500 亿元到突破 4000 亿元大关，2014 年白酒行业销售收入为 5259 亿元，共增长近 9 倍多，实现利润 699 亿元。"十二五"初期，主要名优白酒企业相继制定了大规模的产能扩张计划。白酒企业的市场行为得到了地方政府的大力支持，有生产名优白酒条件的地方政府积极出台地产名酒的振兴计划，如"苏酒振兴计划"、"豫酒振兴计划"等。扩大白酒产能的除了行业内部的企业外，业外企业也进入酒业领域生产，如联想、维维股份、海航集团等。产能的高速扩张最终导致行业的供大于求，产销率有所下降。

（三）假定条件三：白酒行业结构调整加快，高档和低档的白酒增长放缓，引导白酒企业改变生产方向，中高端、中档白酒将成为市场主流

当前白酒市场消费出现"价格降、品质升、消费群变化"的新局面。随着中央严控"三公"消费等政策的执行，高端白酒消费有所放缓。2012 年，四大高端白酒生产商销量同比跌幅分别为 41.5%、29.3%、41.2% 和 25%。居民收入的快速增长促进了中高、中低端白酒消费市场的繁荣，大众消费市场的兴起将成为白酒行业发展的新动力。消费者日益重视白酒产品的质量、安全，消费者从重视酒香转向口感，未来对白酒品质要求越来越高。白酒行业增长的动力发生转变，由投资驱动转向消费拉动。消费结构的转变引导白酒企业调整产品结构，生产中高端、中档白酒企业将进入高速增长期。

（四）假定条件四：白酒行业的集中度将不断提高，企业破产、兼并和重组现象将更多出现

我国白酒行业上市公司前 5 名企业如五粮液、茅台、泸州老窖、洋河和汾酒所占市场份额近几年呈上升趋势。在高端白酒市场短期增长下降的情况

下，高端市场的白酒生产企业会因竞争加剧、行业利润率下降而加快退出，市场结构的品牌寡头垄断特征更加明显。中端市场的竞争将日益激烈，规模小、竞争力弱的区域品牌会在竞争中落败，市场份额不断缩小。大量的低端白酒企业将面临市场的重新洗牌，一部分企业将被淘汰出局。一些经济规模小、效益差的酒厂，会主动接受大企业的兼并收购而保存产能。大型名优白酒企业依托资金、品牌、渠道、产品等优势，通过并购与重组等手段，进一步扩大市场份额和巩固竞争优势。

（五）假定条件五：加大技术改造、强化产品创新，注重传统白酒生产工艺与现代技术的结合以适应市场发展需要

白酒生产企业将不断强化产品创新，加大新产品的开发力度，将积极运用生物工程技术改进传统白酒生产酿造工艺，不断改善白酒品质。白酒企业将加大对传统工艺技术的改造力度，注重传统白酒生产工艺与现代技术的结合，不断开发出新产品以满足市场需求，名优白酒企业将逐步实现酿酒机械化、自动化、信息化。

第三节　白酒行业可持续发展指标体系构建的具体思路

白酒行业的可持续发展能力主要受外部因素和行业内部因素的综合交互影响，外部因素主要包括资源环境、社会环境、行业政策、市场需求等因素，内部因素主要包括技术与创新、技术标准、各个企业的规模和竞争能力等因素。

白酒行业的可持续发展能力是指在现有的资源、环境约束条件下，在实现行业健康有序发展和可持续发展的目标下，为白酒行业发展提供良好的发展环境和各种保障资源的能力。白酒行业可持续发展能力强调的是行业的永续发展能力和这种能力的长期性，是白酒行业健康有序发展所需要的保障能力和水平的体现。

白酒行业的可持续发展需要较为完善的基础条件。基础条件是指白酒行

业发展所面临的宏观经济环境和所需的基础设施环境，是影响白酒行业可持续发展能力的重要因素。资源与环境支持可持续发展水平是这一基础设施所必须具备的。白酒行业作为区域特色行业，其发展与酿造白酒所需的原材料、当地的经济发展水平、地方饮酒文化传统等密切相关。从需求一方来看，一般而言，白酒产区和经济发达的地区，白酒行业发展的外部空间环境会比较好，经济发达地区不但居民收入水平高，对白酒的需求量大，而且经济活动频繁，在各种经济业务活动的场合，喝酒作为一种习俗，大大促进了白酒的消费。从供方来看，优质白酒的产能与当地的粮食、水源、大气环境密切相关。粮食产量稳步提高并且随着居民生活水平的提高，用于食物的开支越来越少，这就决定了用于酿酒的粮食供应得到可靠保障，优质粮食的稳步增长和水质、环境质量是白酒行业可持续发展能力最根本的因素。因此，基础环境直接影响到资源与环境支持可持续水平，是影响白酒行业可持续发展的根本因素之一。

白酒行业的可持续发展需要稳定增长的市场，而市场的扩大与社会协调发展水平密不可分。白酒行业要依靠市场的力量来实现行业规模的扩大与可持续发展，要充分发挥市场机制特别是价格、质量机制在配置资源的基础性作用，充分利用价格杠杆、利益诱导、市场约束和资源约束的"倒逼"机制引导白酒行业的结构调整、质量提高，从而实现可持续发展。市场是推动白酒行业发展的核心动力，只有经济与社会协调发展了，人口增长、居民收入稳步提高了，才会使人们扩大消费水平，调整消费结构，从而保证饮用白酒的人不断增多，用于购买白酒的支出不断增多。市场对推动白酒行业可持续发展的作用主要表现在两大方面：一是以市场规模的扩大引领白酒生产技术的提高与行业规模的扩大；二是通过市场需求变化推动白酒生产的不断优化与发展。白酒行业的可持续发展需要技术创新，科技可持续发展水平需要不断提高。技术创新的水平主要是体现在标准制定，如果说基础条件和市场是驱动白酒行业发展的最重要的外部动力，那么技术、创新与标准制定是推动白酒行业发展的核心动力，科技可持续发展水平是技术创新能力的最终体现。推动白酒行业发展的技术与创新因素主要包括核心的酿酒技术创新、检测技术创新、主流技术的市场有效占有、技术的投入产出水平、行业研发能力、行业的综合创新能力等。白酒行业实现新产品规模持续扩大的首要条件是行业标准体系的建立。目前，标准规范的不统一将大大制约新产品的规模化应用，标准的制定和行业规模扩大相辅相成。行业标准制定、技术创新是影响白酒行业可持续发展能力的重要因素之一。

白酒行业的可持续发展水平表现在白酒产能的不断扩大，行业规模在国家工业发展中的比重不断扩大，行业销售持续增加，平均销售价格稳步上升，中间消耗和生产成本有所下降，反映在白酒生产企业上就是企业的盈利能力得到增强，资产的保值增值能力有所上升，优势企业顺利地兼并劣势企业，行业结构得以调整，行业集中度不断提高，整个白酒行业规模效应明显。

白酒行业可持续发展评价指标设计根据白酒行业的可持续发展内涵与影响白酒行业可持续发展的因素，从影响白酒行业可持续发展的四大影响因素出发，凝练出能够表征四大影响因素的可量化指标，形成能够反映四大因素本质的指标体系。

具体评价指标的构建：

根据白酒行业发展的特点和可持续发展评价体系的构建原则、思路，根据统计数据的可得性，设计出具有 4 个一级指标、33 个二级指标的白酒行业可持续发展评价指标体系。

1. 资源与环境支持可持续水平系统。该系统主要包括 4 个构成要素，反映了白酒生产所需的特殊自然资源禀赋。其中最为重要的是与白酒行业发展密切相关的耕地、水资源、环境状况以及可用于生产白酒的优质粮食产量情况。所以，在评价体系中采取以下几项指标衡量白酒行业可持续发展的资源基础：

（1）种粮面积。用粮食种植面积（千公顷）多少来衡量。粮食种植面积与粮食产量相关，必须有足够的余粮才能用于酿酒。

（2）粮食总产量，用粮食年产量（万吨/年）来衡量。粮食总产量不仅与种植面积有关，同时与农业科技水平有关。在相同的种植面积上，只有运用更多的先进科技，才能生产出更多的粮食。

（3）人均产量水平，用人均粮食（公斤/年）来衡量。这个指标与粮食总产量和全国总人口有关。当人口增多时，相同的粮食总产，人均的水平就下降，用于酿酒的余粮就减少。

（4）居民人均粮食消费量，包括城镇和农村居民人均粮食消费量，用

（公斤/年）来衡量。这与全民饮食结构有关，当生活水平提高，食物结构中，肉、蛋、奶占比增长时，粮食就会大量结余，用于酿酒的粮食也就增加。

（5）水环境质量，用废水排放总量/用水总量的比重（％）来计算。这一比重近年来在全国呈上升趋势，在白酒产区，保护水环境尤为重要。名酒产地必有佳泉。失去优质水资源白酒就失去了存在的条件。

（6）大气环境质量，用空气质量达到或好于二级的天数/全年天数（％）来衡量。大气环境质量不仅影响粮食的产量、质量以及水质，同时影响用于发酵的微生物种类菌群的生长繁衍，从根本上决定着白酒的品质。优良的环境是名优白酒生产中不可替代的资源。

2. 经济可持续发展水平系统。白酒行业近年来的发展状况反映了经济可持续水平。如果一个行业处于稳定增长过程中，对国家的贡献会不断提高，企业自身的积累也会不断增加。白酒行业经济可持续发展水平取决于行业自身的发展基础、国家的宏观大环境。构建以下评价指标：

（1）产值水平，用白酒业销售产值（亿元）来衡量。该指标反映行业发展的总体规模。近年来，受国家政策的影响，高档白酒的消费下降较快，也连带造成了白酒消费的下降。

（2）主营业务增长，用白酒业主营业务收入（亿元）来衡量。该指标反映白酒行业发展速度，反映行业内白酒生产企业的经营状况，如白酒企业的产值在增加而主营业务收入在下降，说明有些企业开展多元经营。事实上，一些知名白酒上市公司募集资金投入到房地产、金融领域中去了，企业总业务的增长并不能说明主营的白酒业务得到了成长。

（3）行业地位，用白酒业主营业务收入在全国工业主营业务收入中所占比重（％）来衡量，比重越高，在工业部类中的地位就越高。

（4）对国家的税收贡献。白酒作为一种特殊的消费品，为国家的发展积累了大量的发展资金，是不折不扣的利税大户。从总量上来衡量对税收的贡献：一是税收规模，用白酒业主营业务税金及附加（亿元）来衡量，该指标反映白酒行业发展的总体效益；二是税收贡献度，用白酒业主营业务税金及附加占规模工业主营业务税金及附加的比重（％）来衡量。从结构上衡量对税收的贡献：一是增值税规模，用白酒业应交增值税（亿元）来度量；二是增值税贡献度，用白酒业应交增值税占规模工业应交增值税的比重（％）来衡量。

（5）生产能力，反映白酒行业的全行业生产能力、供应市场的能力，用每年的白酒产量（万千升）来表征。21 世纪以来，白酒行业产能总体上处于增长过程中，但增长速度较慢，整个白酒行业进入一个深度调整阶段，产品结构发生变化，高档酒、高品质酒所占比重有所上升，纯粮酿造的白酒深受消费者欢迎，而勾兑白酒市场占有率有所下降。地区结构上传统名优白酒产区的优势更加明显，这些地区的名优企业通过兼并、重组进入其他地区，扩大了产能，提高了行业的市场集中度。

（6）市场价格水平，用白酒出厂价格指数（上年 = 100）来反映。这一可比价格指数扣除了物价上涨因素，反映白酒市场的供求平衡能力，按照市场经济的客观规律，供不应求时产品价格上涨，供过于求时价格下跌。近年来，随着白酒领域中的公款消费有所下降，高档白酒价格有所下降，有些白酒知名企业推进了用于收藏的名酒，以维持高端产品的价格。

（7）行业盈利水平，由两个指标综合反映：一是盈利能力，用白酒行业销售利润率（％）来表征；二是盈利规模，用白酒业利润总额（亿元）来衡量。盈利能力反映的是行业的总利润占行业销售的比重，行业成本越低，毛利率越高，销售利润率越高。盈利规模反映的是全行业的利润额。单位重量的高档白酒的盈利能力远高于低档勾兑酒，高档白酒市场规模有所减少，总利润有所下降。但低档勾兑酒在农村等收入水平低的地区还有很大的市场，这样就保持了白酒行业整体盈利额增长速度的减缓。

（8）行业运营能力，从资产运营能力、资本增值能力综合反映出来，资产运营能力由白酒业净资产利润率（％）来反映，说明的是总资产扣除负债后的净资产这一块的盈利能力，综合反映了行业管理水平、白酒企业管理水平的高低。资本增值能力由白酒业资本保值增值率（％）来衡量，反映出大股东、管理层对资产的管理水平。知名白酒企业大都已经上市，国有资产占据主导地位，保值增值的任务非常繁重，资本增值能力也是国有资产管理能力的重要体现，也反映出地方政府在一定时段内"可持续"的行业管理能力。

3. 科技可持续发展水平系统。科技可持续发展水平系统是白酒行业可持续发展最重要的支持系统。科学技术的发展、技术创新对于行业发展的可持续性能力起着不可替代的促进作用。中国白酒行业的发展越来越依赖酿酒科技在白酒行业的应用，通过扩大研究发展的规模，开发出各种香型、各种口感的白酒新产品，引领市场消费，加大现代检测技术的应用，消除白酒生产过程中的有害物质。白酒行业科学技术发展与技术创新是内涵丰富的概念，衡量的指标与方法有各种各样的，在此选取对于白酒行业发展可持续性能力有直接影响的6个指标。

（1）新产品研发投入，用新产品开发经费支出占主营业务收入比重（%）来衡量。新产品开发经费投入越多，白酒新产品的产出能力就越大，而新产品开发经费的投入数量取决于行业的盈利能力，行业竞争压力以及企业家对研究发展的偏好，中小企业的白酒生产过程，能够用于新产品开发的经费不多，改进生产工艺、生产配方、生产流程的能力不强，知名白酒企业、白酒上市公司近年来用于开发新产品的资金投入力度越来越大。

（2）科技人力资本，用每万从业人员拥有的R&D人数（人）来衡量。该指标从科学技术主体角度反映科学技术支持能力，人是生产要素中最活跃也是最具能动性的因素，只有合理组织白酒行业的研究团队，不断改革科技管理体制，与新产品开发等投入有机结合，才能更好地发挥科技在白酒生产中的作用。

（3）研发产出能力，用亿元主营业务收入拥有的有效发明专利（件/亿元）来衡量。该指标反映行业发展中核心技术创新成果的能力，有效发明专利是行业科技产出能力最有价值的部分，而每亿元主营业务收入拥有的有效发明专利这一指标从综合的角度整体上衡量了白酒行业近年来的科研水平。

（4）研发组织能力，用每万人拥有研发机构数（个）来衡量。规模小的白酒酿造企业没有条件设立独立的研发机构，其重要技术支持无法得到可靠保障。研发组织能力的提升能保证行业长期可持续发展的力量来自于自身的综合组织能力。研发组织能力的提升直接影响到行业竞争力、行业市场绩效和经济效益、行业内部结构高度化水平和合理化水平。

（5）新产品产出水平，用新产品销售收入占主营业务收入比重（%）来衡量。这一指标综合反映了整个行业创新的产出能力，说明了每亿元销售收入所创造的新产品能力，在新产品投入一定的情况下，对研发人员的激励越有效，企业对新产品开发管理水平越高，整个行业技术创新、研发的投入产出效率就越高。

（6）能耗水平，用能源消耗水平（万吨/标煤）来衡量。白酒生产过程中要消耗大量的优质原粮、优质水资源和能源。优质白酒的生产尤其离不开优质原粮、优质水资源，其需求是刚性的，要降低每吨优质、纯粮酿造白酒的粮耗水平难度很大，不能降低粮耗水平影响知名优质白酒的质量。能耗水平的降低从根本上反映了白酒行业的节能降耗工作水平。白酒行业走上绿色经济、循环经济的发展之路，可以减少对资源的消耗和减少环境污染，同时也降低了生产成本。

4. 社会协调发展水平系统。白酒行业可持续发展既要强调行业的发展与自然资源、生态环境的良性互动关系，也注重行业与社会的协调关系，全社会和谐稳定，安定团结，居民的消费结构才能不断升级，酒类文化才能得到不断发扬和传承。社会协调发展采用以下指标来衡量协调发展水平：

（1）人口自然增长率，该指标反映人口的数量变化，用人口自然增长率（‰）这一统计指标来衡量。随着人口的增长，白酒消费群体的潜在数量也会不断扩大，而中国随着即将进入老龄化社会，用于医疗、保健的支出不断增加，对白酒市场的影响就是多开发保健性的酒类，低度白酒受到市场的青睐。

（2）居民收入水平，主要包括城镇居民收入水平，分别用城镇居民人均可支配收入（元）、农村居民人均纯收入（元/年）这两个指标来衡量。随着经济、社会的发展，居民收入不断增加，消费观念也随之发生变化，人们用于粮食的消费不断减少，这就为白酒市场的扩大提供了条件，为白酒企业运用多种营销手段扩大白酒消费提供了可能。

（3）居民消费结构的变化，包括城镇居民消费结构和农村居民消费结构变化，分别用城镇居民的恩格尔系数、农村居民的恩格尔系数这两个指标来表征。系数值越小，用于白酒消费的可能性越大。

（4）居民的白酒消费量，包括城镇和农村的居民用于白酒的消费量，分别用城镇居民人均购买酒的数量（千克/年）、农村居民人均酒的消费量（千克/年）来衡量。

构建白酒行业可持续发展指标体系的六大原则，分别从指标的选取与设置、数据的收集、分析方法的选取方面提出了总体的要求，明确了构建白酒行业的可持续发展指标体系的具体思路。首先，客观、系统、全面地分析影响白酒行业可持续发展能力的主要因素，这是进行白酒行业可持续发展能力评价的前提和基础。其次，根据白酒行业的发展状况及影响因素确立了4个方面的一级指标，综合、全面地反映白酒行业可持续发展，分别是资源与环境支持可持续水平、白酒行业经济可持续发展水平、科技可持续发展水平、社会协调发展水平。围绕每一个一级指标设置了若干个二级指标，共33个二级指标，围绕每一个二级指标进行了选取的理由，并分析了二级指标与白酒业可持续发展的相互关系，最终形成了一个系统的白酒行业可持续发展指标体系（见表4-1）。中国白酒业可持续发展水平测度系统如图4-1所示。

表4-1　中国白酒行业可持续发展指标体系

一级指标	序号	二级指标	计算方法、单位
资源与环境支持可持续水平（X1）	X10	农村居民粮食消费	农村居民家庭平均每人主要粮食消费量（公斤/年）
	X11	城镇居民粮食消费	城镇居民家庭平均每人全年购买粮食数量（公斤/年）
	X12	人均产粮水平	人均粮食产量（公斤/年）
	X13	水环境	废水排放总量/用水总量（%）
	X14	大气环境	空气质量达到及好于二级的天数/全年天数（%）
	X15	种粮面积	粮食种植面积（千公顷）
	X16	粮食产量	粮食年产量（万吨/年）
经济可持续发展水平（X2）	X201	产值水平	白酒业销售产值（亿元）
	X202	主营业务	白酒业主营业务收入（亿元）
	X203	行业地位	白酒业主营业务收入在全国工业主营业务收入中所占比重（%）
	X204	税收规模	白酒业主营业务税金及附加（亿元）
	X205	税收贡献	白酒业主营业务税金及附加占规模工业主营业务税金及附加的比重（%）
	X206	增值税规模	白酒业应交增值税（亿元）
	X207	增值税贡献	白酒业应交增值税占规模工业应交增值税的比重（%）
	X208	生产能力	白酒产量（万千升）
	X209	市场价格	白酒出厂价格指数（上年=100）
	X210	盈利规模	白酒业利润总额（亿元）

续表

一级指标	序号	二级指标	计算方法、单位
经济可持续发展水平（X2）	X211	资本增值能力	白酒业资本保值增值率（%）
	X212	盈利能力	白酒业销售利润率（%）
	X213	资产运营能力	白酒业净资产利润率（%）
科技可持续发展水平（X3）	X30	新产品研发投入	新产品开发经费支出占主营业务收入比重（%）
	X31	科技人力资本	每万从业人员拥有的 R&D 人数（人）
	X32	研发产出能力	每亿元主营业务收入拥有的有效发明专利（件/亿元）
	X33	研发组织能力	每万人拥有研发机构数（个）
	X34	新产品产出水平	新产品销售收入占主营业务收入比重（%）
	X35	能耗水平	能源消耗水平（万吨/标煤）
社会协调发展水平（X4）	X40	人口增长	人口自然增长率（‰）
	X41	城镇居民收入水平	城镇居民人均可支配收入（元）
	X42	农村居民收入水平	农村居民人均纯收入（元/年）
	X43	城镇居民消费结构	城镇居民的恩格尔指数
	X44	农村居民消费结构	农村居民的恩格尔指数
	X45	城镇居民消费能力	城镇居民人均购买酒的数量（千克/年）
	X46	农村居民消费能力	农村居民人均酒的消费量（千克/年）

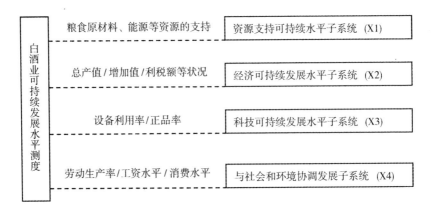

图 4-1 中国白酒业可持续发展水平测度系统

第五章 中国白酒行业可持续发展水平的分析与评价

影响中国白酒行业可持续发展水平的四大因素分别是资源与环境支持水平、经济可持续发展水平、科技发展水平和社会协调发展水平。为提高研究的准确性和科学性，分别运用主成分法和熵值法估算了四大影响因子对白酒行业可持续发展水平的影响。

第一节 白酒行业可持续发展水平的评价方法及指标体系概述

根据研究的要求，按照系统性、可比性、可度量、可操作等原则构建起白酒行业可持续发展能力指标体系。选取什么样的评价方法直接关系到评价结果的准确性和科学性。行业可持续发展能力评价过程中可采取的方法有专家评判法、层次分析法、综合指数法、模糊综合评判法、二次综合权重法、变异系数法、均方差法、主成分分析法和熵值法等。分析各种方法本身的优劣性及其适用范围，可以充分借鉴国际、国内关于行业发展可持续发展能力指标体系的设置与评价过程，从而选取适合白酒行业可持续发展能力指标体系的分析过程与方法。

一、可持续发展能力评价指标体系概述

究竟什么是可持续发展能力？从字面上容易直观理解，但又很难精准定

义。围绕构建合理的指标体系，国际国内进行了大量的相关研究。国际上针对可持续发展能力评价指标体系，已经进行了一系列影响较大的研究。20 世纪 90 年代初，联合国开发计划署设计出了综合指标人文发展指数（HDI），这套指标体系中的三个基础变量是预期寿命、教育水准、GDP 实际值构成，再加上其他一些自变量对可持续发展能力进行评价。1995 年，世界银行出台了《监督环境进展》报告，确立起一套全新的衡量可持续发展能力的评价指标体系，这一方法从可持续发展的理念出发，用一种新的方法描述了人均财富不断增长的势态。20 世纪 90 年代以来，资源与环境对经济发展的约束越来越大，理论界对可持续发展从不同的广度和深度进行了研究，不断地改进和完善可持续发展能力指标体系的设置和评估方法。影响较大的是联合国统计局、联合国环境问题科学委员会和美国等分别从各自实际问题出发，针对不同的领域和问题制定出的多种指标体系。国内学者牛文元等围绕各自学科和不同的研究对象构建了可持续发展能力指标体系。研究对象也日益细化，从一般的经济可持续发展能力发展为分析研究各个行业、企业的可持续发展问题。制造业的可持续发展指标历来得到研究者的重视，针对不同的行业，制定出各种可持续发展能力指标，既包括制造业系统具体生产过程的可持续发展评估，也包括企业层面的可持续发展战略选择。从研究内容看，大量的是针对行业生产过程进行可持续发展评价。近年来，围绕产品设计、新产品发展过程中等领域的可持续评价越来越多，逐渐成为新的趋势。在制造业的可持续发展指标体系研究中，中国学者结合经济结构转型、行业升级等实际问题进行了系统的研究，赵丽等（2009）构建了区域制造业可持续发展能力评价体系，设计了 20 个指标，把影响因素分为经济、资源、人口、环境和成长，用 2004 年的数据对中国 30 个省市进行了分析，计算出可持续发展能力综合指数并结合各省不同情况进行了分析。唐德才等（2008）围绕制造业可持续竞争力进行了研究，选取了不同的测度指标，用中国各省市的面板数据对区域制造业可持续竞争力进行研究。杨义蛟等（2009）围绕装备制造业可持续发展能力设计了综合评价指标体系，指标设计包括一级指标在内的共有 5 个层次，把 55 项具体指标划分为三个影响因素如经济效益、资源节约、环境友好，通过详细的评价方法得出了具体的结果。中国经济发展中具有明显的区域特色和差异，围绕某个地区可持续发展指标体系的设计与评价也日益深入，郑文智（2008）、孔善右等（2008）分别对福建省制造业、江苏省制造业的可持续发展能力指标体系设计及影响因素进行了分析研究。

可持续发展指标体系设计与评价得到了大量应用，但在指标体系设置方面也暴露出一些不足，需要不断地加以完善。有些指标过少或因为数据获得困难而遗漏，不能够全面系统地反映可持续能力来源及主要影响因素，有些指标过多反而导致很难实际应用，可操作性差。近年来，制造业可持续发展指标体系中经济因素考虑较多，环境因素正逐步得到重视被加入进去，而对社会因素影响经济可持续发展能力的研究明显不足。这主要是因为社会因素与经济因素、环境问题等不同，具有独特之处。一是社会问题在客观特性方面往往不具备基础。二是社会问题大都具有更高的文化内涵，在一个问题中往往许多观点在起作用。三是社会因素量化的难度大，不容易得到可量化的指标。从经济发展趋势来看，制造业可持续发展指标构建中，将越来越多地考虑社会因素，并估算出影响程度。

二、可持续发展能力评价方法概述

可持续发展能力主流的评价方法一般是把要评价对象划分成若干子系统，根据评价的原则设定各个层次的指标，然后对各子系统进行评价，最终根据各子系统评价结果对系统总体进行综合评价，得到系统整体的可持续发展能力。

可持续发展能力评价过程中，对各指标进行分析的方法可以分为主观判断类和客观分析类，评价方法有：专家评判法、层次分析法、综合指数法、模糊综合评判法、二次综合权重法、变异系数法、均方差法、主成分分析法和熵值法。

（一）专家评判法

专家评判法是一种主观评价的方法，其中最有代表性的方法是德尔菲法。以专家的主观判断作为基础，对评价对象做出总评价。一般的评价过程是组织要研究内容相关领域的专家对要评价的事件进行打分，打分的依据是专家运用其专业经验、相关理论对各指标进行评判，通过确定评判主题，编制评判事件一览表，对相应的指标进行量化。打分的方法有评分法、分等法、加权评分法及优序法等。专家经过几轮的预测和判断，得出对研究对象的总体评判结果。这种方法的优点是简便和易于使用，不足的地方是评价的主观性太强，不同的专家对于同一问题的评价有时相差很大。该方法对构成简单、层次少的问题比较适合，但是人为的主观因素对最终的评价结果影响较大。

（二）层次分析法

针对多目标、多层次的优化问题，美国运筹学家 T. L. Saaty 教授于 20 世纪 70 年代提出了层次分析法。其核心思想是通过量化决策者的经验判断，将复杂系统的决策思维过程进行数量化、模型化处理，最终形成定量形式的决策依据。这一方法的适用对象是目标结构比较复杂并且必要数据十分缺乏的问题评价。层次分析法的基本思路是把复杂问题简单化，通过设置多个层次的指标，把要评价的问题逐级分解成多个子问题，把所设指标进行分组，形成有序的递阶层次结构，通过各指标进行两两比较，进而判断出各个子问题的相对重要性，通过科学的计算方法，得到各层子问题的权重。该方法集中体现了人类思维如分析、判断、综合等基本特征，有机地将定量分析与定性分析结合起来。在可持续发展能力评价中层次分析法是运用较多的一种。

（三）综合指数法

综合指数法是一种用于对可持续发展进程的评价方法，该方法与层次分析法相结合起来使用可以有效地对目标体系进行评价。第一步是利用层次分析法来计算出各评价因子的权重系数，第二步是用实际值与标准值的比值来与权重系数相乘，所得到的结果值就是可持续发展能力水平的综合评价值。该方法属于专家评判法的一类，操作简单方便，易于使用。但由于各指标层的权重是在层次分析法中通过专家主观判断、计算所得，结果受主观性的影响较大。基本公式如下：

$$P = \frac{C}{S}$$

P 为可持续发展指数，C 为某指标的实际数值，S 为与其比较的目标值或标准值。对可持续发展的多层次、多项因素进行分析评价，那么可持续发展进程指数计算公式如下：

$$P = \frac{C_1}{S_1} + \frac{C_2}{S_2} + \cdots \frac{C_n}{S_n}$$

（四）变异系数法

变异系数法是一种客观评价方法。这种方法直接利用各级指标所包含的信息，通过计算得到指标的权重，充分挖掘了数据本身的信息。指标间的变异系数越大，指标被赋予的权重值也就越大。举例如下：

n个指标体构成的体系中，y_i（i = 1，2，…，n）为指标体系中某项指标，其变异系数为 v_i，则 $v_i = s_i/y_i'$，其中，s_i 是 y_i 指标的标准差；y_i' 是 y_i 指标的平均数；y_i 项指标的权重为：

$w_i = v_i / \sum_{i=1}^{n} v_i$，（i = 1，2，…，n）。就是计算出所有指标的变异系数，并加总，再把 y_i 指标的变异系数 v_i 除以总的变异系数，得到指标所占的权重，依次类推，计算出所有指标的权重。最后计算出可持续发展指标体系的综合得分：$t_i = \sum_{i=1}^{n} v_i y_i$。就是先计算单项指标的得分等于单项 y_i 指标值乘以权重，最后得到综合得分。

本章主要采用客观赋权法来衡量白酒行业可持续发展能力，采用的方法为主成分分析法和熵值法。

（五）主成分分析法和因子分析法

主成分分析法（Principal Component Analysis，PCA）是一种典型的降维方法，通过把多个评价指标在损失很少统计信息的情况下减少为少数几个综合因子，而每个因子，包含了原来若干个指标的信息。其主要计算步骤是通过线性变换，把一组给定的变量转换成新的一组不相关的变量，按照方差递减的顺序对新变量组依次进行排列，称为第一主成分、第二主成分，等等。计算得到的主成分（公因子）彼此独立且不包含人的主观意识，这样就减少了共线性等信息交叉，从而保证研究结论的科学性和准确性。

使用统计分析软件 SPSS 或 STATA 等运用主成分分析法进行可持续发展能力的计算一般采用以下步骤：一是通过指标数据标准化，得到消除量纲影响的数据。二是通过分析指标之间的相关性来判定是否可以用主成分分析法。三是运用通过计算后确定有多少个主成分。四是写出主成分表达式，一般每个主成分都是若干个指标的线性组合。五是为主成分命名，通过分析每个主成分中的指标，理解其包含的经济学含义为其命名。

（六）熵值法

熵是源于热力学中的一个物理学概念，被申农（C. E. Shannon）引入信息论，在社会经济等领域中已广泛运用。熵值法的基本原理是利用可持续发展体系中指标的信息熵值来判断该指标的有效性和价值。在信息论中，熵是系统无序程度的一种度量，某项指标的指标值变异程度越大，熵值越小，该指标提供的信息量越大，该指标的权重也应越大；反之，某项指标的指标值变异程度越小，熵值越大，该指标提供的信息量越小，该指标的权重也越小。信息熵 K 可以用来求信息的效用价值，当 K = 1，系统完全无序时，此时，该指标对于整个评价体系而言其信息的效用价值等于零。很明显，K 的取值范围在 0 和 1 之间。

如果评价某行业可持续发展能力，共有 n 年的样本数和 m 项的评价指标。数学模型建立如下：每一样本对应 m 个评价指标的数据集合为：$U_i = \{u_{i1}, u_{i2}, \cdots, u_{im}\}$（$i = 1, 2 \cdots, m$）。这就得到评价系统的初始数据矩阵：$X = (x_{ij}) n \times m$（$0 \leqslant i \leqslant n, 0 \leqslant j \leqslant m$）。$x_{ij}$ 为第 i 个样本的第 j 个指标的数据，熵值法的具体计算步骤如下：

1. 对原始数据进行数据标准化处理。正向指标采取以下公式 $x'_{ij} = \dfrac{x_{ij}}{x_j max}$；对于逆向指标，采用 $x'_{ij} = \dfrac{x_{ij}}{x_j min}$。其中，$x_{jmax}$、$x_{jmin}$ 分别为相应指标的理想值 x'_{ij} 为 x_{ij} 相对于 x_{jmin}、x_{jmax} 的接近度。计算 $y_{ij} = x'_{ij} / \sum x'_{ij}$，$0 \leqslant y_{ij} \leqslant 1$，得到了标准化的矩阵 $Y_{ij} = \{y_{ij}\}$。

2. 计算出第 j 项指标权重。先计算指标熵值：$e_j = -k \sum y_{ij} \ln y_{ij}$，其中 $k = \dfrac{1}{\ln(m)}$。接着计算出指标差异性系数：$g_j = 1 - e_j$。再计算指标的权重：$w_j = g_j / \sum\limits_{j=1}^{n} g_j$。最后计算样本的评价值。用第 j 项指标权重 w_j 与标准化矩阵中第 i 个样本第 j 项评价指标 y_{ij} 的乘积作为 x_{ij} 的评价值 f_{ij}，就是 $f_{ij} = w_j \times y_{ij}$，第 i 个样本的评价为 $f_i = \sum f_{ij}$。

第二节 中国白酒行业可持续发展水平的评价

研究结果的可信赖程度取决于研究数据的准确性和研究方法科学性。我们的研究数据来自于官方的研究数据，分别应用主成分分析法和熵值法，来交互验证计算出来的结果。我们先定量分析了影响白酒行业可持续发展的4个方面，然后计算出不同年份的可持续发展水平。

（一）数据的获取及评价指标的构建

本书的数据范围从 2003 ~ 2013 年，共 11 年。有几个指标部分年份缺失，用上 3 年的移动平均数补齐。

在资源与环境支持可持续系统中，农村居民粮食消费、城镇居民粮食消费、人均产粮水平、粮食产量、种粮面积这几个指标，均来自于各年的《中国统计年鉴》。大气环境指标用全国主要城市空气质量达到及好于二级的天数来表示，在计算上进行了技术处理，计算出各城市空气质量达到及好于二级的天数占全年天数的比重，再计算出几何平均数作为反映全国水平。2013年统计口径方面有所变化，当年数据根据全国 74 个执行新环境空气质量标准（GB3095—2012）的城市统计结果计算。水环境指标用废水排放总量占用水总量的比重表示。

经济可持续发展水平系统中，所有指标均来自于中经网统计库，其中行业地位、税收贡献、增值税贡献的计算都涉及全国工业企业的相应指标。这些数据来自于各年的《中国统计年鉴》。

科技可持续发展水平系统中，能耗水平用酒、饮料和精制茶制造业的平均能源水平代替。新产品研发投入（新产品开发经费支出占主营业务收入比重）、科技人力资本（每万从业人员拥有的 R&D 人数）、研发产出能力（每亿元主营业务收入拥有的有效发明专利）、研发组织能力（每万人拥有研发机构数）、新产品产出水平（新产品销售收入占主营业务收入比重）用各年《中国科技统计年鉴》中饮料制造业中相应指标计算，并根据经验值对指标值进行了调整，考虑到白酒制造业的研发投入要高于整个饮料制造业，以原有指标值的 1.2 倍代替。

社会协调发展水平系统中，城镇居民消费能力（城镇居民人均购买酒的数量）、农村居民消费能力（农村居民人均酒的消费量）来自于各年《中国农村统计年鉴》，其余指标来自各年《中国统计年鉴》。

（二）具体分析过程

1. 熵值法的计算过程。根据熵值法的基本计算步骤，首先按照白酒行业可持续发展水平中各个指标数值理想取值的原则，对 2003～2013 年的 33 项指标的 363 个原始数据进行标准化处理。正向指标用 $x'_{ij} = \frac{x_{ij}}{x_j \max}$，$x_{j\max}$ 为该指标 11 年中的最大值。对于逆向指标，采用 $x'_{ij} = \frac{x_{ij}}{x_j \min}$，$x_{j\min}$ 为该指标 11 年中的最小值。计算 $y_{ij} = x'_{ij} / \sum x'_{ij}$，$0 \leq y_{ij} \leq 1$，得到了标准化的矩阵 $Y_{ij} = \{y_{ij}\}$。然后采用熵值法公式先计算指标熵值：$e_j = -k \sum y_{ij} \ln y_{ij}$，其中 $k = \frac{1}{\ln(m)}$，m 为指标的数量 33。接着计算出指标差异性系数：$g_j = 1 - e_j$。再计算指标的权重：$w_j = g_j / \sum_{j=1}^{n} g_j$。计算结果如表 5-1 所示，资源与环境支持可持续水平子系统的权重是 0.2037，经济可持续发展水平子系统所占权重是 0.4116，科技可持续发展水平子系统的权重是 0.1774，社会协调发展水平子系统的权重为 0.2069。

表 5-1 中国白酒行业可持续发展指标体系权重系数

一级指标	序号	二级指标	权重
资源与环境支持可持续水平（X1）（权重0.2037）	X10	农村居民粮食消费	0.0292
	X11	城镇居民粮食消费	0.029
	X12	人均产粮水平	0.0291
	X13	水环境	0.0291
	X14	大气环境	0.0291
	X15	种粮面积	0.0290
	X16	粮食产量	0.0292

一级指标	序号	二级指标	权重
经济可持续发展水平（X2）（权重0.4116）	X201	产值水平	0.0342
	X202	主营业务	0.034
	X203	行业地位	0.0294
	X204	税收规模	0.0325
	X205	税收贡献	0.0294
	X206	增值税规模	0.0337
	X207	增值税贡献	0.0294
	X208	生产能力	0.0315
	X209	市场价格	0.0291
	X210	盈利规模	0.0368
	X211	资本增值能力	0.0312
	X212	盈利能力	0.0297
	X213	资产运营能力	0.0307
科技可持续发展水平（X3）（权重0.1774）	X30	新产品研发投入	0.0294
	X31	科技人力资本	0.0298
	X32	研发产出能力	0.0304
	X33	研发组织能力	0.0293
	X34	新产品产出水平	0.0292
	X35	能耗水平	0.0293
社会协调发展水平（X4）（权重0.2069）	X40	人口增长	0.0291
	X41	城镇居民收入水平	0.0305
	X42	农村居民收入水平	0.0307
	X43	城镇居民消费结构	0.0291
	X44	农村居民消费结构	0.0291
	X45	城镇居民消费能力	0.0292
	X46	农村居民消费能力	0.0292

2. 主成分法的计算过程。首先，使用 spss 软件 z‒score 方法完成指标数据标准化，消除不同量纲的影响。其次，进行指标之间的相关性判定，通过运行计算后确定有多少个主成分。

针对资源与环境支持可持续水平子系统，第一特征根的方差比重为

0.7018，其余各个特征根的方差比重如表5-2所示的"各成分解释方差占总方差的比重"栏目。这一指标主要是衡量因子重要程度，各成分解释方差占总方差的比重也就是各因子变量的方差贡献率。主成分提取结果栏中，给出从左边栏目中提取的2个主成分及有关统计参数。

表5-2　资源与环境支持可持续水平子系统的特征值分析

因子数	相关系数矩阵的特征值			主成分提取结果		
	主成分特征值	各成分解释方差占总方差的比重	各成分解释累计方差占总方差的比重	主成分特征值	各成分解释方差占总方差的比重	各成分解释累计方差占总方差的比重
1	4.91255	0.7018	0.7018	4.91255	0.7018	0.7018
2	1.34882	0.1927	0.8945	1.34882	0.1927	0.8945
3	0.636385	0.0909	0.9854			
4	0.0704174	0.0101	0.9955			
5	0.0196665	0.0028	0.9983			
6	0.0120659	0.0017	1.0000			
7	0.0000931	0	1.0000			

从表5-2中可以看出所提取的2个主因子描述了"变量各成分解释累计方差占总方差的比重"（累计贡献率）为0.8945，大于0.85，所以可确定这2个主因子基本反映了原来6个变量的绝大部分信息，包含了原来6个变量因子指标所包含的89.45%的有用信息，说明用这2个主成分因子代替原来6个反映中国白酒业资源与环境支持可持续水平子系统的特征因子指标。

图5-1是白酒行业资源与环境支持可持续水平子系统的碎石图，也显示出了主成分分析中特征根的变化情况。图中曲线在横坐标"特征值序号"取值为2的时候存在一个变缓拐点，可以看出因子1、2、3特征值之间的差都比较大，因子4以后之间的特征根之差比较小。选取2主成分就可以概括原来指标所含的绝大部分信息，结合表5-2的结果看出，前2个主成分因子的累计方差贡献率达到了89.45%，是较为理想的结果。

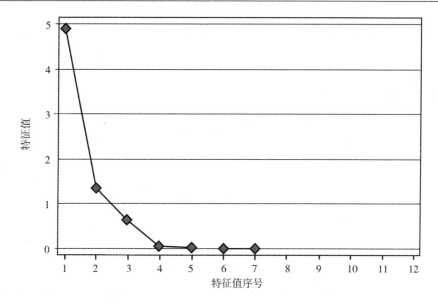

图 5 - 1　白酒行业资源与环境支持可持续水平子系统的碎石图

3. 写出主成分表达式，每个主成分是若干个指标的线性组合。表 5 - 3 是白酒行业资源与环境支持可持续水平子系统的主成分载荷矩阵。在此表中，主成分载荷系数被分别显示。第二列、第三列的数据分别表明了各个变量与有关主成分的代数关系，农村居民家庭平均每人主要粮食消费量、人均粮食产量、粮食种植面积、粮食年产量在主成分 1 上的载荷较大，表明了与第一主成分的相关系数较高，分别达到了 0.4426、0.4477、0.4420、0.4491。空气质量达到及好于二级的天数占比与废水排放总量占比这两个指标在第二主成分上的载荷较大，即与主成分 2 有着较高的相关系数。

表 5 - 3　资源与环境支持可持续水平子系统的主成分载荷矩阵

	主成分	
	1	2
农村居民家庭平均每人主要粮食消费量（公斤/年）X10	0.4426	- 0.0951
城镇居民家庭平均每人全年购买粮食数量（公斤/年）X11	- 0.1348	- 0.6575
人均粮食产量（公斤/年）X12	0.4477	- 0.0185

	主成分	
	1	2
废水排放总量/用水总量（％）X13	− 0.4336	0.1238
空气质量达到及好于二级的天数（天）占比 X14	− 0.0220	0.7312
粮食种植面积（千公顷）X15	0.4420	0.0894
粮食年产量（万吨/年）X16	0.4491	− 0.0179

根据表 5 - 3，列出因子转换为函数，只要将各因子转变为函数表达形式即可。

主成分 1 的表达式：p1 = 0.4426（X10）− 0.1348（X11）+ 0.4477（X12）− 0.4336（X13）− 0.0220（X14）+ 0.4420（X15）+ 0.4491（X16）

主成分 2 的表达式：p2 = − 0.0951（X10）− 0.6575（X11）− 0.0185（X12）+ 0.1238（X13）+ 0.7312（X14）+ 0.0894（X15）− 0.0179（X16）

4. 计算各个主成分的得分情况，并为之命名。通过分析每个主成分中的指标，理解其包含的经济学含义为其命名。从表 5 - 3 可以看出，主成分 1 的主要构成因子是有关资源的经济指标，主成分 2 的主要构成因子分别是环境指标。因此我们将主成分 1、主成分 2 定义为资源主成分和环境主成分。

以此类推，我们依次用上述主成分方法分析经济可持续发展水平子系统、科技可持续发展水平子系统、社会协调发展水平子系统，得到了各自的特征值分析表、碎石图、载荷矩阵图，因为方法相同，把 3 个子系统的图表放在附录中。根据主成分的公式，计算出各主成分的值（如表 5 - 4 所示）。

表 5 - 4　2003 ~ 2013 年白酒行业可持续发展指标体系中主成分的提取及计算

年份	资源与环境支持可持续水平		经济可持续发展水平		科技可持续发展水平				社会协调发展水平	
	p1	p2	p3	p4	p5	p6	p7	p8	p9	p10
2003	3.50	0.05	3.53	2.29	2.22	0.00	0.38	0.36	3.35	1.00
2004	2.55	0.38	3.41	0.09	2.56	0.24	0.16	1.37	3.31	1.09
2005	1.62	0.52	3.19	0.65	1.81	0.14	0.90	0.72	1.95	0.27
2006	1.29	0.98	2.57	0.01	1.71	0.08	0.15	1.00	0.59	1.13

续表

年份	资源与环境支持可持续水平		经济可持续发展水平		科技可持续发展水平				社会协调发展水平	
	p1	p2	p3	p4	p5	p6	p7	p8	p9	p10
2007	0.85	0.18	1.62	0.18	0.83	0.61	1.41	0.51	0.43	1.11
2008	0.05	0.59	0.65	2.30	0.87	0.71	0.27	0.29	0.88	0.47
2009	0.45	1.36	0.19	1.32	1.82	2.16	0.85	0.11	0.50	0.99
2010	1.01	1.40	1.64	0.93	1.03	0.73	1.54	0.36	1.67	0.20
2011	2.26	1.05	3.57	0.78	2.09	2.53	0.79	0.00	2.17	0.29
2012	2.80	0.31	4.76	1.65	1.68	0.13	0.02	0.13	2.54	0.65
2013	3.34	2.59	4.80	1.00	1.63	0.57	0.26	0.18	3.64	0.75

第三节　白酒行业可持续发展水平评价及其四大影响因素分析

本书通过分别运用主成分法和熵值法来估算白酒行业可持续发展水平评价，并分析资源与环境支持可持续水平、经济可持续发展水平、科技可持续发展水平、社会协调发展水平对白酒行业可持续发展水平的影响，以提高计量评估的准确性和科学性。

一、熵值法计算的可持续发展水平总体评价及其四大子系统发展水平

通过表5-1（中国白酒行业可持续发展指标体系权重表）中的权重，计算各子系统中各个指标的评价值，计算公式为 $f_{ij} = y_{ij} \times w_j$，$w_j$ 为表5-1中的权重，y_{ij} 为原始数据经过标准化的值，f_{ij} 为可以称为各个指标发展指数。然后计算各子系统及白酒业整体上的发展指数，将所有指标的 f_{ij} 加总得到了整体的发展指数，将各个子系统的 f_{ij} 求和得到了各自的发展指数。

2003～2013 年，白酒行业可持续发展水平（指数）得分从 71.08 单边上升到 119.46，如表 5-5 所示。

表 5-5 基于熵值法的中国白酒行业可持续发展水平及四大子系统发展水平

年份	白酒行业可持续发展	资源与环境支持可持续水平	所占比重（%）	经济可持续发展水平	所占比重（%）	科技可持续发展水平	所占比重（%）	社会协调发展水平	所占比重（%）
2003	71.08	17.45	24.55	20.76	29.21	16.28	22.90	16.59	23.34
2004	71.26	17.86	25.06	20.90	29.33	15.60	21.90	16.90	23.71
2005	75.01	18.18	24.24	22.41	29.87	16.88	22.50	17.54	23.39
2006	77.99	18.26	23.42	24.88	31.90	17.24	22.11	17.60	22.57
2007	80.16	18.38	22.93	28.57	35.64	14.94	18.63	18.27	22.80
2008	87.79	18.79	21.40	33.18	37.79	16.92	19.28	18.90	21.53
2009	91.40	18.77	20.54	35.91	39.29	17.62	19.28	19.10	20.89
2010	98.43	18.85	19.15	44.03	44.73	16.54	16.80	19.01	19.32
2011	108.63	19.30	17.77	55.38	50.98	13.87	12.77	20.08	18.48
2012	118.79	19.44	16.37	62.29	52.44	15.98	13.45	21.08	17.74
2013	119.46	18.65	15.61	63.61	53.25	15.41	12.90	21.80	18.25

资源与环境支持可持续发展指数从 2003 年的 17.45 增长至 2013 年的 18.65，总体呈上升趋势，受 2008 年国际金融危机的影响，2009 年的值低于 2008 年，以后逐年恢复，至 2012 年增长到 11 年来的最高值 19.44，2013 年下滑速度较快，低于 2008 年的水平，为 18.65（如图 5-2 所示）。说明这一期间资源与环境支持可持续发展水平逐步提高，积极推动了中国白酒行业可持续发展水平，这一指数的权重为 0.2037，占到整个白酒行业可持续发展水平的1/5强，但所占比重从 24.55% 下降至 15.61%，证明其对白酒行业可持续发展有着促进作用，但作用仍有待进一步提高，意味着今后还有很大的上升空间。

经济可持续发展指数从 2003 年的 20.76 增长至 2013 年的 63.61，呈稳步上升趋势，所占比重从 29.21% 上升至 53.25%（如图 5-3 所示）。数据充分说明这一期间行业自身的大发展成为推动白酒行业可持续发展水平最重要的因素，行业自身的发展主要体现在规模的扩大上，无论是销售规模，税收规

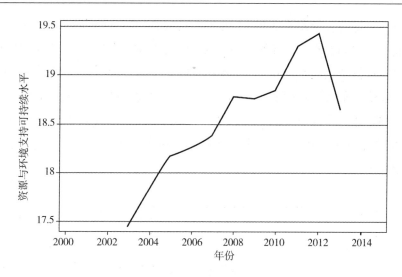

图 5-2　资源与环境支持可持续水平

模，利润规模在这 11 年中都得到了迅速的扩张，规模的扩张是行业整体素质提高的结果，行业整体素质提高的表现是资产保值增值水平的提高、资产运营能力的提高，反映出白酒行业在发展中规模扩大的同时，绩效水平也在不断提高。

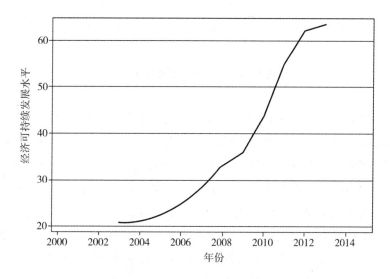

图 5-3　经济可持续发展水平

科技可持续发展水平 2003 年为 16.28，2013 年为 15.41，略有下降，说明行业的科技创新水平，还没有真正成为白酒行业可持续发展水平提高的因素。科技可持续发展水平在 11 年间多次发生上升、陡然下降、再上升的原地踏步式情形（如图 5-4 所示）。因为白酒行业规模发展，科技可持续发展水平占白酒行业可持续发展水平的比重在持续下降，从 2003 年的 22.90%，下降至 2013 年的 12.90%，说明科技可持续发展水平在白酒行业可持续发展中的作用在下降。

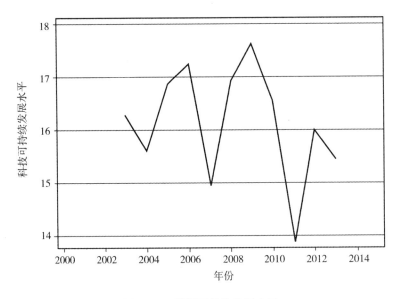

图 5-4　科技可持续发展水平

社会协调发展水平从 2003 年的 16.59 稳步上升至 2013 年的 21.80，呈直线上升态势，没有太多的波折与回旋（如图 5-5 所示）。但占白酒业可持续发展的比重却有所下降，2003 年、2013 年分别为 23.34%、18.25%。这一方面，在于白酒行业依靠内生增长，实现了规模扩张和经济绩效上升，相对地降低了社会协调发展水平的作用；另一方面，也说明了进一步提高社会协调发展水平来提高整个白酒行业可持续发展水平还有很大的潜力。社会发展协调水平的提高主要取决于城镇和农村居民收入的不断增长，社会观念的变化，引导消费结构不断地升级换代，人们用于基本生存的在食品上的开支越来越小，日益追求生活质量的提高，用于白酒消费的支出增加。

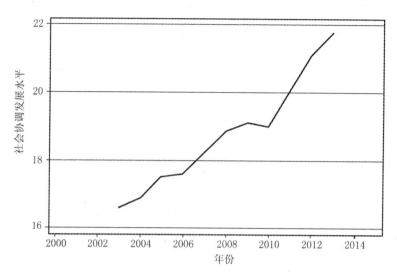

图 5 - 5 社会协调发展水平

二、主成分分析法计算的可持续发展水平总体评价及其四大子系统发展水平

利用表 5 - 4 中各子系统的主成分数据计算出资源与环境支持可持续水平、经济可持续发展水平、科技可持续发展水平、社会协调发展水平这 4 个子系统的发展指数。首先，将各子系统每年主成分得分的绝对值进行加总，得到白酒行业 2003 ~ 2013 年各子系统每年的总得分。其次，分别用各子系统每年主成分得分的绝对值除以子系统各年主成分总得分，就得到了各主成分在子系统中的得分权重。最后，用计算出权重值分别乘以各主成分原来实际得分值，就求出每年各子系统实际得分。计算出了四大子系统的得分，用同样的方法得到白酒行业可持续发展水平的总体评价（如表 5 - 6 所示）。

2003 年，资源与环境支持可持续水平、经济可持续发展水平、科技可持续发展水平、社会协调发展水平在整个中国白酒行业指标体系中所占的权重分别为 0.373、0.134、0.19、0.303（如表 5 - 6 所示），由此可见，支持白酒行业可持续发展最重要的因素是资源与环境、社会协调发展。2003 年，白酒行业发展对资源依赖较强，所以粮食产量的增加，居民人均消耗粮食的数量随着生活水平的提高而逐渐减少，这就为白酒生产提供了多余的粮食。环境对白酒生产的影响主要体现在优质的水源和良好的大气环境。2013年，这一子系统的权重下降为0.084，说明白酒生产对资源环境的依赖减弱，除了知名白酒外，有些白酒的生产对粮食产量、优质原料、良好的水质方面的要求不高。白酒行业的发展与社会协调水平密切相关，反映社会协调水平的指标主要反映了白酒市场情况，居民收入水平提高、消费结构发生变化以及直接用于酒的支出情况均反映了一个社会环境的影响，整个社会环境的氛围直接影响到人们对酒的态度，也就影响到白酒的消费市场。2003年，社会协调水平所占的权重为0.303，2013年为0.324。白酒行业在这11年中得到了长足的发展，表现在经济可持续发展所占权重越来越大，从2003年的0.134上升为2013年的0.464，成为白酒业可持续发展中最大的影响因子。科技可持续发展对整个白酒行业的影响一直不突出，2003年所占权重为0.190，2013年为0.128，呈下降的态势。白酒行业结构以中小企业为主，一般使用传统的酿造方法，加上规模较小，对研发进行投入，而一些大企业，进行多元化经营后，往往偏离了主业，导致开发的资金不足。

表5-6　四大子系统在白酒行业可持续发展指标体系中的权重

年份	资源与环境支持可持续水平	经济可持续发展水平	科技可持续发展水平	社会协调发展水平
2003	0.373	0.134	0.190	0.303
2004	0.221	0.323	0.188	0.268
2005	0.205	0.386	0.153	0.256
2006	0.236	0.522	0.132	0.110
2007	0.212	0.425	0.166	0.196
2008	0.180	0.644	0.040	0.136
2009	0.323	0.322	0.119	0.235
2010	0.296	0.170	0.182	0.352
2011	0.222	0.332	0.223	0.223
2012	0.260	0.403	0.145	0.192
2013	0.084	0.464	0.128	0.324

从白酒行业可持续发展评价来看，2003～2013 年，白酒行业经历了一个快速、稳步上升的过程，从 -1.968 上升到 2.778，每年都在增长，没有一年有回落的现象。资源与环境支持可持续水平呈现出一个缓慢上升的态势，比不上白酒行业整体可持续发展速度。经济可持续发展水平的评价迅猛上升，从 -1.237 上升到 4.147。科技可持续发展水平的评价呈不断下跌的态势，从 1.760 下降为 -1.143。社会协调发展水平的评价上升速度不快（如表 5-7 所示）。

表 5-7　基于主成分分析法的中国白酒行业可持续
发展指标评价及四大子系统发展水平

年份	白酒行业可持续发展	资源与环境支持可持续水平	经济可持续发展水平	科技可持续发展水平	社会协调发展水平
2003	-1.968	-3.450	-1.237	1.760	-2.805
2004	-1.946	-2.269	-3.320	1.937	-2.756
2005	-1.533	-1.350	-2.540	1.008	-1.683
2006	-1.462	-1.157	-2.558	0.649	0.540
2007	-0.745	-0.735	-1.473	-0.575	0.679
2008	-1.207	0.540	-1.932	-0.121	-0.407
2009	0.246	1.135	-1.132	0.418	0.826
2010	0.867	1.237	0.711	-0.760	1.472
2011	1.340	1.873	2.792	-1.879	1.875
2012	2.417	2.555	3.956	-1.419	1.888
2013	2.778	0.749	4.147	-1.143	2.891

以上介绍了专家评判法、层次分析法、综合指数法、模糊综合评判法、二次综合权重法、变异系数法、均方差法、主成分分析法和熵值法等方法，并根据实际情况选取了主成分分析法和熵值法作为分析中国白酒行业可持续发展水平的主要工具，对白酒行业四大类 33 个指标进行了计算分析。我们发现 2003～2013 年间，中国白酒行业可持续发展水平不断提高，对影响其发展的四大因素的评价各不相同，资源与环境支持可持续水平、社会协调发展水平稳步提高，而科技可持续发展水平呈不断下降。运用主成分分析法和熵值法的计算在数值上结果不一样，但呈现出来的发展趋势基本上一致。

附 录

附表 5 – 1　经济可持续发展水平子系统的特征值分析

因子数	相关系数矩阵的特征值			主成分提取结果		
	主成分特征值	各成分解释方差占总方差的比重	各成分解释累计方差占总方差的比重	主成分特征值	各成分解释方差占总方差的比重	各成分解释累计方差占总方差的比重
1	10.4975	0.8075	0.8075	10.4975	0.8075	0.8075
2	1.79136	0.1378	0.9453	1.79136	0.1378	0.9453
3	0.393247	0.0302	0.9755			
4	0.15964	0.0123	0.9878			
5	0.094230	0.0072	0.9951			
6	0.0550556	0.0042	0.9993			
7	0.0045338	0.0003	0.9997			
8	0.0033357	0.0003	0.9999			
9	0.0009111	0.0001	1.0000			

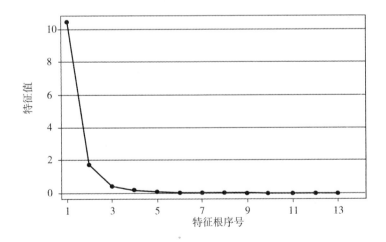

附图 5 – 1　经济可持续发展水平子系统的碎石图

附表5-2　经济可持续发展水平子系统的主成分载荷矩阵

	主成分	
	1	2
白酒业销售产值（亿元）X201	0.3043	0.0722
主营业务收入（亿元）X202	0.3058	0.0646
主营业务收入在全国工业主营业务收入中所占比重（%）X203	0.2787	0.2250
主营业务税金及附加（亿元）X204	0.3057	0.0816
主营业务税金及附加占规模工业主营业务税金及附加的比重（%）X205	-0.1936	0.5100
应交增值税（亿元）X206	0.3058	0.0742
应交增值税占规模工业应交增值税的比重（%）X207	0.2802	0.2716
白酒产量（万千升）X208	0.3077	0.0209
白酒出厂价格指数（上年=100）X209	-0.0010	-0.6715
利润总额（亿元）X210	0.3049	0.0994
资本保值增值率（%）X211	0.2700	-0.2973
销售利润率（%）X212	0.2940	-0.1252
净资产利润率（%）X213	0.2938	-0.1693

附表5-3　科技可持续发展水平子系统的特征值分析

因子数	相关系数矩阵的特征值			主成分提取结果		
	主成分特征值	各成分解释方差占总方差的比重	各成分解释累计方差占总方差的比重	主成分特征值	各成分解释方差占总方差的比重	各成分解释累计方差占总方差的比重
1	3.33656	0.5561	0.5561	3.33656	0.5561	0.5561
2	1.28869	0.2148	0.7709	1.28869	0.2148	0.7709
3	0.684176	0.1140	0.8849	0.684176	0.1140	0.8849
4	0.405452	0.0676	0.9525	0.405452	0.0676	0.9525
5	0.21119	0.0352	0.9877			
6	0.073931	0.0123	1.0000			

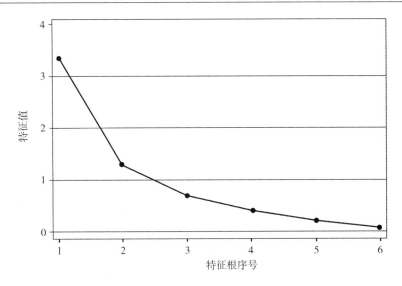

附图 5－2 科技可持续发展水平子系统的碎石图

附表 5－4 科技可持续发展水平子系统的主成分载荷矩阵

	主成分			
	1	2	3	4
新产品开发经费支出占主营业务收入比重（％）X30	0.2932	0.6410	0.3948	－ 0.2182
每万从业人员拥有的 R&D 人数（人）X31	－ 0.4793	0.3290	－ 0.1239	0.2468
每亿元主营业务收入拥有的有效发明专利（件/亿元）X32	0.5072	0.0112	0.2557	－ 0.2949
每万人拥有研发机构数（个）X33	－ 0.4003	0.4070	0.4735	0.1794
新产品销售收入占主营业务收入比重（％）X34	0.2580	0.5599	－ 0.7175	0.0415
能源消耗水平（万吨/标煤）X35	0.4475	－ 0.0390	0.1560	0.8779

附表 5－5　社会协调发展水平子系统的特征值分析

因子数	相关系数矩阵的特征值			主成分提取结果		
	主成分特征值	各成分解释方差占总方差的比重	各成分解释累计方差占总方差的比重	主成分特征值	各成分解释方差占总方差的比重	各成分解释累计方差占总方差的比重
1	5.46745	0.7811	0.7811	5.46745	0.7811	0.7811
2	0.709843	0.1014	0.8825	0.709843	0.1014	0.8825
3	0.52582	0.0751	0.9576			
4	0.164655	0.0235	0.9811			
5	0.124803	0.0178	0.9989			
6	0.007167	0.0010	1.0000			

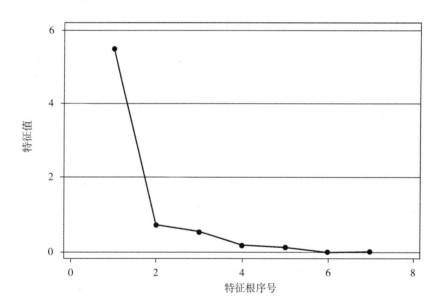

附图 5－3　社会协调发展水平子系统的碎石图

附表 5-6 社会协调发展水平子系统的主成分载荷矩阵

	主成分	
	1	2
人口自然增长率（%）X40	-0.3763	-0.3348
城镇居民人均可支配收入（元）X41	0.4137	-0.2048
农村居民人均纯收入（元/年）X42	0.4101	-0.2642
城镇居民的恩格尔指数 X43	0.3236	0.0993
农村居民恩格尔指数 X44	0.4180	-0.0348
城镇居民人均购买酒的数量（千克/年）X45	-0.3651	0.5032
农村居民人均酒的消费量（千克/年）X46	0.3259	0.7155

第六章　中国白酒行业可持续
发展需要完善国家规制

　　中共十八届三中全会明确提出了发挥市场在资源配置中的决定性作用，同时有效发挥政府作用，当市场配置资源存在失灵现象时，规制作为政府的有形之手就应当发挥作用。作为食品工业重要组成部分，白酒行业总体上是竞争相当充分的行业，政府的规制是越少越好，政府有形之手主要管理好食品安全、白酒质量，行业内的不正当竞争问题。但白酒行业也有不同于一般性竞争行业的特殊性，如知名高档白酒的生产受到地域性限制，产量极为有限，而市场需求却强劲增长，从这个角度看，高档白酒具有明显的自然垄断性，中低档白酒则面临产能过剩，不正当竞争、无序竞争盛行。这些现象客观上需要政府在白酒行业的价格形成、行业进入退出方面进行规制，以弥补市场失灵造成的资源配置效率下降。

第一节　行业规制的含义、分类及作用

一、行业规制的含义及规制理论的发展

　　规制是由市场失灵引发的政府对经济主体进行的微观干预，西方经典经济学辞书中，规制的英文是 Regulate、Regulation、Regulation Constraint、Regulatory，也有人把规制翻译成"管制"。从规制的行为看，规制的含义是政府对企业行为的干预和控制。价格规制、投资规制、进入与退出规制、质量规

制是规制的主要手段。作为规制经济学的著名代表，植草益（1992）把规制定义为："在具有自然垄断或信息不对称的行业中，为了保证消费者的平等和提高资源配置效率，政府主管部门利用法律或者行政权力，通过认证等行政许可等手段，对企业提供商品或服务的价格、数量、质量进行明确的规定，对于行业进入退出、行业投资、财务会计等行为进行干预。"规制来源于政府纠正市场失灵，实现生产资源的市场化配置，是保障产品质量安全的手段。

（一）经济性规制和社会性规制

经济性规制和社会性规制是根据规制性质的不同进行划分的。经济性规制主要用于存在垄断和信息不对称问题的行业领域，为了提高资源配置效率水平和保护消费者利益，通过许可证等法律或行政手段，对企业的进入和退出、产品价格和服务的数量和质量、投资、财务会计等行为进行规制，其核心内容是进入规制与价格规制。经济性规制主要的对象是电信、电力、铁路运输、自来水、煤气供应、金融、航空运输、旅游等行业，其目的在于克服垄断和信息不对称所造成的对资源配置效率和机会福利的损害。经济性规制内容包括：一是通过行政审批或发放行业许可证，对特定行业内竞争者的数量进行控制，提高企业进入或退出的门槛。二是费率规制，对企业生产商品或提供服务的价格进行规制，费率规制由费率水平规制或费率结构规制组成。三是对企业生产商品的产量进行规制，如在某一时间内对进行价格战的企业进行限产。四是对产品质量进行监管，如白酒或食品的质量必须达到国家制定的标准。

社会性规制的目的是保障消费者的安全、健康、卫生以及环境保护、防止灾害等，主要方法是通过对产品、服务的质量以及为实现这种服务和质量而产生的各种活动加以规范化，使之符合国定制定的标准，社会性规制的主要手段是设立国家标准、发放行政许可证、收取各种费用等。20 世纪 70 年代以来，社会性规制在各国逐渐施行，目前主要包括政府对环境污染、产品质量以及劳动者权益等方面的规制。

（二）直接规制和间接规制

直接规制是以防止发生与自然垄断、外部性有关的，在社会经济中不期望出现的市场绩效为目的，通过政府认可或许可的法律手段直接介入经济主体决策的规制。间接规制是以形成和维持竞争秩序为目的，不直接介入经济主体的决策，以有效发挥市场职能而建立完善制度为目的的规制。直接规制的主要手段包括：一是许可制、认可制和资格制。许可制即开办特定的企业或者从事特定的行为，必须要事前获得政府主管部门的许可。认可制最常见的是白酒企业通过如 ISO14000 等质量、服务方面的认证体系，产品质量就得到了消费市场上的认可。二是规制的制定、认证与检查。例如，现在的食药监局为确保白酒生产的安全性，规定在制造、加工白酒过程中，原料检测要达到什么样的标准，设施设备要达到什么样标准，生产技术要遵守什么样的要求。

间接规制主要有三种：一是经济政策诱导，通过财政补贴、税收优惠等鼓励酒类企业主动确保产品质量和安全。二是指导或指示，规制机构对个别生产者做出确保产品质量安全的指导或指示。三是提供信息和企业共享必要的产品质量安全信息，促使企业在产品质量和安全方面进行自我管理。

（三）事前规制与事后规制

事前规制是指企业在产品生产之前就制定绩效标准、产品质量控制及偏差预警系统，一旦产品质量事故发生，白酒企业就能开启预案和紧急应对措施。事前规制包括制定厂房、设备、生产工艺、产品质量和包装等方面的标准，在生产流程中严格控制。事后规制是指在企业生产经营活动开始后，产成品已经生产出来，对产品规格要求、质量问题和安全标准等进行确认和监督。一旦发现产品不符合规格标准，质量不达标，监管部门要求企业进行整改，如整改不达标，可以撤销之前的许可和认可，并进行相应的处罚。

（四）公共规制与自主规制

公共规制是指行业管理部门依据法律制定规格、标准，对产品的生产、流通、销售全过程进行监督管理。自主规制则是指厂商根据国家制定的规格、标准，或者高于国家标准的水平制定本企业的产品质量标准，通过内部质量管理、对外信息披露、责任承诺等方法有效地对企业内部的生产经营行业进行控制。构建产品质量安全体系方面，公共规制是基础性的规制，起到最基本保障的作用。自主规制的质量标准一般要高于公共规制。在制定规制政策时，公共规制应为自主规制保留必要的政策空间，这样可以调动企业自主规制、自我管理的积极性。

(五) 激励性规制的主要类别

随着激励性规制理论的不断完善,其手段和类别有如下几种:

1. 价格上限规制 (price caps regulation)。以 2010 年以来高档白酒价格猛涨为例,如要控制价格上涨过快同时又不损害白酒企业生产积极性,就可以制定价格上限规制,物价主管部门与企业以合同的形式确定价格上限,企业可以在限价下面自由定价,进而逼近拉姆士价格结构 (被规制者在实现经济效益最大化的同时又保证不亏损的一组次优价格组合)。价格上限规制实施中,企业拥有更多的定价自由决策权,有效地促使企业不断地降低生产成本和提高经营效率,因此是目前应用最为广泛、效果最明显的一种激励性规制,在英美国家得到广泛应用。在英国,1983 年李特查尔德设计出了 RPI—X 价格上限规制方案,于 1984 年应用于英国电信业,在美国则使用更广泛,已经有 40 个州采用价格上限规制来解决电信服务收费问题。

2. 特许投标规制。在"为什么要对公用事业进行规制"一文中德姆塞茨 (Demsetz) 最早提出了特许投标规制。它是一种通过在行业内引入更多竞争者从而促进厂商提高内部效率的激励性规制。规制者对特许经营权进行招、投标,那些能以最高质量或最低价格提供服务的企业通过竞标得到特许经营权。这一规制的好处在于既保证规模经济,又最大限度地在行业内引入竞争者,逐步实现行业帕累托效率改进。

3. 区域间竞争规制。将全国性的垄断企业强制拆分为几个地区性企业,使其在指定的区域内开展经营活动,努力提高自身经营效率。

4. 联合回报率规制。白酒企业根据监管部门要求并根据自身经营水平提出提高投资回报率的申请,监管部门通过分析影响价格变化的主要因素,对厂商提出的投资回报率水平作出必要调整,最终确定一定的投资回报率范围,这对于主管部门的要求较高,这也限制了这一规制作用的发挥。

二、白酒行业规制的特征

白酒行业与其他行业特别是自然垄断行业相比较,在市场结构特征方面完全不同。在高档酒市场,主要是茅台、五粮液等少数几个品牌,属垄断竞争型市场结构。而在普通酒市场,厂商众多、品牌众多,市场竞争更加激烈,接近于自由竞争的市场结构。不同的市场特征决定了对其实施规制的具体目标、规制方式以及规制对象等方面的不同,所以白酒行业的规制相对于其他行业如自然垄断行业而言又具有其特殊性。白酒行业的规制既有针对产品质量和安全方面的规制,也有对竞争行为的规制,随着各地白酒产能的日益扩大,如何避免产能过剩,对产能总量的规制问题也日益突出。当然它们在规制的手段和方法等方面是相同的,都需要综合运用法律、行政以及经济手段。

(一)白酒行业规制的总体目标与具体目标

白酒行业规制的总体目标是为实现白酒行业健康、可持续发展,不断增强市场配置资源的功能,完善白酒市场的进入与退出机制,实现白酒企业的优胜劣汰。具体目标主要包括:一是白酒产品质量与安全规制,这是白酒行业实现健康、可持续发展的根本所在。在白酒行业,白酒质量的评价主要通过两个途径:一个是传统的品酒,通过品酒师的感官来确定白酒的口感;另一个是通过理化指标评价,就是通过各种仪器的检测来确定白酒质量。但是目前情况下国家确定的各种白酒产品质量、等级和水平是由各级质量技术监督部门通过对各项理化指标的分析检测来确定的。而感官质量特色如不同品牌和档次白酒的口感恰恰是消费者们最为关注的。二是影响市场结构,控制产能的规制政策如进入和退出规制、价格规制、投资规制等。三是去除行政性和地区性垄断,抑制市场垄断,维护公平竞争,提高流通效率的规制。

(二)产品质量安全规制决定着白酒行业的发展

与其他行业不同,白酒质量及其安全很大程度是取决于原材料,原、辅材料进厂的控制是白酒产品质量安全规制的第一关。知名品牌白酒生产企业如茅台、五粮液、洋河等都建立了自己的优质原粮生产基地,从源头上确保酿酒原料的质量和安全,如加强对农药残留等有害物质进行检测,可以确保白酒中的农药残留达到国家安全标准。"塑化剂"事件的发生,对白酒行业造成严重的影响,行业主管部门实行更加严格的规制政策。在容器及外包装方面,要求严格按照清洁环保工艺进行生产与酒直接接触的包装材料,要求包装材料和酒瓶供应商向主管部门提供溶出物(铅、砷和锑等)的卫生指标检测报告,各级食品药品监督部门定期抽查白酒企业,确保接触酒体的包装材料符合国家标准。

（三）白酒行业规制是实行产销全过程的质量与安全控制

我国已有较为完善的白酒行业规制政策，如 GB/T 23544—2009《白酒企业良好生产规范》。该规范主要涵盖了加工过程控制、全面质量管理、食品卫生管理、产成品的储存与运输、产品标识信息与产品宣传、产品质量投诉处理与召回制度等各个方面。

白酒生产企业按照规制要求并结合自身实际情况加强生产过程中各个重要环节的质量与安全控制。在酿造环节，要努力降低白酒中的甲醇和杂醇油的含量。主要方法是通过低温入池，缓慢发酵，抑制杂菌的繁殖，抑制产生杂味的原辅料的分解。在蒸馏环节，要努力降低原酒生产过程中的甲醛、乙醛和杂醇油等有害成分的含量。在生产工艺方面，通过熟糠配料、缓火蒸馏可以大大降低白酒中的甲醇、乙醛和糠醛的含量。在勾调环节，一定要保证加浆水的水质才能确保白酒成品的质量。有条件的白酒企业还可以采用先进的反渗透水处理设备生产白酒加浆水，过滤介质和净化介质要达到食品级的标准，清洗过滤设备和净化设备要严格按相关操作规程来进行。在贮存环节，为杜绝有害金属物质溶入酒中，应采用不锈钢罐或陶瓷缸作为储酒设备。在包装环节，确保场所卫生、设备卫生、个人卫生，确保合格的洗瓶水水质，杜绝交叉污染。在产品质量检测环节，通过先进的检测分析设备，采用科学的分析方法，检测出有害物质，确保白酒各项质量、安全指标达到国家标准。

（四）白酒标准体系已初步形成，规制政策仍需完善

经历了改革开放以来 30 多年的发展，我国白酒的技术标准体系已经基本形成，主要包括基础标准和产品标准。

基础标准主要包括：GB 7718—2004《预包装食品标签通则》，GB 10344—2005《预包装饮料酒标签通则》，GB/T 10346—2006《白酒检验规则和标志、包装、运输、贮存》，GB/T 15109—2008《白酒工业术语》，GB/T 17204—2008《饮料酒分类》。各项规制政策从影响产品安全和质量的各个不同方面作出了明确的规定。GB 7718—2004 和 GB 10344—2005 标准主要是针对产品配料方面，如在酿酒过程中，应在配料清单中标示加入的水和食用酒精。如果酒类产品中使用了食品添加剂，这类物质应当是国家标准或行业标

准中允许使用的，食品添加剂的使用应符合 GB 2760—2007 的规定，应在产品标签中标示具体的食品添加剂名称，任何不标注或错误标注都违反了国标中强制规定，主管部门有权强制要求酒类企业整改。

产品标准主要包括：GB 10343—2008《食用酒精》、GB/T 20822—2007《固液法白酒》等。GB/T 20822—2007 标准从酿酒方法和工艺的角度对白酒进行了分类。如液态法白酒的定义是：以含淀粉和糖类物质为原料，通过液态糖化、发酵和蒸馏方法所得的基酒（或食用酒精），可以使用食品添加剂调味调香，进行勾调而成的白酒。

卫生标准主要包括：GB 2757—1981《蒸馏酒及配制酒卫生标准》、GB 8951—1988《白酒厂卫生规范》、GB 2715—2005《粮食卫生标准》、GB 5749—2006《生活饮用水卫生标准》、GB 2760—2007《食品添加剂使用卫生标准》。GB 2757—1981《蒸馏酒及配制酒卫生标准》明确规定了蒸馏酒及配制酒中的甲醇、铅、锰氰化物等指标限量。GB 8951—1988《白酒厂卫生规范》对白酒生产过程中的卫生及成品贮藏和运输的卫生提出了明确的要求。主要内容涉及白酒厂原材料的采购、运输、贮藏过程中的卫生，工厂的卫生管理，职工的个人卫生。GB 2715—2005《粮食卫生标准》明确规定了酿酒用粮食的真菌毒素、重金属污染物和农药最大残留等方面的限量指标。GB 2760—2007《食品添加剂使用卫生标准》中规定了在液态法白酒和固液法白酒中允许的食品添加剂种类，主要是食用香料、甜味剂，规定了 23 大类约 2000 种食品添加剂的使用原则和范围，明确规定在传统的固态法工艺酿造的白酒中，不得使用非自身发酵产生的呈香呈味物质。GB 5749—2006 对水质的微生物指标、毒理指标感官性状和一般化学指标及放射性指标进行限值规定。

GB/T 394—2008《酒精和白酒的各检验方法》则是白酒行业主要的检验标准。

白酒行业一系列重要标准对保证产品质量和安全起到了较大作用。但也应看到，一些标准中的规定没有与时俱进，没有完全与国际接轨，如 GB2760—2007《食品添加剂使用卫生标准》规定液态法和固液法白酒生产中可以使用 9 种甜味剂包括糖精钠、甜蜜素、蔗糖素及甜味素等。但在国际上，对糖精钠、甜蜜素的安全性是有争议的，在我国，一定范围内可以限量使用糖精钠，最大使用量为 0.15g/kg，甜蜜素的最大使用量是 0.65g/kg，蔗糖素的最大使用量是 0.25g/kg，其他 6 种甜味剂的使用则没有规定限量。在配制食品中，GB 2760—2007 允许作用香精香料，但是在勾调白酒中，没有明确规定哪些香精香料可以使用。

总的来说，白酒行业标准及规制政策仍需不断完善。白酒质量控制标准主要包括理化要求、卫生安全、感官品评。确保白酒的口感、质量、安全，促进白酒行业健康可持续发展，将成为白酒技术标准体系发展的总体方向。

三、白酒行业规制的地位与作用

在市场、行业和政府所组成的三要素体制中，政府对行业进行规制主要目的是提升市场效率、维护社会公平，通过规制，抑制市场垄断力量，激发市场竞争，保持市场的有序运行。

（一）规范市场主体行为，确保资源配置适时有效

白酒市场的主体包括酒类生产企业、销售企业。白酒行业竞争秩序紊乱，企业不正当竞争时有发生，主要有以下几种：一是终端销售商有时存在价格欺诈行为，有的使用各种虚假的最低价、优惠价、折扣价欺骗消费者。二是生产商和经销商联合提高白酒价格牟取暴利，近年来，一些知名品牌的白酒价格涨幅惊人，主要在于这类白酒的稀缺性，从某种意义上讲，这些白酒因其产地、原料、生产工艺的不可复制已经形成了自然垄断，生产和销售企业不是通过向市场提供更多的产品而是通过控制产量提高价格就能获取超额利润。三是商业欺诈、坑蒙拐骗时有发生。特别是一些小酒厂和小的经销商，有的合同诈骗，有的恶意逃避债务，有的偷税、漏税。还有的企业财务失真，违反财经纪律的现象时有发生。四是假冒伪劣产品时有出现，影响着消费者的安全和白酒行业的形象。有的假冒注册商标，损害竞争对手商业信誉，有的侵犯商业秘密，有的发布虚假广告，有的低价倾销。

部分国有的烟酒经销公司，其市场行为也需要规制。这类企业的前身是原来计划经济体制下的一些行政部门，虽然改制成为企业，但与原有的行政部门保持着关系。这类公司往往是官商一体，凭借行政力量，支配和操纵市场的行为时有发生，与一般酒类经销企业相比，这类企业更能从知名的白酒

生产商手中获得货源，垄断地方市场。

在一些地方，为维护本地白酒企业利益，地方保护主义盛行。运用行政权力甚至司法力量干预市场流通，设置各种障碍和关卡使外地白酒难以进入，有的地方政府甚至通过下发文件，强令购买本地白酒，更有甚者，为推销本地积压的白酒，勒令企业把白酒作为实物工资发放。

企业的不正当竞争行为和地方保护主义都影响了市场配置资源决定性作用的发挥，扭曲了要素配置效应，规范经营、诚实守信的企业得不到发展，生产假冒伪劣商品的企业不能够淘汰，市场资源无法得到优化配置。通过行业规制，如制定产品技术标准、安全标准，制定并执行对违规企业的处罚，使白酒企业正当竞争，确保白酒行业资源的有效配置。

（二）纠正市场失灵的偏差，提高企业的内部效率

经济性垄断、行政性垄断和企业外部性是造成白酒行业市场失灵的三大原因。经济性垄断是指大企业借助垄断力量，单独或者合谋在生产、流通、服务领域限制、排斥或控制经济活动的行为。经济性垄断行为主要包括滥用市场优势地位行为、协议限制竞争行为以及其他横向限制竞争行为（如限制横向合并、掠夺性定价）。行政性垄断主要是政府及其职能部门通过行政权力实施的限制竞争的行为，从纵向来看，是行业性行政垄断，如集行政管理和生产经营于一身的"翻牌公司"，实施垄断行为。从横向来看，则表现地区垄断，就是地方保护主义。外部性属于公共领域的集合现象，指个别企业的行为影响到整个行业，可以分为正的外部性和负的外部性，如白酒企业在进行生产时，酒糟会造成环境污染、社会公害等问题，如制售假冒伪劣白酒危害消费者健康，都属于负的外部性。

白酒行业滥用市场优势地位的行为，主要包括强迫交易或搭售、歧视待遇（主要是价格歧视）、抵制行为等，这在消费者购买名牌白酒时较常见。搭售指规定购买者购买商品时必须同时购买另一种商品，这种行为加强了企业市场支配地位，严重妨碍竞争。卖方对购买相同等级和质量产品的买方要求支付不同的价格就是一种歧视待遇，影响了市场的公平交易。同一产品在全国不同地区、不同市场上的不同批发价最终向下游传递到零售价格，最终损害消费者利益。

白酒行业行政垄断行为主要有以下几种：一是在同等条件下，对本地产

品给予优惠，以行政规制如质检、收费等，排斥外地产品，实施差别待遇。二是直接强制他人或组织购买本地产品，排斥外地白酒品牌进入。行政性垄断行为不是市场充分竞争的结果，行政性垄断不但具有经济性垄断的危害，而且保护了地方的落后生产力，影响了本地企业提高竞争力，影响了资源的有效配置和合理流动，破坏自由竞争和全国统一大市场的形成，侵犯了市场主体的合法经营权。靠市场力量无法消除行政垄断，政府必须制定规制政策。

外部性负面影响不会立即表现出来，有一定潜伏性，如环境污染在一开始对社会的影响并不大，随着时间的不断推移污染不断地增长。实际上这种负外部性的成本相当巨大，给社会和个人带来难以估量的损失。这种负外部性的成本在企业的内部成本中无法体现出来，也就是说在企业的社会成本与个体成本之间存在着差异，而靠市场机制是无法将这种外部成本转化为企业的内部成本的。外部性的影响并不能通过市场价格机制反映出来，它阻碍市场机制作用的有效发挥，并使市场价格扭曲，使得市场机制无法有效配置资源。外部性的范围愈广，市场价格机制有效配置资源的作用就愈小。

无论是反经济性垄断、反行政性垄断和克服外部性负面影响，都无法依靠市场力量的自发调节单独进行，而必须借助政府规制来实现。在市场经济条件下，白酒企业的逐利性决定了两个方面的行为：有垄断力量的优势企业必然会产生垄断行为。白酒企业不会主动考虑外部经济效应问题所带来的社会福利损失。地方政府出于就业、财税等方面的考虑还会保护本地的白酒企业和白酒市场。所以政府必须克服白酒市场失灵的影响，对白酒行业进行有效规制。通过某种制度安排，制定法规政策以使企业的外部成本内部化，迫使生产经营者考虑外部成本。从另一个方面来看，企业是社会组织成员的一部分，应该而且必须为其自身经营活动所产生的社会成本付出代价。政府从社会利益出发，校正市场行为、保护好环境，处理好社会成本与私人成本的矛盾关系，才能提高资源配置效率。这对企业而言，无形中增加了成本，增加了提高利润的难度，迫使企业加强内部管理，消化不断上升的成本，提高技术创新能力、市场开拓能力来提高自身的竞争能力。

（三）维护公众利益安全，促进行业健康发展

白酒行业规制特别是白酒质量安全规制政策的制定与落实，是我国社会管理能力提高的重要表现。建立健全白酒安全生产的标准，对白酒工业结构

的升级和优化、保障质量安全将发挥重要作用。

2006 年，我国颁布实施的白酒质量技术标准，从技术和质量两个方面提高了白酒行业的准入门槛，大力推广酿造和检测等现代科学技术在白酒生产全过程中的应用，对白酒产品质量加强了监管力度，推动了白酒整体质量水平的提升。2006 年以来，白酒产品质量和安全性进一步提升。国家标准明确定义了各个香型的白酒，规定了产品的分类和检测分析方法，进一步明确了在生产、包装、运输、贮存各环节的规范化要求。原有的低度、高度的白酒标准被合二为一，将质量等级划分为优级、一级，明确规定固态法白酒不得添加任何非白酒发酵产生的呈香呈味物质及食用酒精。这些规制政策进一步保证了白酒的口感、质量和安全性。国家标准明确规定了白酒成分中的总酯、总酸和主体香的含量，以及酒精度的表示、酒度范围等多个理化指标，这更加促使白酒行业向差异化、独特化、个性化方向发展。国家标准对保护民族特色产品、维护白酒知名品牌方面更加具有客观性和科学性。如对一些可逆反应现象出现的调整：在感官指标方面允许固态法白酒"在温度低于 10℃时，出现白色絮状沉淀物质或失光，10℃ 以上时应逐渐恢复正常"。这些规制政策的灵活调整，对生产者、消费者及规制者都具有重要的指导作用。白酒检验、分析的科学方法得到广泛应用，如运用近年来白酒分析的最新成果于主体香及成分的分析上，大型白酒骨干企业大都采用了目前白酒行业最新的检测设备和最先进的检测分析方法，大大推进了整个白酒行业的技术创新。

第二节 白酒行业可持续发展
需要完善的国家规制

一、完善行业进入规制

白酒行业进入规制主要包括以下内容：一是生产许可规制，是产品质量安全市场准入规制的主要内容。二是卫生许可规制，对酒类生产、流通企业资格作出了明确的规定。三是食品安全评价许可规制，由相关食品质量规制部门对酒类商品的质量等级进行测评，白酒企业只有获得质量评价证书，其产品才被允许进入市场进行销售。四是标识管理，不按规定标识或未标识的酒类不准进入市场流通。

（一）强化前置审批

目前，我国食品安全的相关规制对白酒企业的进入门槛规定得太低，要想取得白酒生产经营资格，只要少量的注册资金和具备简单的场地就可以了。较低的进入门槛使得大量的地方小型酒厂或以简单勾兑为主的家庭作坊进入生产领域，直接导致了白酒行业结构的分散，无法实现规模经济，同时也增加了白酒企业信用征集的困难。究其原因，是监管部门监管不到位，对企业申报的基础材料审查不严，直接导致一些填写虚假审查材料的酒类企业得以通过。对已经取得生产许可、卫生许可的白酒企业，由于监管不力，这些生产企业一旦获得生产和卫生许可之后，有些企业就不再重视白酒质量和安全问题，留下很大的安全隐患。对于一些不良企业应让其退出白酒行业，但由于取证的困难和执法权的缺乏，无法取缔这类企业。因此，必须加强前置审批，一经发现没有经过批准就擅自建立的白酒企业，都要依法取缔。

（二）提高准入门槛

近年来，白酒行业一些地方小酒厂生产假冒伪劣白酒，以低档酒冒充高档酒的现象时有发生，无论是 20 世纪 90 年代末期的山西恶性假酒中毒事件，还是近年来的"塑化剂"风波，大量不符合国家质量标准的白酒进入市场销售，严重伤害到消费者的身体健康，从根本上影响到白酒行业生存的基础。白酒行业的另一个通病是白酒价格的虚高，由于白酒企业倾向于将资金投入广告宣传、精美包装乃至销售回扣，但对提高白酒产品的口感和质量却重视不够。白酒生产造成的环境污染问题也日益突出，由于很多小酒厂生产过程中的酒糟问题没有得到很好解决，很多酒糟、稻壳没有经过任何无害化处理就直接排放或丢弃，造成了酒厂周边的环境严重污染。相比拥有知名品牌的大型酒厂，地方小酒厂的问题更严重。必须要从质量方面提高进入门槛，制定产品质量规制，对厂房、工艺、检测设备和检测方法、技术人员素质要求等方面提出定量的要求。只有达到这些标准，才能具备生产经营的资格。已经具备生产经营的中小酒厂，应要求完成质量认证之后才允许其产品在全国市场进行销售。

白酒质量安全管制已经有很多成熟的做法可以借鉴，如目前对食品安全、质量方面的规制政策就可以参考，并在实践中不断完美。我国食品规制体系也处于不断完善中，已经建立起食品生产认证规制、食品质量安全标准规制和食品安全检测规制，但食品召回制和食品质量追溯制基本上没有建立起来。白酒企业要保证产品质量和安全性，确保产品在国际、国内市场上的畅通销售，必须完成 HACCP 和 GMP 这方面的认证。HACCP（危害分析与关键点控制）的关键是找出危害分析的临界控制点，在这些点上加强控制和管理就能有效地确保白酒产品在生产、加工、存储到消费者食用全过程中的安全。HACCP 作为一种有效的危害识别、评价和控制方法，可以识别出食品制造过程中可能发生的危害环节，加强对生产过程中各个环节的监视和控制，有效保障食品安全、降低危害发生的概率。GMP（良好的生产规范）要求在原材料进厂、制造、包装及储运等过程中的人员管理、产品质量管理，都能够符合良好的生产规范，减少生产事故的发生和确保食品品质稳定性、安全性。

很多白酒企业虽然通过了 HACCP 认证和 GMP 认证，但在具体落实方面做得不够，使这两种认证体系流于形式。其实在 20 世纪 70 年代，我国就引入了 HACCP 体系，当时主要应用于罐头加工企业的出口，这些食品要进入美国市场就必须根据美国法规的相关要求进行生产。1991 年后，当时的国家进出口商品检验局科技委食品专业委员会就加强了食品加工行业应用 HACCP 的研究，对食品加工企业提出了 HACCP 体系的具体实施方案。但是大部分企业引进了 HACCP 体系却没有将 HACCP 的管理理念应用于本企业的产品质量管理并建立相应的质量管理与控制体系。21 世纪以来，政府监管部门日益重视农产品、食品、白酒的质量与安全问题，已经对一些居民日常消费的食品、白酒制定了质量、安全方面的技术法规，如罐头厂卫生规范、白酒厂卫生规范等，对提高产品质量和安全起到了重要作用。一些大型白酒企业已经实施 GMP 和 HACCP 体系，并取得了明显的成效。依据白酒企业 GMP 国家标准要求，同时结合 HACCP 的理念，对白酒生产的全过程包括原辅材料进厂、酿造生产、包装、储存以及运输销售各个环节，进行全方位的危害分析与评估，识别出整个生产过程的关键控制点，并通过建立关键控制点的控制程序，以达到控制、降低来自各个方面如生物的、化学的、物理的危害，确保白酒质量和安全。通过实施 GMP 或 HACCP 体系，在企业内部建立起一整套产品质量和安全体系管理手册和程序，形成适合本企业配套的技术标准、采购标准、检验检测程序、操作规程和作业指导书等。

更多的中小型地方白酒企业，有些没有通过 HACCP 认证，一些有实力的白酒企业虽然通过了 HACCP 认证，但流于形式，在生产过程中并未具体落到实处。针对质量管理中存在的这些问题，以后要在实行 GMP 和 SSOP（卫生标准操作程序）的基础上，加强对这些标准的应用，建立切实有效的 HACCP 管理体系，分析整个生产环节，找到关键控制点，以有效控制白酒产品的卫生安全指标，最终确保产品的安全性。

二、强化价格规制

白酒行业的价格规制主要针对具有自然垄断性的高档白酒，近 10 年来，白酒产品价格的大幅度上涨，仅 2011 年开始，国家限制"三公消费"后，高档白酒价格开始下降。总的来说，白酒累计涨幅还是相当高的，造成社会上人心浮动，使得消费者大量囤积名牌白酒，引发相关行业的价格上涨。因此，对白酒产品实行限价，强化价格规制，并不是违背市场经济规律、通过行政手段控制市场价格，而是纠正市场机制在高档白酒价格形成方面的失灵，使得高档白酒价格回归到合理水平。价格规制的本质是为了确保交易公平。茅台、五粮液等高端品牌长期以高价格占领市场，大量的中小酒厂以低价格、大众化的品质满足中低收入人群的需求，为抢占市场，价格战时有发生。高端企业为抢占市场不断提高价格获取暴利，造成行业垄断的不正当竞争行为，不仅影响资源的合理流动，而且损害消费者的利益，大量的中小酒厂大打价格战形成了无序竞争，催生了大量的如欺诈消费者、以次充好等的不公平竞争行为，因此，有必要强化价格规制，实行限价。但限价是有时效性的，仅在价格形成机制失灵时应用，一旦价格回归市场，规制政策就应淡出。例如，53 度的茅台酒，价格从 2008 年到 2012 年，涨至每瓶 2300 元，这种情况下就应当进行价格规制，2013 年以来，随着"三公消费"的不断减少，该白酒的价格下降到了 2014 年的每瓶 1100 元，市场价格日趋合理，这种情况下就应减少价格规制或不规制。

（一）借鉴价格上限规制制定白酒价格

价格上限规制是我国食品安全价格规制的主要方法，主要由物价部门对某些关系国计民生的食品制定价格上限，生产企业自定价格必须在规定上限的一定范围内波动。价格上限规制这一工具融合了成本降低激励与定价激励，既确保了短期内不降低白酒质量，又保证了充足的市场供应量，因此，大多数发展中国家在主要食品价格调节中广泛采用了价格上限规制。

不同于传统的收益率规制，价格上限规制激励企业通过提高管理水平直接降低成本而降低商品价格。固定价格合约是根据每年通货膨胀率变动和 X 因子调整而变动。价格上限规制一方面有力地促使企业大力降低成本，同时被规制企业拥有一定的定价自主权，自身效率提高越快则企业利润越高。实证分析证明，价格上限可以促进全要素生产率增长和资本集约程度的提高。价格上限规制促进了资源的合理流动，引导企业将资源及时投入到有效率的商品生产中去，激励企业为降低成本进行努力。借鉴食品行业价格上限规制政策有关措施，结合企业成本增长率作为白酒企业限价标准。例如，贵州茅台 2010 年、2011 年、2012 年营业总成本同比增长 24.3%、35.7%、25.7%，高端白酒价格 2010 年、2011 年、2012 年同比增长 25%、40%、42.9%。白酒价格的涨幅超过企业成本的增长速度，因此，可以参考企业成本增长率变化作为对高端白酒进行限价的依据，同时可以参照行业成本变化来动态调整白酒价格。当原材料、职工工资和销售费用等成本上涨时，可依照上涨幅度适当调整产品价格，产品价格上涨速度应低于成本增长幅度。一种简便的方法是参照物价涨幅来确定白酒价格变动幅度。这种做法，可以引导企业有效控制营运成本，同时通过市场信号反映价格走向，确保白酒价格涨幅在合理的区间内，避免造成白酒市场虚假繁荣。

（二）实施白酒行业价格规制政策应注意的问题

白酒产品价格最终由市场决定，价格规制政策及各种限价措施的实施是市场调节价格机制的辅助手段。为了减少白酒价格的波动性，从中长期来看，一是要解决好市场供需中的剩余和短缺的问题。价格最终由市场供需均衡来决定，政府要有效调控白酒产品的市场价格需要对一些名优白酒建立储备制度，当市场上产品过剩时，通过储备制度吸纳这部分过剩的供应量，在产品出现短缺时及时地注入市场，从而起到调节市场商品的供应量，以实现限价的作用。二是要强化行政管理。当市场经济存在失灵的时候，需要政府的规制。通过调查市场供需平衡来实施限价政策，在完善的市场经济条件下有明显的效果，我国的市场机制还有待进一步完善，因此，强化限价的行政管理还是必须的。三是加大违规的处罚力度。为保证价格规制政策得到有效执行，同时也是为了维护政策法规的严肃性，对于违反限价相关政策的企业应进行严格的制裁。四是白酒的价格上限规制必须伴随着严格的质量规制。价格上限规制作为一种激励制度，促使酒类企业在降低成本的同时，也有可能降低产品或服务的质量。就单纯以价格上限引导企业降低成本而言，必然会出现降低质量的现象。企业偷工减料、质量降低最终必然为市场所发现，一旦失去信誉，产品销量会迅速下降，因此，受规制政策影响的企业必须综合考虑成本节约与销售下降的关系。

三、健全投资规制

白酒行业面临着产能过剩、供大于求的困境。白酒消费能力最强的是年轻消费者，但目前知识水平较高的年轻群体消费白酒的能力已大大下降。红酒、啤酒、咖啡、果汁等各类饮品作为白酒的替代品不断增多，市场销量不断增加。出于健康和保健的考虑，白酒不再是广大消费者休闲娱乐活动中的首选。同时，为了控制"三公"消费的规模，"禁酒令"的颁布也使得以往一些固定消费群体如公务员、执法人员、武警官兵等远离了白酒。总体来说，白酒的已有的生产能力已经远超出市场的需求，市场规模的缩小致使众多的白酒企业开工不足，市场份额的争夺更加激烈，一些小规模的、缺乏特色的白酒企业处于关停并转的状态。

在白酒行业市场竞争日趋激烈的情况下，行业内的企业大打价格战、广告宣传的虚假现象增多，无序竞争使整个行业受损，但在利益驱动下，仍有相当的地方在新建、扩建白酒项目，白酒行业健康持续发展需要统一规划与布局，而投资是影响白酒行业规划的主要原因。只由通过建立、健全白酒行业投资规制，才能形成合理的行业布局和行业组织结构。

（一）建立重大项目投资审批制度，不能盲目扩大产能造成浪费

投资规制政策是治理白酒行业产能过剩的主要政策，为避免盲目扩大产能，形成恶性竞争而造成资源浪费，必须建立重大项目的投资审批制度。

对于重大的白酒项目，必须实施严格的投资项目审批制度，以市场准入为手段的投资规制政策一直是治理产能过剩、重复建设的主要政策。以往多次产能过剩治理过程，一开始重视市场调控方式的运用，但政策的主要措施还是通过投资项目的审批限制市场准入，如通过项目和供地审批、贷款的行政核准、目录指导、强制性清理等直接规制投资的手段。加强土地、信贷、环保、城建等政策与行业政策的协调配合，落实好各项政策的细化措施。一是要执行严格的土地保护政策，对不符合国家行业政策和行业准入标准的白酒项目，不得批准用地。二是要强化信贷投放中的审核和管理，商业银行要高度重视贷款过快增长带来的信用风险，对于地方新上的小酒厂要谨慎放贷。三是要建立公开、规范的行业准入政策，依托行业协会等中介机构及时提供白酒行业供需信息，遏制行政性重复建设投资和防范企业冲动型投资。进一步提高白酒行业的进入门槛如明确提出在能耗、环保、企业用地、安全、技术等方面要求。四是提高政策执行的效率，确保准入政策有效落实。

引导企业加强投融资管理，避免盲目投资和决策失误，提高决策和科学性，以免造成企业人、财、物等资源大量浪费。高端白酒企业的利润增长很快，资金充裕，还能通过发行股票、债券和分配股利等形式进行筹资。为降低经营风险，这类企业大多进行多元化经营。在投资管理中，要发挥决策的民主性、科学性，要做好投资项目评价及项目风险分析，根据实际情况作出较为明智的投资决策。在负债结构方面，根据短期和长期偿债能力制定一套适合公司的资产负债结构，形成长期、稳定的资金来源结构，最大限度地降低金融风险。

引导企业充分利用闲置资金，提高资金使用效率。通过规范企业资金的核算程序和考核办法，发挥闲置资金的作用。以贵州茅台为例，2012年财务费为4.2亿元，比上年增加20%，对企业现金流量进行分析发现，企业现金充裕，企业要提高资金的使用效率，应该把这些闲置资金充分利用起来。加速资金周转，成为企业创造收益的重要来源之一，有利于企业盈利能力的提

高。利用闲散资金，应以短期流动为主，避免资金进入扩大产能的中长期投资中去。

（二）核定投资限额，依据市场需求，决定扩产数量

要严格执行白酒行业的投资项目审批制度，进行总量控制、核定投资限额才能实现统一、合理布局的目标。规制者要对市场需求规模、产品需求结构及其变化进行判断和预测，并根据预测制定相应的发展规划和实施措施，对投资规模、投资流向和投资步调进行管制和调控。要健全白酒行业市场供需信息的发布制度，起到引导投资预期的作用。行业主管部门或行业协会要提高统计数据的分析能力、对白酒行业产能情况、运行动态进行长期跟踪分析。要尽快建立起白酒产能过剩的衡量指标，定期向社会披露相关信息，为企业投资决策提供参考。

地方推动下的过度投资是白酒业行业产能过剩的根本原因。投资意愿和投资能力是企业投资决策的两个条件，也就是说企业在市场良好预期下有了投资意愿，而且要能从融资市场上筹集到资金。在地方政府热衷于白酒项目的推动下，企业可以借助政府从银行获得贷款。因此，要标本兼治才能缓解白酒行业产能过剩，从大的方面来说，就是要理顺白酒产地的政府和企业的关系。要使白酒企业真正成为市场主体，在市场的作用下进行投资决策，政府要成为服务型而不是经营型政府。政府要做好的事情是继续推进投资体制的深化改革，完善和严格执行企业投资的核准和备案制度，在行业准入方面做到有进有退，允许社会资本尤其是民间资本参股名优白酒企业，同时进一步提高在能耗、环保、用地、安全、技术等方面的准入门槛。白酒产品具有明显的区域生产特点，特别是一些不具备名优白酒生产条件的地方政府，不要对当地的白酒产能变化做过多的影响。这样才能从源头上控制白酒行业总体产能，防止低水平重复建设。

第七章 中国白酒行业可持续发展
需要形成统一规范的消费市场

产业经济学理论认为，消费需求对行业发展的影响主要体现在市场需求对技术创新的激励功能上，即通过"需求所引致的创新"来实现行业的持续升级和发展。因此，一个统一、规范、理性的消费市场的形成是推动行业发展的重要力量。白酒作为一种生活消费类产品，整个行业的发展与消费者收入水平的提高和消费结构升级更为密不可分。特别是当消费者真正掌握了市场话语权，酒企、酒商、品牌之间的竞争格局将主要取决于消费者的"情感"所属，谁是消费者心目中的白酒，谁就会成为市场的赢家。在全球经济一体化与我国文化发展战略重构的新形势下，白酒的市场价值与布局、消费理念与形态都正悄然地发生变化。那么，目前，白酒消费市场具有什么特征？未来的演变趋势是怎样的？存在什么样的困局？造成这些困局的原因是什么？如何疏通消费需求与白酒行业发展之间的互动机制？如何正确认识白酒市场的种种现象，并营造一套科学适用的市场运作机制和模式，破解现有的发展困局，让白酒市场价值不断走强，就成为促成白酒行业可持续发展的关键所在。

第一节 白酒消费市场的现状和趋势

一、中国白酒消费市场的发展现状

酒，在我国具有深厚的民间消费基础。自古以来，无酒不成席，华夏酒文化伴随着宴席渗透到社会生活的各个层面——酒之于经济，是助推剂；酒之于军事，是动员令；酒之于诗人，是灵感之源；酒之于书画艺术家，是神来之笔；酒之于人民生活，是晴雨表。因此，我国的历史可以说是一部酒史。在当前我国酒类市场上，白酒、啤酒、红酒、黄酒是最常见的酒种，其中白酒目前仍是我国居民生活不可替代的消费品之一。根据新生代市场监测机构"中国市场与媒体研究"（CMMS）的调查，近些年来，我国酒类市场的渗透率有了较为显著的增长，随着居民财富的不断积累和社会地位的持续上升，白酒在人们日常消费构成中的地位也越来越重要。总体来看，我国的白酒消费市场主要呈现出以下几个特点：

（一）消费市场规模不断扩大，特别是中档白酒市场潜力巨大

世界葡萄酒及烈酒博览会（Vinexpo）研究报告指出，2011 年，亚太地区市场烈酒消费为世界烈酒总消费量的 62%；其中，我国的白酒消费居于世界烈酒行业领先地位，其消费量占全球烈酒总消费量的 1/3。按照国家统计局公布的数据，2012 年，我国白酒产量为 1153.16 万千升，比上年同期增长 18.55%；实现利润总额 818.56 亿元，比上年同期增长 48.52%；实现税金总额 547.62 亿元，同比增长 26.93%。从消费市场规模来看，2012 年，我国白酒行业 1290 家规模以上生产企业累计完成销售收入 4466.26 亿元，同比增长 26.82%，而 2002 年的销售收入仅为 495.88 亿元，10 年间增加了 8 倍，市场规模迅速扩大。需要指出的是，以上统计范围仅限于年销售收入在 2000 万元以上的规模以上企业。而据不完全统计，不包括纯家庭作坊式的生产企业，我国现有白酒企业 3.7 万余家，其中乡及以上独立核算的企业约有 4700 家。因此如果算上众多小规模企业，那么白酒实际市场份额则更大。在 2014 年成都举行的中国春季糖酒交易会上，有近 4000 家商家参展，专业观众超过 12 万人次，展览面积和参展商均刷新历史纪录，展现了我国白酒消费市场的活力与潜力。

若按高、中、低不同档次的白酒产品进行细分，自 2006 年起，我国高档白酒销售量约占白酒行业总量的 1.2%，销售收入则约占整个白酒行业的 15% 以上。按此比例估算，2012 年高档白酒销售收入约为 670 亿元，剩下 3796 亿元市场为中低档白酒所占领。根据经验，按消费者的购买意愿占比来测算，中档白酒市场规模应该是高档白酒的 2.5 ~ 3.5 倍，那么中档白酒市场

规模应在 1675 亿元以上。另有调查显示，选择高档白酒的消费者占 18.9%，选择中档白酒的消费者占 48.6%，这样低档白酒的消费者占 32.5%；对于普通消费者，即餐饮酒店和商超渠道的消费者来说，中档酒是选择比例最高、市场规模最大。可见，我国中档白酒消费市场潜力巨大。

（二）消费市场由大、中型白酒企业主导，但市场集中度仍然不高

从主要经济指标来看，我国白酒行业集中度呈现出向大型企业集中的趋势。从市场绩效来看，名列前 20 位的骨干白酒企业的产量占全行业的 30% 左右，销售收入约占全行业的 40%，利税占全行业的 60% 左右；而在 1000 多家年销售收入 500 万元以上的国有及非国有白酒企业中，占 22% 的大中型企业的销售收入占 78%，利润总额占 96%。另据统计，白酒制造行业的全部 14 家上市公司占了规模以上白酒生产企业资产总计的 42%（2011 年）、销售收入的 24% 和利润总额的 65%（2012 年）。可见，大、中型白酒企业以明显的优势主导着我国的白酒市场。

然而，与发达国家酒类饮料行业市场集中度超过 90% 相比，我国白酒行业市场集中度一直处于较低的水平。据估算，CR_4（最大的前 4 家白酒企业所占的市场份额）仅为 24.5%，低于啤酒的 29.2% 和葡萄酒的 54%。虽然礼品市场上渗透率居于前列的基本上是茅台、五粮液、剑南春等中高档品牌，但自用白酒市场却显得相当分散，在国内各个区域占主要市场份额的基本上是本地的中低档品牌。

（三）消费市场上的产品以浓香型降度酒和低度酒为主流

从产品结构来看，目前我国市场上销售的白酒主要是纯粮固态酒和勾兑酒。其中，纯粮固态酒是按照我国特有的传统工艺，用粮食作为原料，通过自然发酵和高温蒸馏制作而成，包括酱香型、浓香型、清香型、兼香型、米香型、凤香型、特香型、老白干香型等不同香型；而勾兑酒则是以食用酒精为主要原料勾兑而成的新型白酒。经过多年的发展，不同香型白酒均占有一定的消费市场，但主要以浓香型白酒为主；而在出口市场方面，浓香型白酒的地位更不可撼动，仅主打浓香型白酒的五粮液集团一家企业的出口量就占到整个白酒行业出口量的 90% 以上。

从酒精度数来看，60 度以上的高度白酒基本上已经退出市场，市场上的

主流产品是 40～49 度的降度白酒和 39 度以下的低度白酒，其中低度白酒的产量已占我国白酒总产量的大约 40%。据北京精准企划 2009 年的抽样调研，消费者喝得最多的白酒度数主要有 38 度（占比 38.9%）、45 度（占比 19.5%）、40 度（占比 14.2%）和 52 度（占比 10.9%）这 4 种度数的白酒。

（四）消费市场的品牌选择具有显著的区域差异性

我国幅员辽阔，区域之间的文化习俗和消费理念千差万别。受区域文化和消费习惯的影响，白酒消费市场自然也表现出显著的地域性特征。一般而言，除了一些全国知名的高端白酒品牌，在中低端白酒市场上，消费者往往出于强烈的乡土情结或者本地品牌的市场邻近优势，广告力度和效果较大，因而大多数人对本地酒比较偏爱。比如，山东白酒市场几乎为兰陵、景芝、孔府家、泰山四大集团所垄断；苏北的洋河、双沟、今世缘等地产品牌占有 75% 的市场份额；在安徽市场，除了皖酒老名牌古井、口子以及新生代的沙河、种子酒等，皖酒系列、迎驾系列等品牌也有较大影响；四特系列酒在江西省内部分地区市场份额已占到一半左右；湖南白酒市场则主要被酒鬼、金六福、浏阳河、湘泉等品牌瓜分，区域品牌邵阳大曲则在邵阳成为最强势品牌。

从知名品牌的区域格局来看，金六福和红星二锅头在全国各个区域普遍具有较高的市场覆盖率。如表 7 - 1 所示，在华北市场，红星二锅头的渗透率高达 50.4%，金六福的渗透率则为 35.1%；在西南市场，金六福的市场渗透率为 27.8%，红星二锅头的渗透率为 16.9%。在东北、华东、华南市场，这两种白酒的市场渗透率虽然较前两个地区略低，但也居于整个市场的前两位。另外，虽然白酒在华东和华南地区的市场渗透率低于其他区域，但消费的白酒品牌档次并不低——剑南春、五粮液和茅台位列华东的五大品牌，而五粮液、水井坊和茅台则位列华南五大品牌。

表 7 - 1　我国各大区域中主要白酒品牌的市场渗透率

排序	东北	华北	西南	华东	华南
1	金六福 （32.4%）	牛栏山二锅头 （53%）	金六福 （27.8%）	金六福 （24.6%）	红星二锅头 （18.8%）

续表

排序	东北	华北	西南	华东	华南
2	红星二锅头 (30.2%)	红星二锅头 (50.4%)	泸州老窖 (26.5%)	红星二锅头 (18.4%)	金六福 (16.7%)
3	泸州老窖 (18.3%)	金六福 (35.1%)	剑南春 (17.3%)	剑南春 (16.2%)	五粮液 (15.6%)
4	古井贡 (17.1%)	京酒 (17.5%)	红星二锅头 (16.9%)	五粮液 (15.0%)	水井坊 (13.6%)
5	道光廿五 (14.8%)	汾酒 (13.6%)	全兴大曲 (14.0%)	茅台 (13.3%)	茅台 (11.8%)

资料来源：新生代市场监测机构"中国市场与媒体研究"（2010AU—35/75000）的调查样本。

二、中国白酒消费市场的演变趋势

（一）白酒消费的产品种类和档次持续升级

改革开放以来，随着我国经济快速增长，白酒消费能力大幅提升，消费者对于产品的认知也在发生深刻的变化。20 世纪 80 年代，中高档政商务白酒的标准线是 15～40 元/瓶；到 90 年代，40～80 元/瓶是中高档政商务白酒的标准线；再到 2005～2011 年，这个标准线则变为 80～198 元/瓶；在 2012 年及以后一段时期内，198～600 元/瓶的次高端白酒将很快成为消费主流。随着我国收入分配制度改革的深化，中等收入群体将不断扩大和年轻化，权力资源和经济资源的转移将促成白酒消费核心人群的更替，而收入水平提高所带来消费层次的升级将使得中高端白酒的市场份额不断提高。此外，中等收入群体普遍学历较高，从事对社会有益的建设性工作，是消费市场的中坚力量，具有超前的消费特性，从而必然会带动白酒消费种类和档次的不断升级。

（二）白酒消费主流意识逐渐向健康化和低度化发展

在市场经济潮流的影响下，人们的消费观念与行为也在日新月异地变化着，追求健康、口感、心理满足等新的价值需求已成为新时期白酒消费的追求，"适量饮酒、科学饮酒、文明饮酒、健康饮酒"逐渐成为白酒消费的主流意识。在这方面，传统酱香型白酒有着其他白酒所无法匹敌的天然优势。近些年来，酱香型白酒发展势头正旺，逐渐成为人们追求绿色、有机、健康消费的不二选择。随着国内消费结构不断升级，传统酱香型白酒市场已经逐渐步入快速成长期。最近 5 年，传统酱香型白酒产量的平均增速已达 32%，是我国白酒 5 年平均增速的两倍之多。

随着人民生活水平的不断提高，健康保健意识和理性饮酒意识的增强，带来饮酒习惯的改变，白酒低度化趋势将日益显著。欧美国家烈酒的酒度普遍在 40 度以下，日本和韩国产的烈酒的酒度更是在 25 度以下，而且他们在饮酒时还要加冰、加水。因此白酒低度化，符合国际酒品的低度化特征，是我国白酒"走出去"的重要途径。

（三）白酒消费需求逐渐向优势品牌集中

过去受制于社会生产力落后和物质条件匮乏，我国白酒的产能十分有限，远不能满足大众对白酒的需求。随着白酒的企业数量、产量和种类的骤增以及消费者文化水平的不断提高，白酒消费理念从原来的"盲目性功能消费"向"价值性品牌消费"转变，大众对于品牌认同度大幅提升，我国白酒市场将进入真正意义上的品牌建设和品牌竞争时代。

随着酿酒科技的快速发展，人们发现了浓香型白酒的主体香味物质，各种工艺的新型白酒不断涌现，再加上人民生活水平的提高和健康意识的增强，"适量喝酒、喝好酒"将逐渐成为白酒消费的主流趋势。因而在未来，白酒的消费需求将向传统白酒特别是坚守传统工艺的健康白酒和高品质白酒集聚，向香型丰富、档次高端、品质卓越的优势品牌集聚。近几年，我国白酒总销量虽然不断下降，但各知名品牌白酒的销量却在增长，这既有五粮液、茅台等全国性品牌，也包括梦之蓝、天之蓝等洋河系列、古井贡酒、迎驾酒等众多地方名酒。

另外，中国人的"爱面子"文化，也深刻影响着白酒的消费习惯、消费理念和消费水平，在消费升级下，一些原本消费三线白酒的商务消费和居民个人消费会向二线白酒消费转移。随着居民收入水平的提高，品质意识的增强，有能力消费更高档次白酒的人们就很有可能会选择品质更优、品牌力更强的中高端白酒。

（四）白酒消费模式逐渐向以商务、家庭、个人为主体的综合性消费转变

随着我国经济快速发展，国内市场的消费理念和消费行为也在发生着显著的变化。从消费模式上看，我国白酒消费市场尤其是高端白酒市场，正从过去以政府为主导的单一性消费向以政府、商务、家庭、个人为主体的综合性消费转变。特别是在经济较为发达的东部沿海地区，白酒已经从政府、商务性集中式消费转向以家庭式消费为主体的特殊消费形态，中高档白酒消费者甚至出现了家庭式消费超越政务性消费的新格局，白酒品牌消费需求也更具备普遍的价值观和消费认同感。而在相对不发达的中西部市场，白酒消费市场结构也在发生着深刻变化，商务性消费需求规模比重逐步提高，开始超越政务性消费而成为新的消费趋势。

从白酒消费的价值体现来看，白酒消费者的心理需求逐渐超越生理需求，开始转向追求情感认同和附加价值。虽然白酒具有生理、文化、艺术及社交等多方面的功能，但更多地突出其内含的社交价值，消费者希望通过饮酒来扩大自己的社交圈。零点指标数据调查发现，事业、休闲、情感诉求已成为人们饮酒的最主要原因。其中，因工作应酬需要而饮酒者占到近八成（79.7%），纯娱乐性消费而饮酒者占39.1%，情感交流需要而饮酒者则占30.7%[①]。

第二节 白酒消费市场发展的困局

虽然近些年来我国白酒行业保持了较快较好的发展势头，但受国内外环境影响，企业亏损面较大，仍凸显出白酒行业发展的种种问题。根据国家统

---

① 零点指标数据是零点研究咨询集团的重要成员之一，其长期关注我国的社会民生、文化及消费研究，致力于以创新研究方法及最佳研究实践帮助客户更好地理解和洞察社会，同时为全球超过1800家核心媒体提供最新鲜的关于我国社会的研究解读。零点指标数据于2013年8月针对30～50周岁的主流消费者开展了我国白酒消费现状和趋势研究的专项调查，旨在对我国白酒市场的最新情况进行摸底，了解白酒主流消费群体和消费习惯的最新变化，从而为我国白酒行业的未来发展提供市场参考。

计局公布的数据，2012 年，在上千家规模以上白酒企业中，28.94% 的企业是亏损的。其中，295 家大、中型企业中有 53 家亏损，占企业总数的 3.97%；870 家国有控股企业中有 299 家亏损，占企业总数的 22.41%。此外，全国白酒行业还有近 1/3 的企业经营困难，且大多数分布在国有控股企业中。白酒企业的发展困境也从侧面反映了白酒消费市场存在着诸多困局。

一、白酒销售遭遇瓶颈

经过"黄金十年"的发展，在国际国内经济环境和政策因素的影响下，白酒销量逐渐放缓。从总体来看，虽然白酒消费量随着人民生活水平的提高而持续增长，但白酒消费占全部酒类消费的比重却趋于下降，白酒行业面临重新洗牌的境地，市场环境更加复杂，竞争形势更为严峻。在"消费断层"危机和外来酒种的"替代危机"冲击下，传统白酒面临淘汰出局的尴尬境地。

（一）白酒的消费人群减少，可能出现"消费断层"危机

白酒作为一种特殊的商品，其消费者具有年龄阶段性特征，即消费者的类型和饮酒量都会随着年龄的变化而变化。从消费者类型来看，25～40 岁这个年龄阶段是白酒消费的核心群体，这个群体在总人口中所占比重的下降将会很大程度上影响白酒行业的发展。而我国在此区间的人口数量在 2015 年将是一个高峰，此后人口红利将开始退减，人口老龄化现象也将会变得更加严峻，从而白酒的消费能力也会相应地走弱。从消费数量来看，面对风靡全球的健康饮食潮流，逐渐注重生活品质的消费者对于白酒的消费爱好和习惯正在不断地改变。年轻的白酒消费者们往往是酒水的彷徨者，缺少对白酒的忠诚和强烈偏好，这使得白酒的消费群体越来越狭窄，白酒的消费数量越来越少。当"80 后"、"90 后"逐渐主导消费市场，"时尚、感性、浪漫"的红酒和洋酒逐渐成为酒类市场的新宠，而一直以来过于严肃刻板、以"中年"形象示人的白酒市场空间却越来越小，白酒市场面临着"消费断层"的危机。有调查显示，60.3% 的受访者认为白酒正逐渐远离年轻人，56.3% 的人认为未来我国白酒会逐渐失去市场，而 42.6% 的年轻人则表示随着年龄增长而不太愿意接受白酒。可见，如何塑造白酒品牌的年轻化和时尚化，是目前白酒

业界亟待解决的难题之一。

（二）外来酒种的冲击挤压了白酒消费市场空间

在对外开放背景下，越来越多的洋酒进入了我国市场，国内酒类消费者的消费观念也逐渐发生转变，从而影响着白酒消费的市场规模。从消费群体来看，高端白酒的消费人群主要是中年成功人士，但出于年龄、身体和收入的原因，中年人会逐渐减少白酒消费；而年轻人则更加偏好啤酒、葡萄酒和洋酒，特别是饮用或赠送洋酒在年轻消费群体中已逐渐成为一种时尚的标志。另外，洋酒具备一套比较完善的品评体系，这种文化价值更增添了对高端洋酒的信服感。目前，葡萄酒凭借其高贵优雅的品质得到了现代人的广泛认同，开始代替白酒和啤酒出现在各种场合，并已逐渐渗透到我国的饮酒文化中。特别是红葡萄酒，其时尚的外观、喜庆的色泽以及内涵的健康、养生、美容等概念，越来越受到年轻消费者的追捧。

目前，白酒的消费场所主要是家庭和餐厅，而大部分消费者的主动消费行为则在夜场、朋友聚会以及卖场等场合。据调查，在主动消费购买行动中，啤酒凭借其价廉物美、口味清淡以及看球文化等成为消费者首选的酒类饮料，是选择白酒的消费者数量的 10 倍，而选择红酒的也是白酒的两倍。另外，由于白酒的生产需要大量消耗粮食，因而会受到国家政策的限制，而啤酒、葡萄酒以及各种天然饮品、保健饮料则开始迅速发展和流行。可以说，在开放经济条件下，现代生活方式和观念的演变、国家行业政策的规制约束都对白酒的生产和消费带来了新的挑战，白酒正面临着日益严峻的"替代危机"。

二、产品同质化现象严重

在现代市场经济中，消费需求呈现出个性化和多元化，众多消费者的需求千差万别。企业要在市场竞争中处于有利地位，就必须采取产品差异化战略，提供个性化的产品和服务，以获得广大消费者的品牌认同，最终实现其产品消费。然而，在白酒市场，对差异化市场需求的不够重视导致企业之间的产品"同质化"和"同级化"现象非常严重，在口感、包装、风格乃至品牌定位上都出现雷同趋势。

（一）白酒酒质、香型和口感雷同

白酒依据主体香味的不同，可划为酱香、浓香、兼香、清香、米香等类型。其中，浓香型白酒产品在高、中、低端白酒市场均占据绝对主导地位。在高端白酒市场，由五粮液、剑南春、水井坊、金剑南、国窖 1573、洋河蓝色经典、双沟、苏酒等品牌组成的浓香型板块主导市场；在中端白酒市场，由泸州老窖、金六福、全兴、小糊涂仙、银剑南、沱牌、浏阳河等品牌组成的浓香型白酒板块所占市场份额很大，茅台迎宾酒、郎酒等酱香型白酒市场份额则较小；而在低端白酒市场上，酱香型白酒受酿造成本的制约基本放弃，以北京二锅头为主的低端清香型白酒也仅在北方市场争得一席之地。浓香型白酒一枝独大，再加上某些厂家急功近利，"新瓶装旧酒"、"换汤不换药"，造成白酒行业同质化趋势强化和满足消费者个性化需求能力弱化，香型单一，口感趋同；而除少数大型品牌企业外，其他企业在酒类风格、口感上相互模仿的趋同现象严重，最终导致白酒行业竞争力难以提高。

（二）白酒外包装雷同及广告宣传浮夸

在白酒产品的外包装上，产品风格单一雷同，抄袭模仿现象盛行，或多或少地含有茅台、五粮液等名酒的身影。在品牌广告宣传上，则过分强调历史悠久，过分强调出自正宗，"你是三千年，我则五千载，你是贡酒，我为御用"，对我国白酒的历史文化进行篡改或捏造。而且，在各类名酒评比会特别是外国博览会上，也经常弄虚作假，过分吹嘘宣扬自己的产品。比如，茅台酒在 1915 年美国旧金山举行的巴拿马万国博览会曾获得金奖的传奇经历，让国内某些名酒厂商也纷纷效仿，说自己也参加了这次博览会并获得金奖，还在众多场合展示其获奖证章。

（三）品牌泛滥导致名酒形象淡化

从 2002 年就开始升温的高档酒市场来看，"鱼目混珠"、"鱼龙混杂"从未间断过。一是名酒厂家盲目扩展其旗下品牌系列，多的一家上百个，少的也有几十个。有的是挂靠其旗下的"子品牌"和"孙品牌"，而有的则是直接通过在"核心品牌"的名称前面，加上吉祥语、修饰词等"克隆"出许多"兄弟姐妹"品牌。一眼望去，皆出自"名门世家"，名牌名酒满天飞。白酒品牌缺乏个性化特征，面对纷繁复杂、眼花缭乱的品牌信息，广大消费者对名酒企业及其产品产生了错觉，名酒品牌形象大打折扣，品牌名誉度、认同感和忠诚度均明显下降，白酒品牌的生命周期也变得异常短暂。二是一些原来不具备生产高档酒的企业也堂而皇之地打着高品位、高价值的招牌，使得部分我国名优酒品牌原本希望借助高端产品实现"突围"和"升级"的梦想化为泡影。

三、营销秩序混乱无序

从市场结构来看，整个白酒行业基本上处于完全竞争状态，表现为市场营销秩序混乱、无序流通现象严重、营销手段雷同、品牌个性不显著、以假乱真和假冒伪劣市场现象仍然存在。

（一）价格体系紊乱及恶性竞争加剧

白酒产品同质化使得产品之间无法进行差异化竞争，而不得不在价格、回扣、促销品等方面开展低层次的竞争。白酒生产厂家和品牌经销商为了尽快回本获利和分解终端高额费用，采用高定价、高回扣、高促销的市场营销模式。往往一瓶十几元钱的酒，一换包装、一改名字，便可卖到五六十元钱，甚至上百元、数百元，使其价格远远高于其价值，严重地违反了价值规律。更为严重的是，价格高于价值的超额利润大都落到流通环节上，经销商获利比厂家多，行业链的价值分配形成了"两头小、中间大"的橄榄形格局。随着流通环节的费用越来越高，白酒生产厂家要保住其所占市场份额，一方面，必须使用更高的回扣、更多的促销费用，从而进一步压缩了自己的利润，而由于利润微薄，白酒厂家没有足够的资金投入到酿酒研发技术的开发和酿酒工艺创新上，白酒品质只能在低端徘徊；另一方面，白酒生产厂家迫不得已采取杀鸡取卵、饮鸩止渴的方式，进一步提高产品价格，价格离谱的现象也就愈演愈烈。这样，白酒市场就陷入了一个恶性竞争的循环怪圈。此外，近年来，白酒作为一种生活品质的象征，逐渐与投资、证券等金融体系关联在一起。统计资料显示，2008～2011 年，白酒获得的风险投资逐年增加，公开披露的融资规模超过 40 亿元；从 2009 年起，白酒收藏市场火爆，白酒收藏品种被纳入古玩杂项拍卖行列，酒价一拍惊人，导致高端白酒价格一路飙升，严重背离了白酒的真实价值。

（二）通过买断经营狙击竞争对手

所谓买断经营，是指经销商买断生产厂商的某一品牌或某一产品的区域经营权。从生产厂家角度来看，白酒厂商往往会通过买断经营，为滞销酒寻找销售途径，或者是为自己节约不菲的广告费用和其他市场营销费用，也或者是为了将市场风险转嫁给经销商。从经销商角度来看，在白酒市场长期严重的市场压价、串货现象等不规范竞争逼迫下，很多商家为了实现销售和盈利目标，也热衷于买断经营。然而，在现实中，白酒经销商受制于其经营模式、资金能力、人力资源、管理经验、渠道网络等多方面因素，很难将其买断经营的品牌在市场上打响，而绝大多数都石沉大海，以亏本告终。而且，如果源自"同门"的品牌过滥过多，那也会导致市场混乱乃至失控，从而让经销商承受更严重的损失。

（三）终端营销手段被滥用

目前，白酒市场的营销观念陈旧，营销手段单一，厂商之间缺乏创新合作机制，虽然生产厂家希望做终端来达到控制渠道的目的，但是经销商未必会踏实做终端。终端营销本来是一种用来增加销售额和扩大品牌知名度的直接营销方式，但在我国白酒市场上，部分生产厂家和经销商为了私利而将其用作驱逐竞争对手的一种策略，曲解了原本的终端营销概念，并掺和了诸如"贿赂营销"、"以次充好"等一些不正当竞争手段，而且概念炒作、包装比秀、品牌装酷和模仿秀、价格战已成为我国白酒企业惯用的营销模式。"终端战"已经将我国白酒市场的竞争态势从公开化转向神秘化，"进店费、进场费、陈列费、促销费"等各种营销费用不断上升并居高不下，使得白酒终端营销陷入了"不做终端等死，做了终端找死"的尴尬境地。

第三节　白酒消费市场困局的成因分析

以上困局形成的原因是多方面的，既有企业自身在产品定位、经营理念和诚信方面的因素，也有政府行为和政策变动因素，还有法律法规制度环境等方面因素。

一、企业自身因素

（一）产品定位盲目求"高"，产品结构缺乏中档产品

一个行业可持续发展所需要的最理想的产品格局是"两头小、中间大"的橄榄形品牌和产量格局。然而，我国白酒行业却表现为高低档白酒品牌过多、产量过剩，而中档白酒品牌和产量不足的"两头大、中间小"的"哑铃形"格局。

在白酒产品中，高、中、低档白酒的产量和利润分布图分别呈金字塔形和倒金字塔形。具体来讲，高档酒的产量比重最小（约为20%），但其利润比重却最大（约为50%以上）；中档酒的产量和利润占比均为35%左右；而低档酒产量占比最大，但利润占比却最小。随着高档白酒市场消费需求的新一轮增长，众多白酒企业受高额利润驱使，积极调整市场战略，纷纷投入新产品和新品牌开发，推出名目众多的高档酒，以求提高品牌形象。比如，洋河股份的蓝色经典、双沟集团的苏酒、泸州老窖的国窖·1573、全兴集团的水井坊、汾酒的国藏汾酒、西凤酒的陈年（10年、15年、30年）西凤酒，等等。据统计，仅仅是五粮液旗下的子品牌就多达100多个，其中不同规格的新产品则多达300多种，价格也是从数元至数百元不等，五花八门，良莠不齐。除了包括五粮春、金六福、浏阳河、京酒等家喻户晓的高档名牌，还有如火爆、尖庄、干一杯等大量充斥地方市场的低档品牌。为了蚕食瓜分有限的白酒市场，这些五粮液子品牌纷纷进行降价促销，不仅减少了品牌经销商的利润，同时也降低了消费者心目中五粮液的高端品牌形象。反观中档白酒市场，纵然有郎酒、金六福、小糊涂仙等强势品牌的参与，但现有品牌消费忠诚度仍然普遍较低，相对于未来巨大的市场消费潜力，中档白酒产品品牌数量显得不足，市场技术性操作空间较大。

（二）经营理念只重销售和市场，不注重白酒文化和消费观念培育

波特（Porter，1990）的钻石模型表明，具有挑剔客户的市场需求是行业国际竞争力的重要要素之一。而通常地，一国最挑剔的消费者来自于对社会

生活时尚潮流有着很高敏感度的年轻群体；从这个意义上来看，任何一个行业的可持续发展都离不开对年轻消费群体的培育。白酒作为我国民族传统行业，必须深深植根于百姓的生活习惯和情感中，白酒企业应拉近白酒文化与大众日常生活的距离，只有时时贴近社会文化的主流，才能成为市场的主流，才能避免年轻消费群体的流失。

然而长期以来，我国白酒企业只注重销售和市场，而缺乏对白酒文化的传播与消费者的培养、宣传和教育。即便是有企业做了这方面相关工作，但并没有与消费者真正形成互动。反观洋酒能在我国市场势如破竹的关键，正是在于其一进入我国市场就重视消费观念和消费方式的培育以及消费文化的普及。

（三）企业诚信缺失，假冒伪劣屡禁不止

诚信是企业生存和发展的基石，是企业获得利润最大化的基础，真正持久的经济效益来自于诚信。曾经风靡一时的秦池集团，虽然曾创下在 1995 ~ 1996 年一年内销售额从 7500 万元骤增至 9.5 亿元的惊人成绩，但勾兑酒事件一曝光，便一落千丈，成为白酒行业典型的反面教材。

近年来，虽然我国对企业诚信和产品品质的要求有了很大的提高，而且部分香型白酒的国家标准都严令禁止添加非发酵风味成分和使用食用酒精勾兑，但某些企业仍然我行我素，以次充好、虚假宣传，生产这些违禁产品以牟取暴利。据国家质检总局食品司官员透露，在"三鹿事件"以后，对于酿酒工业食品安全的投诉主要涉及以下几种情形：一是低档白酒使用复合香精和复合甜味剂、葡萄酒中使用复合香精，以提高品位。二是中低档白酒用酒精勾兑，但未注明相应标识。三是在农村市场，用假冒伪劣香精水勾兑的葡萄酒泛滥。四是酒企有玩概念、弄虚作假和夸大宣传的倾向。五是部分酒企产品安全意识薄弱，对很多问题睁一只眼闭一只眼，行业潜在的问题仍悬而未决，隐患在加大[①]。因此，企业诚信缺失下假冒伪劣仍然是未来一段时间内制约我国白酒消费市场可持续发展的重要问题之一。而在市场监管不力和流通管理不完善的情况下，"以次充好"、"以劣充优"的白酒产品的滋生和蔓延，势必会造成低端白酒产量过剩和高端白酒供过于求，最终危害整个白

---

① 林向：《白酒业三大"醉"状》，《第一财经日报》2011 年 11 月 30 日。

酒行业的发展。

二、政府行为因素

（一）地方保护主义盛行下的市场分割

在转型时期的中国，政府干预无处不在，各级地方政府的经济功能十分强大，行政区经济掩盖甚至削弱了市场区经济，形成了有悖于市场经济规律的区域壁垒，造成了对区域经济发展的刚性约束①。在中低端白酒市场，地方保护主义政策也严重阻碍了自由流通市场的形成。比如，一些地方为了保证本地品牌酒的销量，限制外来白酒品牌产品的进入，或是对外来白酒品种征收各种名目的税费；一些地方则为了提高本地白酒的竞争力，采用返还消费税的办法，从而阻止外来白酒品牌的进入。在地方保护主义下，20元以下的低端白酒市场基本上已被地产白酒垄断。以产酒大省安徽省省会合肥市为例，10元以下最畅销的"真得味"是真正的"排档王"，而在相邻的"煤城"淮南市则是"蚌埠大曲"的天下。

（二）"三公消费"限制的加强

多年来，政务、商务应酬是我国白酒消费的主要市场。然而，自2012年底实施"三公消费"限制以来，茅台、五粮液等一线名酒的消费需求骤降，销量惨淡。在2012年年底消费旺季到来之际，市场预期政府对"三公消费"会加大监控力度，使得二级市场白酒股再度大跌，其中茅台跌幅一度达到7%。这意味着以"三公消费"支撑价格、以政务营销支撑价格、以公务应酬概念支撑价格的高价白酒时代已经结束。而在新一届政府惩治腐败之风的决心下，近几年内"三公消费"限制将会进入更加科学而严格的管理，白酒市场也即将从以公费消费主导的"名酒"时代，切换进入全民消费主导的"民酒"时代。

---

① 杜宇玮：《长三角区域公共服务一体化——以港口设施为例》，《南大商学评论（经济学版）》第16辑，南京大学出版社2008年版。

三、制度环境因素

第一，受地域文化、销售渠道、产品价格、消费观念、消费习惯及家乡感情等因素的影响，地产名酒已逐渐成为中低端白酒消费的主体。再加上在各地区相关政策鼓励下，如很多省份特别是中西部省份都将白酒行业作为其支柱行业来培育和发展，这激励了地产中低档白酒企业的营销手段推陈出新，直接促进地产白酒势力的不断强大，从而使其他外来品牌的进入遇到越来越大的阻力。

第二，规制的缺失和执法不到位，使得白酒行业缺乏统一和有效运行的竞争环境。在这种市场环境下，一方面，高档白酒的市场门槛极高，品牌、资本的壁垒厚，这让许多企业望尘莫及，而只有通过瓜分低端市场和造假造次得以生存；另一方面，多数大型厂家生产重点放在了中高档白酒市场，减少了低档酒的生产总量，众多中小企业扎堆进入低端市场，加大了低端市场的竞争强度。这两方面的结果形成了高档和低档酒产量过剩而中档酒产量不足并存的局面。此外，目前国内的行业政策往往偏向于行业结构调整、主导行业选择、幼稚行业扶持等宏观层次，而缺少在企业微观层次制定一系列中性的行业组织政策，如兼并、收购政策，从而无法建立起一套完备的市场体系，无法通过市场机制对企业进行优胜劣汰，最终也阻碍了市场一体化进程。

第三，《食品安全法》和商务部的《酒类流通管理办法》的实施仍存在盲区。自2009年6月1日开始实施的《食品安全法》，规定了诸多禁忌领域，也进一步明确了相关部门的法定职责，而商务部的《酒类流通管理办法》也加强了酒类流通领域的溯源管理和随附单制度。这些规制无疑使得白酒行业的流通秩序得到了进一步规范，但是在具体实施、执行和监管方面却仍不够到位。比如，在酒类生产企业的市场准入方面，大量规模较小的手工作坊式生产企业仍"游离"于监管体系之外，其生产和销售情况都未能及时纳入国家统计范围。然而正是这些较少受到相关规制限制的"自由"企业和产品，充斥了低端消费市场，不仅严重扰乱了市场秩序，而且还存在着较大的食品安全隐患。又如，现有法律法规对于酒类市场上流通行为的监督管理，还主要集中在对违法事件的事后惩处上，充其量只是"亡羊补牢"，因而其效果也必然是被动和有限的。

第四节　加快形成统一规范的白酒消费市场

2013 年以来，在宏观经济增速趋缓，"三公消费"受限、"勾兑门"、"塑化剂"等风波下的白酒质量安全危机等影响下，白酒行业发展的外部环境发生了巨大变化，白酒行业也结束了近 10 年来高歌猛进式的快速增长，开始进入新一轮结构调整周期。在这种大背景下，必须进行顶层设计，改革现有不利于白酒消费发展的内外因素，努力构建统一规范的白酒消费市场，为我国白酒行业可持续发展提供良好的制度环境。

一、打造优势白酒行业集群，提升行业集聚水平

从形成行业集群的市场因素来看，行业（企业）集群也就是消费市场的集中。一方面，由于行业集群和企业集中增加了消费需求，企业都会选择消费需求规模大的地方，进一步促进了企业集中；另一方面，消费市场的扩大有利于企业销售量和利润增加，进而提高消费者的收入水平，刺激其消费支出增加，从而扩大市场需求。因此，行业集群和消费需求集中是良性循环的关系，培育具有较强竞争力的白酒行业集群有利于统一规范的消费市场形成。

（一）打造集群品牌

品牌建设是行业集群取得成功的关键，其内含的差异化也是引导和刺激消费需求主要动力之一。打造优良的白酒品牌，不仅有助于提高白酒行业集群的知名度和美誉度，为集群内企业带来巨大商机，而且有利于区域消费市场的培育。因此，集群内关联企业、政府及媒体等相关部门应共同配合，加强集群内企业自律，监管产品质量，提高服务标准，通过产品结构调整和技术改造，促进白酒产品升级，以高质量、高品位、多品种、多名牌来提升附加值，致力于打造国内乃至国际知名的白酒行业集群品牌。

（二）培育龙头企业

白酒行业集聚的实质，就是以白酒行业为依托，以优势大型企业为核心，以众多中小企业为主体，通过企业间的高度分工与协作，形成一种柔性生产综合体①。因此，应充分发挥大型企业的规模优势和集聚优势，积极引导行业集聚区内大型龙头企业的组织结构调整，加强大型企业与地方中小企业间的前向、后向关联，调整众多中小企业的产品结构，避免低端同质化竞争，促进集群内行业专业化分工协同效应的发挥，进而推动行业集群的整合和优化。

二、扩大终端市场需求，培育白酒核心消费层

（一）白酒企业产品要转向中端市场

随着白酒消费市场的日渐成熟，细分化趋势愈加明显，针对不同消费阶层，白酒品牌需要更精准的定位，白酒新形象也应该是多层次和多元化的。虽然白酒在高端政务和商务场合中的消费具有不可替代性，但是白酒销售也不能仅仅是盯着高端市场。更何况在"三公消费"限制日益趋紧的政策环境下，白酒企业不能再把公务消费作为企业的增长点。而随着人们财富水平和社会地位的提升，白酒将在居民的日常消费支出中占据越来越大的比重。因此，白酒企业增长模式要以全价位、全产品线布局的理念，向大众消费要市场、要发展。

（二）改革收入分配制度，扩大中等收入群体

据调查，在中高收入消费者群体中，白酒核心消费者的占比均超过了六成，可见中高收入群体是白酒的核心消费层。而在未来一段时期，中端消费市场的巨大潜力预示着中等收入群体将成为白酒消费市场的主力军。中等收入群体扩大的关键在于深化收入分配制度改革，形成合理的收入分配格局。采取"提低"、"扩中""调高"政策措施，约束和减少高收入群体的收入，维持和增加中等收入群体的收入，努力增加低收入群体的收入。首先，政府

---

① 侯亚景：《我国白酒行业集聚与行业链的优化研究》，天津理工大学硕士学位论文2011年。

必须规范初次分配，并创新收入分配制度。其次，政府应积极完善收入再分配机制，加大财政税收体制对收入分配的调节力度。一方面，要通过财政力量向低收入群体和低收入地区进行转移支付，为培育和扩大中等收入群体提供充足的"后备军"；另一方面，要建立和完善有利于培育和壮大中等收入群体的税收调节机制。

三、完善行业组织政策，营造规范竞争环境

（一）建立统一、协调、有效的竞争规则，实施中性的行业政策

根据欧共体创建和欧盟运行的实际经验，市场一体化的重要基石在于竞争机制的协调。对于我国来说更是如此，如果没有一套有效的竞争规则，就无法保证市场主体进行公平、充分、有效的市场竞争，也无法防止市场竞争被垄断势力和行政权力扭曲，从而影响市场资源的有效配置。因此，一套统一、协调、有效的竞争规则对于白酒市场一体化发展来说很有必要。另外，应当摒弃以往运用政府行政命令和计划对白酒行业发展进行安排偏向性较强的行业政策，而改用偏向中性的行业政策来替代。所谓偏向中性的行业政策就是那些鼓励白酒企业加入全球行业分工的开放性行业政策、能够促进白酒企业间有效竞争的组织政策以及旨在诱导白酒企业分享行业集聚效应的集中化政策等。

（二）强化法律和规章制度，规范白酒企业的经营行为

要进一步完善相关的法律法规，制定与《食品安全法》和《酒类流通管理办法》相关的具体细则和实施办法，制定一系列国家白酒标准，为白酒市场的规范运行提供制度保障。一是严厉打击假冒注册商标、企业名称、认证标志、名优标志以及假冒白酒产品包装、标签等制假售假行为，加强知识产权保护。二是严厉打击虚假宣传行为，加强企业自律，要求经营者在市场交易中遵循自愿、平等、公平、诚实信用的原则，遵守商业道德，规范白酒市场经营秩序。三是加强市场监管，建立完善白酒假冒侵权行为举报处理机制和企业维权机制，加强白酒行业企业诚信建设，构建监管长效机制。

四、破除区域市场分割，构建统一白酒销售市场

（一）破除地方保护主义的藩篱

形形色色的地方保护主义是建立统一开放市场体系的严重障碍，因而必须真正打破条条块块的市场分割、封锁和垄断，破除地方保护主义的藩篱，才有可能扩大白酒消费市场规模，才可能形成全国统一、规范的白酒市场。为减少地方保护主义，首先应该保证地方政府的财政收入来源，削弱地方政府对本地经济实行保护的动机（胡向婷和张璐，2005）。此外，为了避免政府主导投资存在的诸如重复建设和重视短期效应等问题，应该设立相应的引导机制以进一步发挥地方政府经济决策自主性的积极作用。

（二）改革现有的政绩考核评价体系

1. 要改变以往唯 GDP 至上的地方政绩考核标准，切实从"数量化的高增长"向"质量化的高效率"转变，加快促进白酒行业发展环境功能从"增长促进系统"向"创新支持系统"的转变。这对于那些白酒行业在其经济发展中具有重要地位的产酒大省和大市来说更为迫切和重要。

2. 要按照科学发展观来设计一套科学、规范、可量化、易操作的政绩考评指标体系和一套有利于社会经济可持续发展的评价指标，并明确权责，促成地方政府的角色和职能由"经济发展型"向"公共服务型"转变。

3. 要将政绩考核方式转变到以收入增长和民生幸福为核心上来，并以此重构政府的公共财政收支体系，着力提升居民的社会保障和福利水平。这不仅可以直接提升居民消费在经济中的比重，而且还可以增强民众的消费信心，刺激居民消费欲望，提高居民消费水平，从而有助于白酒消费市场的发展壮大。

五、强化白酒"国粹"意识，挖掘白酒消费文化

白酒的基因赋予了其消费文化价值内含的民族性。白酒与我国的历史文化发展密切相关。作为我国当之无愧的国酒，白酒是中华民族性格和精神的

外化，是中华民族表达情意的重要载体。因此，白酒品牌必须将民族、社会、文化等人文精神因素融入产品设计，让产品呈现我国文化价值和魅力，从而在传承白酒的历史文化的同时全面提升品牌竞争力。酒文化的发扬也并不仅仅是从唯美的角度去吟诗作赋，而是要从其消费文化价值——群饮与共享的文化载体出发，从本质上理顺白酒消费发展的脉络，与时俱进，引领白酒消费的潮流，针对特定目标人群的消费理念设计超前的文化概念，激起品牌理念和消费理念的共鸣，使得白酒文化可以更好地诠释我国年轻一代的消费个性和生活态度。

如今，白酒消费市场的发展趋势已经从"饮好酒"转化为"健康饮酒"，白酒已成为一种生活方式的引领和生活心态的诠释。相关部门应当加强对白酒文化的正面宣传，充分挖掘白酒的文化价值和健康价值，引导消费者理性认识和正确消费白酒。通过一大批具有白酒文化知识的挑剔消费者，延续我国白酒传统文化和工艺的血脉，并使之成为全世界认识我国的一个窗口，成为我国软实力的重要组成部分。

第八章 中国白酒行业可持续发展需要完善社会化诚信体系

诚信是维持市场经济正常运行的基础，是保障市场主体权益的前提。21世纪以来，我国企业的诚信建设面临着巨大的考验。部分白酒企业生产与经营中不诚信行为时有发生，如制假售假、以次充好、合同违约、债务违约（三角债）等，酒类企业的这种诚信缺失严重制约白酒行业生产经营和可持续发展。随着我国在更广领域和更深范围对外开放，为提高我国白酒行业综合实力，白酒行业的信用体系必须尽快重构和完善。

第一节 诚信体系与白酒行业发展的关系

恶意失信严重损害白酒行业的可持续发展，少数企业制假售假、坑蒙欺诈等行为，导致整个白酒行业遭受重大损失。前些年山西朔州的假酒案，不仅使山西的白酒行业遭受重创，对全国的白酒行业都产生了巨大的负面影响。因此，白酒企业的诚信体系健全和完善决定着白酒行业健康、持续发展。

一、诚信是道德的基础，是全社会都必须遵守的准则

市场经济也是信用经济和法制经济，缺乏信用市场经济就难以健康持续发展。作为市场经济的产物，信用是企业的无形资本，道德约束是信用体系的内在要求。诚信是道德的基础，它是通过社会舆论呼唤人的良知来抨击丑恶现象，以群体的力量引导和规范人和行为，是整个社会必须遵守的行为准

则。道德约束和法律建设是相辅相成的。道德和法律相比较，在食品安全、酒类质量安全的覆盖领域方面要比法律广泛得多，大大弥补了法律法规的不足。

假冒伪劣、以次充好、坑蒙拐骗等失信行为扰乱正常的市场经济运行秩序，伤害人的健康和行业发展。中共十八届三中全会明确提出了市场在资源配置中的决定性作用，而一个地区的市场化水平很大程度上取决于当地的诚信氛围乃至整个社会的诚信度。诚信作为一种有价值的社会资本和无形资产参与到经济运行中时，市场经济体系才能真正建立起来并正常运转。如果社会诚信缺失，将大大阻碍市场化进程，企业间失信会大大提高企业的交易成本。因此白酒企业要持续经营，必须诚信经营，改变只重经济利益而轻视市场信誉的思想，建立良好的信用体系，以此获得市场和消费者的认可。

政府及主管部门应努力营造诚信经营的氛围。政府在建立完善社会诚信体系时，最主要的是营造公平氛围，在追究失信企业的责任以及保障诚信企业权益时，政府及主管部门在执法上要做到公平公正。在企业信用信息的收集、记录和使用时，应当遵循公正、规范的原则，体现奖优惩劣的导向。政府部门建设社会化诚信体系时，要遵循市场经济规律，引导食品企业、酒类企业强化社会安全责任意识。

二、诚信是实现白酒行业健康可持续发展的前提

所谓白酒企业诚信，就是指白酒企业在生产、销售、储运、服务等整个活动中不断提高诚信修养，忠实履行各种契约和承诺，诚实守信，塑造自身的信誉及良好的企业形象，从而实现可持续发展。

当前一些白酒企业失信行为主要有以下几种：一是企业存在偷税、漏税行为，在财务管理上做假账或虚假财务报告等应对税务部门；二是企业存在欠债不还的现象，拖欠银行贷款和同行企业欠款现象时有发生；三是企业拖欠员工工资，经营者与劳动者之间缺乏信任，白酒企业存在拖欠工资和少交各种保险金的行为；四是白酒企业缺乏知识产权保护、受侵权而投诉无门等，表现在知名白酒在外地市场被假冒后，只能依靠自己打假，而造假企业没有得到相应的处罚。近年来，白酒企业失信行为从个体发展到群体，形成所谓

的"行业潜规则",这种恶意失信行为严重损害白酒行业的信誉。2011 年 5 月,台湾地区爆发"塑化剂"事件,迅速改变了整个白酒行业在消费者心中的形象,消费者对白酒失去了信任。2012 年,酒鬼酒塑化剂超标,导致了公众对白酒企业以及白酒产品的信任危机。有关数据显示,当时酒鬼酒在复牌之后连续 4 个交易日跌停,流通市值蒸发近 45 亿元。受塑化剂影响,白酒股整体低迷,4 天内,白酒股的市值就蒸发了 436 亿元,"塑化剂"风波对整个白酒行业造成了巨大的经济损失。

（一）生产环节：按传统酿造工艺生产

白酒企业应该在提升整体食品行业安全和诚信的大目标下,主动地从更多细节提升产品的安全和质量水平,以求生产出安全、优质的白酒。

诚信来源于长期积累。近 10 多年来,白酒进入了快速发展期,在节粮的大背景下,新型工业化白酒渐占上风,不断否定传统酿造白酒,主张用酒精勾兑新型的白酒。这实质是对传统酿造技术的否定,是片面追求产量的结果,从根本上动摇了白酒行业的基础,勾兑白酒将最终失去消费者的信任。对于白酒厂家而言,在产品质量方面对消费者的承诺必须坚持品质第一的原则。传统的白酒酿造工艺特点决定了优质酒出率,新老窖池的优质酒出率也不同,即使是同一口窖池,在其不同深度发酵产出的原酒品质也差别很大。而且,白酒从投料到生产出高品质的优质原酒需要一个较长的周期。这需要厂家进行长期生产能力的积累。只有用传统工艺生产、拥有足够量的成熟老窖池和拥有丰富操作经验的一线技术工人才能从基础和源头上保障一流的产品质量,从而获得市场和消费者的认可。

（二）流通环节：不用非正当竞争手段营销

在白酒的销售环节,一些企业使用不正当的营销手段,破坏了公平的竞争环境,也侵犯了消费者权益。这种诚信缺失的行为也影响行业的发展。

1. 假冒伪劣、以次充好。当前,酒类企业诚信缺失最典型的行为是制假贩假活动屡禁不止,假冒伪劣商品充斥市场。制售假冒伪劣的白酒,使白酒质量无法保证,消费者健康受到影响,这种行为不仅是违背了市场诚信这一道德准则,后果严重的将构成犯罪。一些白酒企业为了获取更大的经济利益,置法律和社会公德于不顾制造假冒伪劣或以次充好的白酒,不仅欺骗了广大消费者，而且对其他守法、诚信经营的企业也不公平。正可谓城门失火殃及池鱼，假冒伪劣商品带来的信誉和经济损失是整个行业的。白酒企业之所以产生假冒伪劣、以次充好等不诚信行为，主要是部分白酒企业为了眼前的经济效益，同时失信企业得不到应有的制裁，部分企业就产生侥幸心理，效仿不诚信企业偷工减料、短斤少两，致使产品质量低下，侵犯了消费者的合法权益。这些不诚信行为，不仅有违社会道德，对行业也是一种伤害。

2. 酒类经销渠道混乱。白酒生产企业为扩大市场份额，对经销商采取多销多回扣策略，致使经销商为获取厂方高额奖励，于是低价倾销，相互串货。有些白酒企业对经销渠道管理不善，导致一些销售网络混乱，多头代理，普销与专销品种交叉，造成市场同价位产品相互冲撞。这种做法挫伤了市场代理商的积极性，往往出现较早开拓市场的经销商打天下，后来者享成果的局面。企业的失信最终导致市场的丢失。

3. 欺骗性的定价、促销。白酒销售中的欺骗行为包括欺骗性定价、欺骗性包装、欺骗性促销。欺骗性定价指商家经常以出厂价、批发价、直销价或者虚假的高零售价降价来吸引顾客。欺骗性促销夸大了白酒产品的特色或功能，诱使消费者购买并储存廉价产品或者进行貌似公允实为暗箱操作的抽奖。欺骗性包装是指通过精巧设计、夸张包装内容，使用误导的标识或夸大酒质级别从而实现误导消费者购买的目的。

白酒销售领域中，制假贩假活动屡禁不止，以次充好、虚假广告盛行让消费者利益得不到保证，无法建立对白酒品牌的真正信任。不管是传统的白酒营销方式还是新型的网络营销方式，都不可避免地会涉及上述营销问题。因此，要引导企业加强自律，诚实守信经营，严禁用非正当的手段竞争，同时要加强执法力度，要对进行不正当竞争的企业进行处罚。

(三) 消费环节：如实宣传，不欺骗消费者

部分白酒企业尤其是相当数量的地方中小型白酒企业，面对激烈的市场竞争，其主要精力不是通过提高产品质量去扩大市场份额，而是通过高强度的广告宣传，夸大产品的使用价值和特色。靠博取消费者眼球实现一次性购买。

1. 各种名目的降价、促销、大酬宾、大赠送活动日益增多。随着白酒市场竞争的日益加剧，企业竞争手段越来越多。为扩大市场份额，各企业纷纷

加大广告力度，进行大让利、大酬宾活动。产品没有名目的降价以及上升的营销成本，最终由消费者承担，对消费者而言，意味着价格的虚高、产品质量却得不到保障。

2. 仿制名牌白酒的名称、瓶型、包装设计，诱导消费者购买。有些白酒生产厂家不在提高产品质量和白酒口感上下功夫，不创造自己的品牌，走投机取巧的经营之路，市场上流行哪种酒，便刻意模仿哪种酒，误导消费者购买。江苏有洋河和双沟两大名酒，于是市场上就有了"详河"、"双洵"，包装上与洋河、双沟品牌白酒十分相似，误导消费者购买。

3. 白酒产品命名混乱、解释不一、名不副实。随着"流行酒"概念的出现，白酒命名没有一个规范化的统一的标准。生产企业迎合国人喜欢吉利的心理，在酒名中大量使用"贡、王、玉、金、神"等，吉利数字如168、518、519、888、999也频繁出现在一些酒名中。利用白酒越陈越香的消费心理，一些厂家推出商标上印有5年、10年、50年、100年等一批陈年老酒，还有人为地划分等级，冠以一星、二星到五星的级别等。这些不断问世的"高档"而又"吉利"的陈年老酒，实际上是企业为吸引消费者所做的宣传。

诚信来源于对消费者的尊重，想赢得消费者对品牌的忠诚度必先尊重消费者。白酒企业及其经销商只有如实宣传、不欺骗消费者，实现他们对消费者的承诺才能积累起诚信资本。

三、诚信是维护销售市场的润滑剂

契约性是企业诚信最显著的一个特点。企业诚信以契约为载体来规范企业的经营活动。契约使企业诚信这一道德的概念具有了法律意义，企业一旦签订合同就具有法律约束力，违反合同就会受到法律的制裁。随着市场经济体系的日趋完善，市场全球化和世界性贸易体系已经形成，企业根据自己的需求选择合作对象，面对无数没有业务往来的企业，为了降低经营的风险，企业间通过签订合约的方式来实现贸易活动，只有忠实履行合同，企业之间的业务往来才能顺利实现。

白酒企业间的诚信，可以节约交易成本、降低经营风险，是维护市场交易顺利进行的润滑剂。由于市场上存在许多难以控制的不确定因素，交易的双方本着诚信的态度签订合约并履行合同，企业如果履行合同，那么就会减少企业之间的贸易摩擦，降低交易风险。在较为完善的市场体系中，交易信息为各方充分掌握，交易双方可以根据合作方以往的市场行为判断其诚信等级。如在交易前，企业可以通过征信系统了解交易方的诚信状况；在交易中，就会减少违约而造成企业的经营风险；在交易实现后，售后服务有保障。因此，诚信是市场交易的润滑剂。

第二节　影响白酒企业诚信因素分析

白酒企业经营者大都能认识到"诚信是企业最重要的无形资产之一，只有诚信经营才能赢得顾客占有市场。只有诚信经营才能增强企业凝聚力"。但言易行难，白酒企业不诚信的经营行为还时有发生。究其原因，一是企业内部如企业治理结构、企业规模、经营者素质的因素。二是整个全社会讲诚信的大环境还没有形成，少数企业的不诚信行为不仅没有得到惩处，反而因为不诚信行为得到可观的经济利益，这种失信的行为不仅有悖于市场经济规则，更主要是伤害了整个白酒产业，必须迅速扭转。

一、内部影响因素

（一）产权制度与公司治理

白酒是竞争较为充分的行业，绝大部分企业已经是独立的市场经营主体，市场在资源配置中起着决定性作用，产权越明晰，企业治理结构就越完善，由此带来企业决策的科学化和民主化使企业经营行为更加规范化。实践表明，企业能否确立长期诚信经营的理念最终是靠建立现代企业制度，通过明确的产权制度与完善的公司治理使白酒企业真正能在生产经营过程中贯彻诚信经营原则，对自己生产的白酒产品质量和安全高度负责。现代产权制度和公司治理是保证白酒企业诚信经营的坚实基础。通过建立白酒行业的现代企业制度能够保证企业产权多元化，避免一股独大而使企业重大决策由少数人决定。

白酒行业还远远未完成建立现代产权制度的任务，少数名优白酒企业通过上市，按受资本市场的监督大大提高了这类企业的诚信化水平，但面广量大的中小型白酒企业，很多还是作坊式生产，缺乏持续经营的理念，加上决策的一言堂，一旦企业经营困难或想利用市场监管的漏洞牟取暴利，企业很快就走上不诚信经营之路。因此，通过建立现代产权制度，明晰产权关系，在此基础上进一步明确企业的责、权、利，确保白酒企业真正成为市场经济主体，自主决策和经营，这将从根本上推动白酒企业诚信建设。

（二）经营者素质

在白酒行业，具有知名品牌的大型、骨干型企业数量少，更多的是中小型的地方酒厂。这些中小型白酒企业现代企业管理制度也未实施，一些老的白酒企业还处于在转轨、转型的阵痛中，企业内部管理水平不高。因此，有相当多的白酒企业经营者对不诚信经营行为采取高度容忍的态度，甚至在经营中也有意或无意地打一些擦边球，出现一些不诚信的经营行为。这说明不同素质的企业领导人对诚信经营态度的摇摆使白酒企业诚信经营行为出现了难以预测的可能，表现为有些白酒企业相当长时间内是诚信经营的，但有时会为了一些蝇头小利背弃了自己长期实践的行为准则。

职业道德水平的高低严重影响着白酒企业经营者素质，决定着企业能否坚持诚信经营。企业管理者的诚信状况决定着企业诚信的水平，拥有诚实守信管理层的白酒企业能够逐步建立起讲诚信的企业文化。当前，我国企业管理者的职业道德水平还有待提高，特别是在一些地方中小型白酒企业的管理者或私营中小企业主，有些人缺乏诚实守信的职业道德素养，为了本企业的经济利益将伦理道德弃之脑后，看到同行企业制假售假、偷税漏税，拖欠债务、污染环境等行为不仅不抵制，而且竞相模仿，注重眼前利益，忽视长远发展，为了经济利益什么手段都敢使用。

（三）管理水平

企业规模是决定管理水平高低的一个重要因素。除少数名优白酒企业外，绝大部分的白酒企业规模偏小，设备、技术落后，管理水平低，经营机制不健全，长期以来，这类白酒企业的生存环境得不到有效改善，政府和主管部门缺乏对白酒行业内小微企业的扶持政策以及相配套的具体措施，白酒小微企业在和大型企业竞争过程中，缺乏资金、技术、管理、人才等要素，使这些白酒企业经营面临生存的压力，加上法律监管不到位，使其产生制假售假、投机取巧、不守合同这些失信行为。随着白酒业竞争更趋激烈，经济实力弱和管理水平低的白酒企业在行业中艰难地经营但没有退出行业，一定程度上影响整个行业信用体系的形成。

二、外部影响因素

改革开放以来，我国在处理公平与效率的关系上，针对生产力低下的状况，更多地关注效率而忽视公平。所以，有很多企业片面追求效益而忽视了社会责任，重利轻义在一段时间内盛行。把诚信与利益相对立，造成了社会较大范围的诚信缺失。

（一）政府行为导向

政府是社会主义市场经济秩序的制定者，其职责是营造良好的市场环境和让市场主体参与竞争，诚实守信是市场经济规则的应有之义。但实际情况是一些地方政府在规章制度上朝令夕改、规制无度，毫无信用可言，导致了整个社会重利轻义。从某种程度上可以说，政府自身信用的缺失破坏了企业诚信规范的形成。以白酒行业为例，某些地方政府为了保护本地白酒企业的经济利益，出台一些违法的规章以限制外地酒类企业进入本地市场，对于本地小酒厂从事生产假冒伪劣的不法行为，有意无意地进行袒护，有的进行官商勾结，在外地酒企和本地酒企发生债务纠纷时司法偏袒本地企业，甚至利用审判权力为政府寻租。这种地方保护主义的政策是在保护落后和失信企业，这种政府行为，不利于全社会诚信体系的形成。

（二）法制环境

酒类企业失信行为，一方面，与我国现有的食品安全立法滞后有关；另一方面，与对酒类企业失信行为打击力度不够、执法不严也密不可分。在白酒企业诚信经营方面，当前并没有专门的法规，如针对白酒质量安全方面，主要适用《食品安全法》、《食品安全法实施条例》、《国务院办公厅关于印发食品安全整顿工作方案的通知》等，白酒企业发生合同纠纷或债务纠纷时，适用《合同法》。目前针对白酒产品生产过程我国出台了一系列法规如食品药品监管总局 2013 年 11 月专门发文《食品药品监管总局关于进一步加强白酒质量安全监督管理工作的通知》，从严要求白酒生产质量，但对于质量不过关的企业没有强制力。对于白酒企业失信行为，国家出台了《食品工业企业诚信体系建设工作指导意见》，但什么是失信行为并没有明确的法律界定，查处缺乏法律依据。从查处的白酒行业制假售假案件来看，很多地方小酒厂是屡犯和惯犯。

企业征信系统不发达也为白酒企业失信提供了可能，有一些白酒企业被工商部门查处后，换一个地方继续从事假冒伪劣经营。失信成本低是部分白酒企业失信的动力，政府监管和惩罚力度不够，企业违约成本很低，生产假冒伪劣白酒被查处的后果仅仅是以违法活动被发现时所要付出的当前成本，就是被查处生产工具，这对于进行勾兑生产的小酒厂而言，仅仅是损失一些储酒的设备。由于违法信息传播不畅，失信企业基本上没有远期信誉和商业机会的损失，换一个地方进行生产，新的合作企业并不能掌握这个企业以前不良的商业信誉情况。

（三）信用服务市场

白酒企业缺乏征信制度，信用服务市场还没有形成。通过建立和完善征信系统能够对企业诚信经营起到监督和制约作用，但是目前我国还没有建立起统一的征信体系，白酒企业的征信更是缺乏。首先，白酒企业缺乏诚信电子档案，无法记录及传播白酒企业的信用情况及对其的客观评估结果。其次，缺乏独立客观的第三方诚信服务机构，没有权威的为市场广为接受的第三方中介组织来开展白酒经营企业的诚信评价，对白酒企业经营过程中的诚信有关的信息进行深度开发，提供有特色、多样化、高质量的企业诚信服务的企业和中介更是缺乏。因此，白酒信用服务发展的滞后使得白酒企业无法利用第三方提供的企业诚信方面信息，一切均需要企业自身去获取，这样大大加大了企业经营的成本。

（四）社会文化

白酒企业失信行为增多是整个社会大环境的诚信缺失的缩影。社会的思想道德建设作为社会文化直接影响着企业诚信水平。20 世纪 80 年代以来有一段时间，重经济发展、轻思想道德建设，在市场经济发展过程中，片面强调经济利益，有些人更是将市场经济误读成建立在利己的基础上，市场经济中的手段都是利己行为，这种有意或无意的误读否定了诚信经营，进而为失信行为开脱。事实上，无论是西方市场经济体系还是我国古代，守信与获利并不矛盾，我国有"君子爱财，取之有道"的说法，"道"就是指合法守信。我国经济社会的转型使整个社会文化受到冲击，诚信意识淡薄，白酒企业缺乏诚信也是这一大环境下的产物。

第三节　构建行业诚信经营体系需要全社会共同努力

如何构建白酒行业诚信经营体系，中共十八届三中全会中已经明确提出了更好地发挥政府作用。加强对白酒行业失信行为的监管和惩处，理应发挥政府"看得见的手"的作用。政府及白酒行业主管部门通过制定和完善诚信经营的政策、法规，保证诚信经营有章可循。同时，政府和社会要加大舆论宣传力度，向市场普及白酒质量及安全方面的知识，正面宣传诚信行为，对非诚信经营行为进行信息公开。工商、税务、物价、食品药品监督等部门以及行业协会及中介组织要形成合力，加强对白酒企业诚信经营的监管与引导，努力创造公平竞争、诚信经营的社会大环境。

一、加强政府诚信建设

政府诚信贯穿于政府与公众的整个活动之中，直接或间接影响着公民诚信、市场诚信、行业诚信的建设。当前政府诚信缺失问题，如主政一方却行政不作为、政府行政行为失范、政策随意性大等，严重影响着社会诚信的大环境。加快政府诚信建设势在必行。

（一）建立社会征信服务体系

征信体系作为一种现代的社会信用管理系统，主要包括与征信有关的法律制度、机构组织，文化教育等一系列的单元因素。诚信信息征集、披露、等级评价等一系列内容组成了白酒企业征信服务体系。针对白酒行业管理部门众多，征信服务体系要发挥作用，应建立管理部门协同工作机制，避免多头管理的不利影响，建立起白酒企业诚信信息征集和使用共享的平台。

我国市场经济起步较晚，整体上讲，企业征信体系的许多方面不完善，应借鉴国际经验和国内有益的做法，探索白酒行业建设社会征信服务体系。

1. 健全企业征信法律体系，为社会征信服务体系的建立提供法律保障。首先，建立健全关于信用数据开放的法律法规。政府及国有银行掌握关于大部分白酒企业的信用信息，多年以来，这些信息并不对外公开，这在保护商业机密和个人的隐私上起到了一定的作用，但却阻碍了全国统一的征信数据系统的建立。其次，建立健全关于隐私和机密保护的法律法规。发达国家的征信系统已经非常完善，要充分借鉴其成熟经营来建立白酒行业的征信系统，通过立法明确规定公开发布数据的范围，同时保护好个人隐私和商业机密，加大对企业和个人合法权益的保护力度。

2. 充分发挥行业协会和第三方中介的作用，成立白酒行业征信协会。为加强国家对征信行业的监管，政府应对征信机构进行统一管理。根据中共十八届三中全会的有关精神，政府的一部分社会管理职能应由中介机构来承担，成立白酒行业征信协会可以有效地代替政府加强对企业诚信行为的管理。行业征信协会是一个非政府的社会组织，在政府与企业之间起着协调作用，充分发挥白酒行业征信协会在市场监管中的重要作用。由行业征信协会牵头可以统一不同征信机构的技术标准，促进白酒企业征信行业统一标准的建立。

3. 发展社会化运作的诚信服务机构。目前，白酒行业诚信服务的中介机构数量少而且运作不规范，要加快培育诚信服务机构，规范其运作，白酒行业主管部门加快建立有关诚信服务机构的业务规范方面的政策和法规，指导和规范第三方诚信服务机构按法规的要求和标准开展白酒企业诚信等级的评价，鼓励其对诚信信息进行深度开发，提供特色化、多样化、高质量的企业诚信服务，为白酒企业的合作、业务开展提供第三方的征信服务。通过白酒行业征信协会加强对第三方诚信服务机构的监管，规范其经营行为，推动白酒诚信服务机构和服务市场快速发展。

4. 建立诚信分类制度，完善诚信评价体系。建立诚信经营评价应遵循白酒企业自愿、社会及中介机构广泛参与、诚信评价标准统一、评价过程公正公开、不以赢利为目的的原则。白酒企业诚信评价制度建立要通过以下几个步骤实现：首先，科学制定诚信评价指标、评价原则、评价方法。其次，明确诚信评价的对象，解决由谁来参与，由谁来评定的问题，鼓励白酒企业积极参与诚信评价活动，委托第三方的中介机构开展企业诚信评价。最后，完善诚信经营的评价体系，逐步形成具有监督、申诉和复核机制的诚信经营评价体系。其中，建立科学评价的指标是关键。如何做到科学性？就是要组建评估机构或委托第三方中介机构，制定白酒企业诚信评估分类办法及评估分类工作制度，在具体操作上，根据企业诚信档案，进行诚信评估分类，将分类结果记入白酒企业诚信档案。可以将白酒企业诚信评估分成 A、B、C、D四类，各类标准如下：评估年度内无任何不良记录的企业为 A 类守信企业。B 类为诚信警戒企业，评估年度内有 3 次以下违反行业规范或政府规章的不良记录，但尚未构成违法、未造成人身伤害事故不良记录。如评估年度内有超过 3 次以上的违反行业规范或政府规章，但不构成违法、未造成人身伤害的不良记录的企业为 C 类诚信警告企业。D 类为失信企业，评估年度内有违反法律的不良记录。企业诚信评估分类必须以客观事实为依据，评估过程要公开公正，评估结果由评估机构集体讨论决定。

（二）建立行业诚信状况公开发布制度

1. 建立白酒企业诚信电子档案。根据相关法律规定的信息公开范围和公开内容，对白酒企业诚信档案进行标准化处理，形成统一格式的电子文本。诚信档案主要内容应包含企业获得荣誉、产品质量和安全事故的信息、消费者申诉举报的信息、年度诚信评估信息等。政府主管部门应委托白酒行业协会定期收集信息，如实记入档案，并将白酒企业发生的诚信信息作为年度诚信评估分类的依据。政府主管部门的主要责任是监管好行业协会，如对企业当年诚信行为的记录不能随意更改，一旦发生更改行为，要追究法律责任。

2. 建立健全白酒企业诚信信息征集和披露制度。首先，要逐步建立统一的白酒经营者诚信经营信息平台，在这一电子信息平台上，面向社会公示或披露白酒企业诚信信息，消费者或白酒同行企业可以通过这一平台查询相关白酒企业的信用水平。其次，要建立诚信信息征集和披露制度，建立白酒企业从诚信信息征集到诚信评价结果的披露都要依法进行。通过完善诚信信息征集和披露制度逐步实现白酒企业诚信信息共享。

（三）建立诚信信息传输系统

目前，我国企业征信体系都是建立在银行系统的征信体系基础上，同时将各税务、工商、司法等部门掌握的非银行信用信息统一收集起来，并与银行系统征信体系所收集的信息一起形成新的企业信用信息数据库。

具体而言，目前条件下可以依托行业协会如中国酒业协会等建立可以查询比较企业诚信状况的网站，名字如"酒业资讯网"、"酒业诚信网"。市场上提供酒类资讯的网站已经很多，如中国酒业网是集酒业招商代理、酒文化知识和酒论坛等的综合型酒行业网站，中国酿酒网是《中国酒业》杂志唯一指定信息发布的网络媒体，为酒类企业提供专业的行业导向资讯、糖烟酒招商、白酒招商、葡萄酒招商、品牌推广。与上述商业性网站相比，要建立的"酒业诚信网"不仅具有提供真实可靠的行业导向咨询、商品交易信息的功能，最关键的是能够真实反映白酒企业或其他酒类企业包括生产商和经销商的信用状况。

（四）规范政府自身行为

政府失信行为主要表现为政策多变、执法不严、多头管理、遇事推诿。在整治白酒行业失信行为过程中，政府应规范自身行为，市场能起作用的地方政府就应放手让市场去管，自己该管的领域政府应管理好。

1. 加强部门协调，避免多头管理导致的行政不作为。白酒质量和安全工作涉及多个行业主管部门，多头管理造成执法不严或互相推诿。通过建立起政府总抓、部门负责、分段监管、联合整治的工作模式，加强相关部门之间的合作，形成工作合力。针对白酒行业生产、销售过程中的问题，要重点解决白酒质量安全管理工作中的薄弱环节，把监管落到实处。地方白酒生产小作坊、小摊贩面量大，是以次充好、假冒伪劣等失信行业发生的重灾区，管理部门对其监管方面存在较大的难度，应通过协调工作机制，严格落实工作责任，查漏补缺，加强管理。

2. 不断提高白酒业监管水平，加强白酒企业信用审查。结合日常管理如白酒企业卫生许可证发放、营业执照年审和发放等，加强白酒行业诚信体系建设。对于年度内白酒质量、安全存在问题和诚信缺失的企业，管理部门有权对其提出限期整改的意见，在整改期内仍达不到诚信体系建设标准的，今后不发许可证或取消其以前的质量、安全方面的认证。通过提高白酒行业准入标准，淘汰一批屡次发生失信行为的企业，为食品安全诚信体系建设提供保障。

3. 工作细致化，促进分类管理。通过建设白酒企业的征信系统，实现企业诚信分类管理。通过加强白酒质量安全的引导，鼓励白酒企业诚信经营，营造诚信环境。对于经营过程中诚实守信白酒企业，要鼓励和扶持，减少对这类企业的检查、抽检频次，甚至对其生产的白酒进行免检。对诚信评定等级较差的、多次发生失信行业的白酒企业要加大检查力度，提高品种抽检频次。将企业诚信评定等级与银行资金信贷、财政贴息等扶持政策结合起来，建立起"褒扬守信、惩戒失信"的机制，在全社会形成鼓励诚信的氛围。

（五）健全法制，加大立法和执法的力度

有关白酒企业诚信经营的法律法规，主要适用《食品卫生法》、《食品安全法》，白酒企业在销售中适用《合同法》，在如何认定白酒企业的经营行为是否失信，一旦失信后适用什么法律取证和处罚都缺乏专门的立法。因此，行业主管部门要尽快制定白酒行业诚信经营的法律法规，明确诚信经营与支持政策如金融信贷等挂钩，在立法上要体现严惩失信行为。

主管部门要加大行政执法力度，使诚实守信的白酒企业得到社会的保护和支持，失信企业要受到相应的惩罚。主管部门要严格落实各项监管制度，形成联合执法的机制，提高执法的力度和效率。执法部门要进一步改进监管手段，采取明察暗访、突击检查、追踪溯源、排查举报等方法，加强对白酒生产重点环节和重点区域进行监督检查，不管是地方小型白酒企业、家庭生产作坊还是知名白酒企业，只要发现有失信行为就应坚决查处，对顶风作案、生产假冒伪劣产品的白酒生产、经销企业要严厉打击，依法严惩。要贯彻和落实白酒行业失信惩罚机制，使失信企业难以在市场经济的竞争中立足和生存。

二、加强企业诚信建设

行业诚信经营是建立在企业诚信经营的基础上，为此企业必须建立诚信经营的自律机制。诚信是白酒企业应遵守的道德承诺，通过企业诚信建设，形成明确的诚信文化和诚信理念。

（一）树立全员诚信意识，构建诚信文化

一个企业诚信行为的养成不是自然形成的，而是通过长期的、持之以恒的诚信教育来实现的。经营者和管理人员在日常经营中带头讲诚信，引导全体员工认识到诚信意识的重要性并自觉地遵守，这样才有可能建立起企业的诚信文化。

1. 培养企业家诚信经营的理念。一个白酒企业能否坚持诚信行为关键在于企业家的职业道德和诚信水平，在加强企业诚信建设中，企业家、经营管理层起着决定性作用。所以，白酒行业企业家要率先提高现代经营理论修养，把诚信经营作为本企业竞争力的主要源泉，自觉地践行诚信经营的理念。在企业内部，对员工讲诚信，根据合同和考核结果兑现工人的工资、奖金和福利；在对消费者方面，生产出与价格相适应的、产品质量和安全符合国家标准的白酒。在企业发展的长远规划之中始终贯彻诚信经营的理念，才能使白酒企业获得市场的信任，取得更好的经济效益和长期的发展。

2. 不断提高白酒企业内部员工诚信道德水平。通过全员诚信教育，让每一个员工明白为什么要讲诚信，如何自觉地实践诚信。通过加强企业员工的诚信水平和职业道德教育，提高企业内部的凝聚力，使员工忠诚所属企业，爱岗敬业，自觉维护企业信誉，保守企业商业秘密。通过开展多种形式、形象生动的诚信教育，提高员工的诚信水平。通过社会上、经济领域中一个个诚信案例的剖析告诉每一个员工在诚信行为方面应该做什么和不应该做什么。

3. 构建诚信为主的企业文化，树立白酒企业的诚信观。企业失信，主要是只看短期利益，唯利是图，金钱至上的经营理念支配着企业行为，使企业家社会责任感和职业道德水平下降，在经营过程中出现失信行为。因此，在白酒企业的企业文化建设中要突出宣传诚信经营的理念，大力倡导诚信价值观。企业诚信文化建设要与时俱进，既要体现中华民族的传统美德，更要结合现代社会主义市场经济条件下新的标准。

（二）建立诚信管理制度，实现诚信行为规范化

规章制度是白酒企业员工在生产经营过程中必须遵守的行为准则，是白

酒企业正常运转的必要条件。构建完善的企业内部控制制度，提高诚信管理能力是完善白酒企业诚信管理制度建设的重要方面。目前，一些白酒企业在针对外部市场和客户的信用管理方面取得了一定的成效，形成了一系列规范的管理，如如何处理退货、产品质量投诉等。但是企业内部信用管理还很落后，今后要像资金管理、质量管理、客户管理、人力资源管理一样来实行企业内部信用管理，提高其管理水平，以信用管理为基础，建立完善诚信管理制度，使诚信管理规范化。信用管理制度尤其在中小型白酒企业中更为缺乏，有的企业在生产、销售、售后服务方面缺乏信用管理制度。很多企业没有专门的信用管理职能和部门，在对外交往中没有合作企业详细的信用审核，造成了一定的经营风险。

白酒企业内部必须建立起公平、公正的诚信经营的奖惩机制。对诚信者进行表彰和奖励，对失信者进行批评和处罚。这样能够起到引导企业经营管理者和职工树立诚信经营理念，为企业走上诚信经营道路起到重要作用。

在对外业务中，白酒企业要建立起一套针对外部企业诚信缺失的风险防范机制。通过建立这种机制，有效地消除来自企业外部的诚信缺失造成的风险。这一风险防范机制应包括企业对外交往的重要环节，如合作对象的选择、合同的签订、原材料的采购、客户信用管理、货款的交易等。企业应引入信息化管理系统和第三方征信系统，确保准确、及时地把握对外业务方面的信息，有效防范来自企业外部的各种经营和信用风险。

（三）加强监督，保障诚信建设顺利进行

确立起一套企业内部的诚信监督机制，才能加强对白酒企业内部诚信的监督。诚信监督机制的建立要做到以下几个方面：首先，确保程序决策过程中要做到民主化，以集体民主决策代替个人专断决策，在决策过程中做到公开透明，涉及重大的白酒投资项目和兼并事项都要经董事会集体决策，防止个人独断专行。其次，要设计严密的监督、预警和危机补救措施。这种机制要涵盖企业经营活动的全过程，并确保重点环节（如产品服务质量、产品价格、交货或付款等主要条款等）不出重大的问题，这样，在保证客户的利益的基础上，又能保护自身利益不受损害，最终确保企业实现对社会的承诺。

三、发挥各种社会力量的作用，监督约束失信行为，形成全社会讲诚信的氛围

酒类企业诚信行为缺失与社会诚信大氛围有较大的关联，要发挥行业协会等社会中介组织、各种新闻媒体的作用，提倡讲诚信，约束和监督各种失信行为。

（一）发挥行业协会作用

行业协会作为一种社会中介组织，随着改革开放的深入推进，要进一步发挥对失信企业的约束和监督作用。目前，白酒行业协会等社会中介组织对会员失信行为没有什么约束力，在人们的印象中就是"灭火器、救火员"。2011年11月，随着新闻媒体对"塑化剂"事件的披露，政府主管部门开始介入调查，但中国酒业协会和中国酒类流通协会仍先后发表声明，说这是个别企业的行为，整个白酒行业质量还是有保障的。对这种力挺白酒行业的行为，社会颇有微词，被市场和消费者解读为行业协会没有从根本上重视和认识到引起白酒质量和安全的原因。事实上，不仅是白酒行业协会，回顾近几年发生的重大食品安全事件如三聚氰胺、蒙牛奶、酒鬼酒等，质量问题刚被媒体披露时，行业协会对行业内主要的企业持包庇和纵容态度，对所揭露问题避重就轻，最后丑闻效应导致整个行业的全面沦陷，行业协会在消费者心目中的形象因此也受到影响。白酒行业协会之所以有这种表现，是目前现行体制造成的。行业协会发挥作用的大小取决于政府给予中介组织的放权程度。目前，白酒行业协会依附于主要的白酒企业，不具备独立性，治理结构缺乏，负责人大都由白酒企业领导、主管部门领导或主管部门离退休领导兼任。

如何发挥白酒行业协会的作用？一是从制度安排上进行改革，政府在行业协会监督管理方面赋予更大的权力。行业协会不是维护单个白酒企业的利益，而应是维护整个行业的根本利益。单个白酒企业一旦出现不诚信的行为，行业协会必须进行披露和惩戒，让其他诚信企业掌握失信企业的信息而有所防范。白酒主管部门赋予行业协会监督职能同时必须加强对行业协会的管理，避免行业协会成为少数企业的利益代言人，这也是今后政府科学管理的一个重要举措。二是完善协会的治理结构，参照业界公认运作较为规范的上海律

师行业协会的做法，会长是由选举产生的专职律师担任。白酒行业协会的会长也可以由白酒企业领导担任。三是白酒行业协会参与到白酒质量安全诚信信息系统的建立，组建白酒安全诚信服务机构，逐步建立并完善一套科学的白酒安全诚信评价体系，为成员提供企业诚信方面的服务，对失信企业和失信行为进行披露和揭示。四是推行行业保障约束，加强行业自律。行业协会是一种俱乐部制度的机制，对于成员没有强制的约束，行业协会各成员间经常交往从而使彼此间的经营信息保持高度流通，一旦发现某个成员的不守信行为，俱乐部所有成员迅速知晓。行业协会通过提供交易信息等服务，起到沟通、公证、监督的功能，教育、监督、约束会员企业自觉恪守诚实守信的原则，促使企业加强自律。

（二）发挥媒体的引导与监督作用

要加大主流媒体如电视、电台、报刊、网络等对白酒行业诚信行为的引导与监督，通过大力宣传酒类和食品质量安全方面的知识，对白酒行业重大质量事故和白酒企业不诚信行为进行披露，督促企业树立诚实守信意识。要引导白酒企业在经营过程中诚信经营的理念，不断提高白酒质量和口感。主流媒体要向全社会宣传和肯定诚信企业、诚信行为，使诚信成为白酒企业重要的无形资产。主流媒体要加大力度广泛宣传《食品安全法》等法律法规，通过"进机关、进基层、进企业"活动，深入而广泛地开展白酒等食品有关的质量、安全知识的普及活动。在宣传白酒等食品质量和安全知识过程中，一定要使消费者参与进来，要调动人民群众的积极性和主动性，从而形成全社会关心、支持白酒企业诚信行动，形成全社会监督白酒等食品质量和安全工作的大好局面，努力营造白酒质量安全的良好保障。在宣传、肯定白酒行业诚信行为的同时，要发挥全社会的力量，利用各种媒体加大对失信事实、失信企业进行曝光的力度，形成对失信企业、失信行为的监督和惩罚，使失信企业遭受经济损失。主流媒体通过肯定和鼓励诚信行为，披露和揭示失信行为，在全社会树立起诚信经营、信守合同、追求信任的道德风尚，引导和促进诚信社会大氛围的形成。

第九章　中国白酒行业微观
运行机制分析

中共十八届三中全会把市场的作用提高到了一个全新的高度，明确了市场在资源配置中的决定性作用，同时为克服市场失灵，需要政府这一"有形之手"进一步发挥作用。白酒行业属竞争性领域，国有资本原则上要退出，但由于白酒行业的特殊性（如名产地决定品质等），使其不同于一般的竞争性行业而具有一定的自然垄断性，因此，在相当长的时间内，国有资本仍将存在于知名品牌如茅台、五粮液、洋河等有限几家企业的产权结构内，为使企业成为市场运营的主体，提高企业的盈利能力，通过上市、接受资本市场的监督，重构了企业的微观运行机制。而大量地方中小型酒厂，产权结构基本上实现了多元化或民营化，企业的微观运行机制较灵活，在市场上更需要规范的生产经营。白酒企业产权的明晰化使其成为真正的市场经营主体，政府的作用主要是针对市场失灵现象或是针对外部性效应明显的领域，如在食品安全、白酒质量方面，政府监管还有很多执行不到位，需进一步加强，而企业的生产经营行为则根据白酒市场的价格信号，由市场引导企业生产什么品种，以多大的投资进行生产。白酒市场优胜劣汰的机制充分显现出来，有些不按市场规律经营的企业将被淘汰，更多的优质企业成长起来。

茅台是我国白酒行业第一品牌。贵州茅台于 2001 年上市，募集资金净额为 22 亿元，主营业务是茅台酒系列产品的生产与销售，其母公司为我国贵州茅台酒厂有限责任公司。茅台酒是我国酱香型白酒的典型代表，是国内白酒市场唯一获"绿色食品"及"有机食品"称号的天然优质白酒。自上市以来，企业经营行为更加规范、决策更加科学、内部管理日益完善，贵州茅台得以飞速发展。2004～2012 年，营业收入从 30.1 亿元增至 265 亿元，净利润从 8.21 亿元增至 133 亿元。

洋河大曲是我国老八大名酒之一，洋河蓝色经典是我国绵柔型白酒第一品牌。洋河酒厂1997年改制为洋河股份，2002年成立江苏洋河酒厂股份有限公司，2009年上市，募集资金净额为26亿元。洋河大曲为我国浓香型白酒的代表之一，洋河蓝色经典以绵柔口感的特点迅速提高了市场占有率。21世纪以来，洋河发展迅猛，上市前的2006～2009年，营业收入分别为10.7亿元、40亿元，净利润分别为1.75亿元、12.5亿元，2010～2012年，营业收入从76.2亿元增至173亿元，净利润从22亿元增至61.5亿元。

秦池酒现为山东地产品牌。秦池酒厂在山东省临朐县，1990年建厂营业，年产白酒1万多吨，销售区域局限在潍坊。1993～1996年，秦池酒厂产值实现几何级的增长，1993年，秦池酒厂开始扭亏为盈，实现营业收入、利税、净利润分别为4626万元、800万元、4万元，到1995年，实现销售收入、利税分别为2.08亿元、3021万元，成为中央电视台第一届标王。1996年，销售收入、利税、净利润达到顶峰，分别为9.5亿元、2.20亿元、5672万元，年底第二次成为中央电视台广告标王。但到了1997年，一则关于"秦池白酒是用川酒勾兑"的系列新闻报道给秦池酒厂造成严重影响，产品销售迅速恶化。1997年，销售收入仅为6.52亿元，利税为1516万元，1998年，秦池酒厂无法正常运转，几近破产，从此一蹶不振。秦池在1999年被其一家包装材料供应商告上法庭，曾经上亿元的秦池品牌，一度被拿去拍卖抵债。2002年，集团以职工参股等形式，成立了新的酒业公司，经营有所起色。2004年，秦池酒厂在"鲁浙民企、国企合作发展洽谈会"上挂牌，资产整体出售，因无人问津，无果而终。秦池酒厂依然有着得天独厚的好水好粮和成熟的酿造技术工艺，经过多年的沉寂，2008年，其销售收入再次破亿元，还清了几千万元遗留债务，秦池酒悄然销往多省份。国际金融危机爆发后，2009年，秦池集团经营情况良好，不但不裁员、不减薪，反而还提高了员工的工资待遇。2011年，在郑州举行的全国烟酒秋季订货会上，秦池扩大了展位，推出了新产品，现主要生产酱香型和浓香型白酒。

三个企业不同的发展轨迹的背后是不同的发展战略和发展模式，其经验和教训值得深思。

第一节　企业的发展战略、运营模式和运营机制

茅台、洋河和秦池三个企业，规模和层次上有一定的差异，茅台和洋河都有着深厚的底蕴，通过稳健的发展，日益扩大规模和市场，通过上市进入资本市场，从而进入一个新的发展平台。秦池在 20 世纪 90 年代中期经历了过山车式的发展，1996 年的销售收入还高于洋河，但规模的快速扩张和管理水平的不协调，最终让秦池付出了惨重的代价，丧失了白酒行业发展的大好机遇。三个企业不同的发展战略、运营模式和运营机制决定了不同的发展成果。

一、茅台的发展战略及运营机制

茅台酒是大曲酱香型白酒，工艺独特。季节性生产、高温酿造、长期陈酿、精心勾兑的工艺是区别于其他白酒酿造工艺的显著标志。1 年 1 个生产周期，约 5 年方可包装出厂。茅台酒在 1915 年"巴拿马"万国博览会金奖，1996 年荣获纪念"巴拿马万国博览会"80 周年"国际名酒品评会"特别金奖第一名。

（一）总体战略与市场定位

1998 年，茅台集团明确了企业发展战略：多元化发展。以茅台品牌为主，进行多品种开发、多品牌经营，充分利用茅台品牌的影响力，扩大茅台酒的市场地位，同时进入红酒、啤酒市场。1998 年，茅台只有 20 多个品种，到了 2008 年，茅台已扩大到 200 多个品种，进入 10 多个行业。

茅台的市场定位在高端市场，主要目标是高收入、高消费人群，如国有大中型企业的中高层经营管理者、民营企业家、歌星、体育明星等。长期以来，茅台酒成为白酒高端品牌的代名词，占据了高档白酒市场，获取了丰厚的利润。公司的高端品牌形成了系列产品线，分别占领了各自的细分市场，目前的主要产品是 53 度、43 度、38 度、33 度贵州茅台酒，80 年、50 年、

30 年、15 年的陈年茅台酒，20 年贵宾特制和飞天特供等。在我国的高端白酒市场上，茅台的品牌影响力大，竞争对手少，市场占有率和产品利润率高。

（二）满足多层次需求，逐步实现产品多元化和市场国际化

面对不同消费者的需求，茅台产品在满足高端需求的同时也向中低端市场大力扩张。茅台酒以高端品牌策略紧紧抓住高端客户，为公司获取了长期稳定的高收益。与此同时，面对日益增长的中低消费群体的需求，推出了一系列产品组合，分别是中高档的茅台王子酒、中低档的茅台迎宾酒、小幸福酒等。近年来，茅台系列的品牌定位和产品线组合，在彰显了国酒的魅力的同时也结合了平民化路线，满足了不同层次的消费需求。

市场国际化战略取得了成效。从销售收入来看，茅台酒在国外的业务收入上升较快。2010 年，茅台营业收入的国内市场和国外市场增长率分别为 19.69%、39.72%；2011 年这两个指标分别达到 58.25%、56.69%。从销售方式看，打酒文化牌有了新进展。2012 年，茅台集团通过推出"茅台成龙酒"的一系列活动，利用名人效应进行国外市场的推广，同时通过在国外开设体验店、旗舰店等实体，将茅台酒推向世界。

（三）盈利模式与定价机制

多年以来，"价格 + 供货量引导市场"的市场战略一直为茅台所使用。战略实施之初，执行"断货 + 提价"政策，在这一阶段，购买者的品牌意识更多遵循的仍然是"少的东西就是好的东西"的观念，通过控制中间商的供应量来控制供货节奏，使市场时常出现"断货"、"缺货"的现象，在消费者印象中形成并强化了茅台酒是一种资源稀缺，从而使涨价不断。2006 年初，茅台酒就曾提价 15%，价格上涨与销售增长同步，茅台出现了供不应求甚至频繁缺货的情况。这一现象的根源是长期以来在消费者心目中茅台是国酒密切相关，茅台高价营销策略保持了茅台"国酒"尊贵品牌的核心价值。但到了 2008 年以后，国人投资需求的高涨又使茅台酒成为投资品，茅台酒出现真正的供不应求现象。由于茅台酒的生产有一个较长的周期，特殊的地理环境使得茅台酒的产量是一个"有限产能"，再加上流通环节的经销商，甚至普通消费的"囤积"行为，也进一步加剧了市场货源的供不应求，最终结果是茅台集团对市场价格的控制越来越困难。

（四）营销体制的改变与营销策略的调整

2006 年以来，白酒市场持续高涨，特别是高档白酒价格持续上涨且涨幅惊人。在国人心目中，茅台酒的"国酒"特殊地位无可动摇，茅台酒价格的大幅上涨使茅台受到了舆论的关注和不断的批评，茅台酒成为奢侈品、收藏品，进入高价时代。面对这一问题，茅台集团进行经营策略深层次的变革，降低了茅台酒的价格。除了降低产品出厂价，茅台必须扩大自有销售网络，茅台集团开始强调"以我为主"的理念，加强对分销市场的控制，扩大在全国各地的自营店数量，逐步替代现有的传统经销商模式，这样可以克服茅台酒的大部分利润为中间经销商所占的问题。茅台集团通过减少流通环节，不断扩大厂方利润空间。

茅台集团为进一步扩大市场占有水平，巩固市场地位，多年来一直大力进行国内和国际市场的拓展，不断在全世界范围内扩大销售网络。2010 年，茅台集团对销售体制进行了调整，开始实行大区制销售方式，其主要措施是在国内合并成立 9 个销售大区，各司其职，各自负责自己的市场区域。通过这次调整形成一个严密、牢固的销售网络，有效地控制了以往经销商"串货"行为，各个区域产品有自己的唯一编码，一旦发现经销商销售其他区域的产品，立即取消其销售资格。2012 年国内销售区域已达到 31 个，驻国外的公司共有 9 个。

（五）适应市场变化的内部管理体制变革

1. 重组组织结构，实现扁平化管理。茅台集团以往采用的是金字塔式的层级组织结构，管理层次多、幅度小。这种组织结构适用于企业规模和市场规格较小的时候，其优点是分工明确、管理严密，但随着企业规模的扩大，管理上的弊端也不断显现，如部门间缺乏沟通与协调，公司总部要花费大量的精力在部门协调方面。随着国际、国内市场的日益扩大，茅台集团对组织结构做出较大的调整，逐步形成事业部制，实现了结构的扁平化，协调各个部门、各个销售区域的协调，从而提高了企业管理水平，适应了不断变化的市场。

2. 提高专业人才比例，均衡人员配备。2011 年，茅台员工有 1.15 万人，生产人员占总人数的 80.67%，销售人员占 3.44%，技术的人员占 3.79%，财务人员占 1.61%，行政人员占 3.04%，其他人员占 7.45%。新产品的研发、生产配方的改进、批量生产、市场推广等各个环节都需要大量技术人员的努力，茅台集团技术人员占比偏低，在 2011 年以前，这一比例更低，这也在一定程度上影响了产品的创新与生产流程的改进。近年来，茅台公司努力增加技术人员的比例，一方面，通过在全行业招聘优秀人才；另一方面，大力整合公司内部现有的技术人才资源。多年以来，茅台公司很大一部分老员工对白酒的生产流程非常熟悉，公司对这部分人才进行了大力培训，不断地将他们转移到技术岗位上。

二、洋河的发展战略及运行机制

2002 年，洋河酒厂通过几代人数十年的传承与创新，获得了江苏白酒行业第一个全国驰名商标，获得了国家原产地标记保护。进入 21 世纪以来，洋河全力打造"蓝色文化"，洋河蓝色经典系列不断开拓市场，以独特的文化定位确立起"洋河"品牌在我国酒界的个性特征。洋河 10 多年来的快速发展，得益于企业整体运行机制上的不断创新。

（一）主导战略与市场定位

洋河的主导战略是名牌战略。洋河股份通过大力实施名牌战略、充分发挥名牌效应，使企业知名度不断扩大，生产规模和产品市场占有率不断提高。洋河蓝色经典主要针对中高端市场，其中的三个主要品种梦之蓝、天之蓝、海之蓝的定价从高到低有着明显的差距，服务于不同的消费者。洋河大曲、敦煌古酿则针对购买力一般的人群。

21 世纪以来，洋河股份根据行业技术的主要趋势和自身的经营能力，明确了"突出提升品牌、优化产品结构、促进品质提高、强调区域细分"的发展战略。新产品推陈出新的速度大大加快，品牌知名度得以快速提升，以"洋河蓝色经典"为主打产品，扩大了产品的系列化，提高了产品档次，不断满足市场的个性化需求，时至今日，形成了不同消费层次、不同区域特色的产品结构。在拓展市场空间的过程中，公司在识别细分市场的基础上，不断推出新产品。如在 21 世纪之初，洋河股份推出的高价位洋河大曲 50 年陈酿，满足高层次公务接待和商务活动，贵宾洋河产品被中国食品工业协会评为"中国白酒著名创新品牌",针对大众市场,推出特制洋河大曲、敦煌大曲等系列产品,满足数量巨大的一般消费者需求,取得了良好的销售业绩。从 2002 年以来,洋河大曲不再是中低档酒的品牌,在消费者心目中其质量和品牌均已大幅提升,产品的售价也大幅上涨,每吨从 1.2 万元左右涨到 2 万多元。2006 年以来,集团主推洋河蓝色经典,通过大规模、多渠道、多途径的营销推广特别是强调绵柔口感,使洋河蓝色经典逐步为市场所接受、认可,其知名度、认可度、美誉度得到大幅度提升,目前洋河蓝色经典系列产品为集团创造了大量的利润。针对不同区域消费特点,集团公司还积极与经销商合作开发区域专营产品,发挥经销商贴近市场的优势,实现产销环节的协调互惠。洋河四季春产品的推出就是这一思路的结晶,在福建泉州地区推出后销售量大增。目前,洋河系列产品结构已经形成,主导产品突出的优势非常明显,同时产品线高中低档俱全。

建厂 60 多年来,洋河之所以能在激烈竞争中长久不败,实现企业健康平稳发展,主要是因为公司长期坚持名牌战略,十分珍惜祖辈传下来的洋河品牌,同时经过一代代经营者的不断努力,使洋河品牌的知名度不断扩大,品牌形象不断提升。公司上下形成共识,认为洋河品牌是几代人拼搏奋斗换来的,不能做有损于品牌形象的事,品牌是洋河的生命,是宝贵的无形资产,是企业综合实力的利润来源。

申报我国驰名商标是打造品牌的重要手段之一。2000 年以来,洋河股份开始申报我国驰名商标,2002 年"洋河"商标被国家工商总局认定为中国驰名商标。当年,洋河抓住这次机会大力宣传,扩大名牌效应。江苏首次承办全国规模的大型旅游交易活动"中国国内旅交会",在会上,"贵宾洋河"成为指定专用白酒。新品国宾洋河以优良的品质和独特的口味为市场所接受。当年洋河股份与五粮液公司一起制定"十五"期间中国的浓香型白酒技术标准。

(二)服务于扩张品牌的多元化战略

21 世纪以来,白酒行业出现大调整格局,随着市场的大分化,各主要酒厂大都相应地进行了大改组,行业生产要素出现流动频繁的态势。洋河股份已经实施多元化战略,在原有的组织管理基础上,加快了新产品推出的速度,培育和发展了一些新的行业,进入了白酒行业链的多个环节,不断为公司形成新的经济增长点。洋河股份在立足白酒主业的同时，加快实施多元化战略，充分发挥市场在白酒行业资源配置中的作用，通过多种方式的资本运营手段如参股、控股、新增投资等，加大了资产重组的力度，带动上下游相关企业快速发展。目前，洋河股份不断完善白酒行业链，下游关联企业的治理结构不断优化，对酒业销售公司、玻璃制品、包装材料公司、彩印公司等均已陆续通过股份制改造，不断提高其规范化经营水平，原有的服务部门如职工医院、运输公司已经剥离，实现独立核算。企业上市后，2009 年用募集资金1.75 亿元购买经营用地。2010 年 4 月，与同为我国名酒的双沟正式合并，大大改变了行业现有的竞争格局，合并后的洋河规模大增，对白酒行业未来发展态势影响深远，白酒的生产格局发生了重大变化。2011 年是"茅五洋"，现在不同香型的白酒在市场上满足不同的市场需求，"酱香茅台、绵柔洋河"的观念为市场认可和接受，由此可知，洋河与双沟的重组不是简单"1 + 1"的生产规模扩大，而是行业竞争格局发生了重大改变，洋河这一品牌在全国白酒市场上更加响亮。2011 年，洋河还用 5.36 亿元竞购了双沟酒业部分股权。这些企业行为都紧紧围绕洋河这一品牌拓展了多元领域。

（三）不断创新的营销方式、营销理念

早在 1999 年，洋河针对日益变化的消费需求提出了"大市场"理念。其主要理念是着力于整体上启动市场，寻求启动市场的有效办法。这一概念思路注重营销方式的创新、产品的开发和销售网络的建设，注重提高营销人员素质和后勤服务的质量。进入 21 世纪后，洋河又陆续提出"板块市场""两个延伸"，这两个策略是在不断变化的市场形势下与时俱进地完善"大市场"理论，在城市中把销售网络向终端延伸，在农村中进一步向乡镇延伸，从而不断提高洋河品牌的市场占有率。以市场为中心，通过市场反馈的信息的指导，加强新品开发、不断创新营销方式、不断完善网络建设，不断在各个市场上加大营销攻势同时完善后勤服务。

以品牌建设为中心，不断完善企业文化以增强凝聚力、提高企业竞争力。洋河坚持把品牌的宣传与丰富同企业文化建设紧密结合起来。现代企业的发展必须要有独特企业文化。多年来，洋河不遗余力地打造企业文化体系，形成自己独特的企业文化。在对外宣传方面，加强与主流媒体如中央电视台、江苏电视台、《新华日报》等的合作，不断加大公关与投入，特别是近年来连续几年在中央电视台春节晚会上冠名，起到了大力宣传洋河品牌和企业形象的作用，充分弘扬了酒都风范，使洋河品牌更加家喻户晓、妇孺皆知。在对内宣传上，洋河通过在厂报、电视台、橱窗等阵地宣传洋河精神，营造良好的企业文化氛围。洋河还经常举办各种各样的文体活动，如职工演讲大赛、体育运动会、联欢晚会等，使企业员工与管理层关系更加和谐。通过组建职工艺术团等各种文娱团体，同时邀请全国知名影星来洋河演出，提高了职工的参与意识，丰富了职工的文化生活。通过与中国作家协会、江苏电视台等举办大型文艺活动，协办 2000 年第六届中国艺术节、2001 年第六届世界华商大会，组织职工参加正大综艺多种公益活动，2013 年冠名中央电视台春节联欢晚会。这些活动大大增加了员工凝聚力，而且大力宣传了洋河品牌，企业形象不断提升。

品牌效应能否为企业提高盈利能力、增强竞争力最终要由市场来决定。洋河股份在日趋激烈的市场竞争中不断提高经营管理水平，通过营销手段和营销方式的创新，不断扩大产品的市场占有率，更好地发挥洋河品牌效应和提高自身盈利水平。近年来，通过实施后终端营销模式，形成蓝色经典、洋河大曲、敦煌古酿三大主导品牌，销售市场的扩大，使企业继续成为中国白酒经济效益十佳企业，洋河蓝色经典、洋河大曲分别获得中国白酒工业十大创新品牌、十大影响力品牌称号。这充分说明了洋河品牌战略是行之有效的，也说明多年来洋河产品结构优化取得了成效，企业整体实力得到不断增强。

（四）内部管理与组织保障

近年来，洋河股份进行组织结构调整重新架构了管理平台，实施企业管理创新，不断提高企业的管理能力，成功地进行品牌推广，扩大了市场份额。

1. 推进企业信息化建设，提高管理效率和管理水平。作为江苏省电子商务模范企业，洋河大力投资信息化建设，信息化管理取得显著成绩。目前，已经建成了覆盖整个集团的局域网，现代信息技术在人、财、物，产供销等各个管理环节得以充分应用，经营过程中的各种信息资源得以有效利用，加强了各部门工作上的协调。在 2000 年，洋河投巨资建立起企业综合智能系统（ERP 工程），实现了物流、资金流、信息流的高效管理。信息化建设大大提高了洋河管理水平和销售能力，增强了企业的核心竞争力。

2. 加强产品质量管理。通过了 ISO9002 质量认证体系的复评，洋河被评为全国质量效益型先进企业。利用现代信息技术,洋河创新了原材料采购管理,这一采购办法获得了国家、江苏省企业管理现代化创新成果奖。洋河规范经营,诚实守信,获得国家工商总局首批"重合同守信用"企业的荣誉称号。

3. 减少生产过程中的污染排放,强化环境管理。作为全国环保先进单位,洋河以科技为先导,加强环境管理,减少生产过程中的污染物排放,发展循环经济。在加入世贸组织之前,洋河股份率先实施 ISO14001 环境管理体系,这在当时我国白酒业中还是相当领先的。2001 年 5 月,洋河通过了中国环境科学院环境管理体系审核认证中心的认证,为洋河产品走出国门提供了绿色通行证。

4. 不断提高员工素质。人才的竞争是企业间竞争的根本,洋河品牌要长久不衰,关键要拥有一支业务能力精、管理水平高、经营能力强的管理团队。为此,公司制订了引进和培养并举的人才战略。每年引进大量青年技术和管理人员,通过在洋河关键岗位上的锻炼,培养起自己的人才队伍。在人才培养方面,实施全员素质工程,为职工提供多层次、多批次的培训、员工素质的提高大大增强了企业竞争力。洋河股份通过业内交流,组织中层干部到同行或骨干企业参观学习,开拓了视野。整个企业向"学习型"企业转变,形成了尊重知识、注重学习的良好风气。

三、秦池的大起大落式发展

1995 年,山东秦池酒厂以 6666 万元第一次夺得央视黄金时段广告标王。广告取得了明显效应,1996 年秦池的销售收入实现 9.8 亿元,利税达 2.2 亿元。1996 年以 3.2 亿元第二次夺得广告标王,1997 年受负面报道的影响,销售明显下滑,1998 年秦池酒厂经营困难,几近破产。秦池这种大起大落的"过山车"式的发展模式引起社会各界的思考。直到 2008 年,秦池酒厂的销售重新过亿元。

(一)主导战略与市场定位

秦池缺乏系统的、科学的发展战略,当面临市场快速扩张时,秦池的目标定位不够明确,把具体的营销方式、营销手段创新当作企业的发展战略,对于市场形势没有系统正确的判断，引发了一系列决策失误，最终导致了企业的衰败。企业的发展目标就是为了扩大市场份额，提高销售，围绕这一目标就大力开展广告宣传建立品牌优势，用营销策划代替了企业长远的发展战略。当市场需求和行业政策转向质量为主的中高档酒时，秦池的定位依然是向全国市场提供勾兑的低档酒。

1998 年以后，秦池几乎破产，直到 2008 年才有所好转。这一阶段秦池明确了将产品销售市场放在本省山东，择机扩大一些产品的省外重点市场，确定山东、东北作为重点市场。在产品结构方面，从大路货向中高档发展，兼顾低档。山东省内市场白酒以中低档为主，价位低，适合百姓消费，但利润也较低。在经销网络方面，借助各地代理商原有销售平台，共同打造终端销售网络，随着公司产品结构的完善，逐步掌握终端销售网络的控制权。秦池提出了务实的目标是 5 年内完成 3 亿～5 亿元的销售收入，在产品结构中大幅提高中档酒的比重，逐步改变低端品牌的形象。

（二）品牌扩张与快速多元化

1995、1996 年两次成为标王后，品牌效应明显，市场对秦池酒需求大增，秦池酒厂的原酒产能不足，通过联营四川春泉集团等其他酒厂，由联营厂提供原酒，秦池提供品牌，进行勾兑生产后包装上市，从而迅速满足市场不断增长的需求。但白酒消费有其特殊性，消费者在饮用白酒时更加注重酒背后的东西（如产地、历史、工艺、文化内涵等）。1997 年，媒体披露秦池酒实际上是川酒勾兑而成，消费者对秦池品牌不再信任，整个市场开始对秦池酒不认可，导致销售量急剧下滑。

21 世纪以来，秦池重新开始塑造品牌，企图改变在消费者心目中的不良形象。针对市场对秦池品牌不信任的现状，秦池确立起"立足点滴，酿造真诚"的企业核心理念，严把产品质量关，以图改变以往在人们心目中"勾兑酒"的不良形象。在品牌建设方面，确立起以质量为本的理念，生产过程中坚持"三不放过"原则，即不合格的原料不进厂、不合格的原料不生产、不合格的产品不出厂，通过一系列质量管理方面的措施来提高白酒品质。秦池也加大了品牌创新、推广的力度，结合当地丰富的历史文化、旅游资源，加快了新产品上市的速度，近年来推出了百年秦池、八大景、经典秦池等几大新品。在重建品牌方面，"秦池"商标连续 15 年被评为"山东省著名商标"，

2004 年成为第 39 届世界广告大会招待晚宴指定用酒。

（三）单纯以广告为主的市场营销到以质取胜

秦池酒厂进入鼎盛的发展期主要依靠营销策划，在地方市场加大广告力度，然后在央视竞标成为全国标王，广告效应使市场销售迅速上升，这一成功强化了营销就是做好策划，就是在重要媒体上做广告的思维定式，影响了营销方法的创新。"每天开进央视一辆桑塔纳，开出一辆豪华奥迪"是当时秦池的名言。事实表明，国际上许多百年知名品牌不是一夜成名，而是通过长期的品质改善和质量提高过程来形成的。

21 世纪以来，秦池吸取了教训，重构了经营理念，在营销理念方面明确了"培育队伍、注重实践、再造通路、深度分销"，在营销渠道战略方面全面整合营销资源，加强营销管理，减少人为影响。在开拓市场方面，采取长久积淀、稳步发展、缓慢转型、巩固品牌的方法，从本地市场不断地走出去。21 世纪以来，秦池走了一条稳健发展之路，根据市场需求的变化不断调整产品结构，逐步从被动迎合市场需求到主动引领消费转变。近年来，秦池不满足在本地市场小打小闹，将外区市场需求的变化作为产品结构调整的主要依据，开拓了华北、华南、鲁西南市场。秦池主导产品如百年秦池等逐步为市场所接受，2010 年，秦池白酒被评为"最受天津市民欢迎十大白酒品牌"之一。

（四）内部管理与规模扩张的矛盾

1995 年以来，秦池发展迅猛，但相应的管理能力和组织结构变化没有同步跟上，对代理商的控制能力下降，一些地区的代理商瞒着秦池私自提价，或将秦池低档酒以高价卖出，严重影响了秦池品牌的声誉。1997 年，媒体披露勾兑事件后，秦池缺乏危机公关意识和能力，没有进行及时作出解释，在消费者心目中秦池形象一落千丈。秦池的问题是市场与企业规模的迅速扩大，管理能力没有同步提升，最后导致企业的经营危机。

21 世纪以来，秦池提高内部管理水平，由重视产量和规模向提升产品质量转化，全面展开对企业管理的反思和调整。通过开展"解放思想大讨论""细节决定成败"等活动，大大增强了企业凝聚力。围绕提高员工技能，经常举行学习培训。通过引进大批年轻的高学历人才，对企业人才结构进行重组，形成老、中、青结构的人才梯队。视产品质量如生命，制定了《质量管理条例》、《质量管理责任制》等一系列内部质量管理法规，不断完善产品质量和品质。加强了对员工的绩效考核，按月进行，把考核结果同工资奖金挂钩，调动起员工的积极性、主动性、创造性。秦池不断提高产品质量、满足消费者的需求，市场开始逐步回升，秦池的品牌也被重新塑造。

第二节　一些基本经验和教训总结

从茅台、洋河、秦池三个企业的发展历程，可以看出企业要长期健康持续发展，必须要有长远规划和明确的市场定位，在不同的发展阶段，企业的发展模式要适应于发展战略的整体部署。

一、企业要根据市场需求的变化不断调整产品结构，且品牌诉求需有鲜明的个性特征

（一）茅台针对细分市场实施个性化的营销战略

茅台把自己定位为国酒，基于这一定位，茅台集团针对高端市场人群，采取了个性化的营销手段。多年以来，茅台集团建立和完善了会员制方式，通过会员的优惠活动等促销活动，留住了这部分顾客。如 2009 年 7 月成立的"茅台俱乐部"，向会员推出一系列增值服务，如真伪鉴定、享受最低价格、消费积分等，形成了"茅台式口碑宣传"。茅台对个性化营销策略进行了创新，针对企业和个人不同的需求，为其提供量身定制的服务，产品线更加丰富，推出了商务用酒飞天特供、中王龙系列等，推出了婚庆用酒如福缘酒系列等。茅台根据结婚庆典等个性化需求，为贵宾定制酒瓶和包装。这对茅台品牌形象起到了很好的宣传效果。

大力实施直营店扩张是茅台公司近年来实施的重要营销战略。2006 年以来，茅台产品的市场价与出厂价之间的价差增加巨大，2010 年，53 度飞天茅台出厂价为 619 元/瓶，但市场价超过 2000 元/瓶，销售渠道与客户为中间的

经销商所掌握，结果是茅台酒厂对终端零售价没有定价能力。有资料显示，2010 年，全国约有 1100 家茅台酒专卖店，直营店仅占 1% 左右，流通中的巨大的利润为代理商所赚取，茅台酒厂却背上了来自市场、消费者、舆论的责疑压力，严重影响到茅台品牌形象。自 2011 年以来，茅台已经在全国开设直营店，2011 年为 30 家，2012 年达到 100 多家，以后把茅台酒全部投入直营专卖店进行销售。通过建立直营店有效地控制市场价格及销售渠道，缩小了茅台酒出厂价和市场价的差距。但茅台开设直营店遇到了大量经销商和代理商的反对，直营店大规模的开设直接降低了代理商、经销商的利润，引起了代理商、经销商的强烈不满，冲击了现有较稳固的销售体系，因为经销商掌握着大量的优质客户资源。

（二）广告宣传不能代替产品结构调整，单纯的市场营销手段不足以构成企业核心竞争力

广告是一种营销手段，不足以形成企业的核心能力，更不会创造顾客价值。20 世纪 90 年代，除秦池外，还有许多通过打广告、大力促销取得巨大成功的企业，如巨人、亚细亚、孔府宴酒、中华鳖精等，但后来都陷入了困境，这些企业的教训说明企业一定要有明确的细分市场，为之不断地进行产品结构调整才能长期稳定发展。

1996 年秦池成央视第一届标王，巨额广告的效应使企业取得了市场销售的巨大成绩，但广告支出也加大了秦池的经济负担。特别是 1996 年底第二次中标，支付给央视 3.2 亿元，是其利润的数倍，直接导致本应用于开发中高档酒、进行产品结构调整资金的不足。秦池于是专注于扩大现有产品的规模，忽视产品质量的提升和产品结构的调整，无心规划未来的发展。

广告促销不能无中生有。从企业的长期发展来看，广告并不是企业的核心能力。首先，广告具有模仿性。其次，依靠广告刺激销售增长的方式不可持续，企业过分依赖广告存在很大风险，一旦消费偏好发生逆转，或者消费者有新的选择，那么企业销售就会受到影响。对于成熟期产品，短平快或高强度的促销手段如大量广告或大幅降价不一定能取到有效的作用，而要更多地依靠产品结构调整、不断推出新产品来满足顾客不同层次的需要。

二、创新是企业发展不竭的动力

(一) 生产流程和生产工艺的创新不断加强

在企业的生产经营过程中，越来越多有关白酒酿造方面高新技术得以应用。如茅台集团提升传统酿造工艺过程中采用先进的高分析技术、纳米技术及微机勾兑技术。茅台集团在内部管理方面通过电话与计算机网络的合并，使陈酿酒库、制曲房的信息化管理获得改观，大大提高了效率。茅台集团不断将现代化信息技术与传统工艺有机结合，有效地提高生产、销售、运营等各个环节的管理水平。

茅台集团以技术中心建设、产学研相结合切入点，加快建设和完善企业技术创新体系，开展白酒行业关键共性技术攻关，依托茅台集团建立起贵州白酒技术研发平台，进行白酒行业技术研发、白酒成分分析和质量检验。通过这一技术公共平台加快了白酒行业科技成果的应用转化。近年来不断引进、应用现代生物技术，发展基因工程，对传统酿造工艺推陈出新。洋河在实施名牌战略的过程中十分注重现代酿酒科技的应用和创新。白酒的传统酿造工艺对现代科技吸附能力不强，但市场需求不断促使白酒要不断提高附加值和科技含量。早在1999年，洋河股份建成江苏酿酒行业首家省级技术中心，无论从规模、设施还是人才来看，在当时的省内同行中都是首屈一指的。依托该中心，洋河不断推出新产品。2001年，洋河股份"利用现代生物工程技术，提高名优酒质量"的技改项目被列为江苏省火炬计划，荣获"江苏省'九五'产学研联合先进集体"称号。洋河的科技创新机制和人才建设方面一直位居省内同行前列，率先设立研究生工作站，成立了省级技术中心、博士后技术创新中心、江苏省酿酒工程技术研究中心。多年以来，洋河股份在秉承传统酿酒工艺技术的基础上，狠抓科技创新，在酿酒的核心技术方面取得了重大突破，如"低温发酵"、"人工老窖"、"低度酒工艺"、"微机勾兑"等，这些技术为公司获得了40多项国家级、省级科技成果奖。这些技术应用到洋河白酒生产上形成了"甜、绵、软、净、香"的独特口感，从而使洋河形成了独特的质量风格。洋河股份的"名优酒酿造技改项目"、"名优酒陈化老熟和包装技改项目"、"名优酒酿造技改二期工程"均在2012年底达到预定可使用状态。

（二）大力应用节能环保技术和管理创新减少环境污染，降低企业成本

为提高资源使用效率，减少生产过程中的污染排放，循环经济发展模式在茅台集团建立起来。茅台集团在生产过程中酒糟的产量很多，为保持品质，酿制配比一直是投入 5 公斤粮食生产 1 公斤酒，所以，酒糟的综合利用是茅台集团发展循环经济首要解决的问题。2008、2010 年，酒糟排放大约分别为 8 万吨、15 万吨。为综合利用酒糟，集团在茅台镇下游 20 公里处的二合镇建立起茅台循环经济项目。

洋河股份于 1996 年被认定为江苏省首批清洁生产试点企业，整个"九五"期间，洋河股份加大环保设施投入，累计投入 4800 余万元。1996 年，建成 3000 千瓦热电联产工程，解决了小锅炉群效率低、污染重的问题。1997 年，建成日处理能力 3600 吨的污水处理站，以后陆续建成冷却水和洗瓶水的回用系统改造工程、粉碎和制曲车间粉尘排放系统工程、酒糟二次发酵工程。在对酒糟的利用方面，进行二次发酵，年产 790 吨原酒，年创造经济效益 850 万元，节约粮食 2580 吨。2001 年，实施了清污分流工程和可回收水循环利用工程，短期内取得了明显的经济和社会效益。2002 年，减排污染物 3200 多吨，水资源利用率大幅提高，从 22% 提高到 86%，当年节水 138 万吨，增加经济效益 252 万元。这些工程实施后，洋河股份的废水、粉尘、固体废弃物达到较低排放。

洋河通过管理创新，加强能源管理，强化考核力度，扩大节能效果。2006 年以来，根据企业生产安排及分时电价的特点，对公司日常生产进行调整，将酿酒生产班次由原来三班调整为两班运行，经过调整生产班次，节约大量的燃煤，年节约原煤 3500 吨，年减少能源成本 100 余万元，同时，由于耗煤减少，降低了污染排放。

洋河加大技改力度挖掘节能潜力。2006 年以来，为节约电能，洋河对水泵和深井泵电机进行变频调速方面的技术改造，更换了老式电机，推广使用新式节能变压器和绿色照明。节能技改项目投资数额较大，投资回收期较长，但洋河酒厂节能降耗方面进行了较大的投入，在加快发展的同时提高节能意识，严格控制环境污染保护环境，在创造经济效益的同时较好地兼顾了社会效益。

（三）结合企业文化建设不断丰富白酒文化内涵

茅台酒是我国酒文化的杰出代表。多年来，茅台在继承历史文化的同时，不断进行茅台酒的文化创新，近年来在传统酒文化内涵中不断融入现代元素，如提出"绿色茅台"、"人文茅台"、"科技茅台"的文化理念，不断丰富着我国酒文化的深厚内涵，与此同时，茅台高品位的物质、精神、文化享受价值也得到进一步的提升。

洋河在蓝色经典系列产品推出后，结合企业文化建设，在提高内部凝聚力的各种活动中，围绕现代开放的蓝色文化这一理念，进行了广告宣传和各种营销。自2003年9月蓝色经典投放市场后，迅速成为企业主导品牌、新的经济增长点和主要利润来源。

三、产品高质量和良好的服务都是核心竞争力的组成部分

白酒的质量和口感是企业核心竞争力的重要部分，茅台酒的品质取决于当地的水质和环境，这种特殊的资源禀赋是其他酒厂无法获取的。随着市场的不断细分，针对不同客户的人性化服务成为吸引顾客、提高品牌忠诚度的重要手段，也成为企业的竞争力，但与产品质量相比，服务手段容易模仿得多。

（一）产地的环境、生产工艺是保证白酒质量的关键，扩大产能不能影响质量与口感

茅台酒传统的生产工艺制约产能扩张。为保证品质，茅台保持了大部分传统工艺。进入茅台酒厂，在窖藏方面，看到的是传统的土窖和古朴的酒缸，近百年来都用四川荣昌酒缸，在生产工艺方面仍是传统的伏天踩曲、露天堆积。在酿制过程中要经过两次投料、七次取酒、发酵八次、蒸馏九次。传统工艺生产周期较长，加上生产成本、生产环境条件的制约，茅台酒的产量增长不快，难以满足日益增长的市场需求，每年产量稳定在1.5万吨左右。

保护好原产地生态环境，是保证白酒品质的关键。茅台酒厂地处崇山环绕的凹地，生产区被村民住宅和城镇道路分隔开来。近年来，茅台镇的环境受到居民生活污水、垃圾影响，这将从根本上影响茅台酒的品质。长期混杂的局面，严重影响了生态环境质量，影响了茅台酒酿造的微生物环境。认识

到这一点，茅台集团加大对厂区环境治理，建立起生活污水处理设施和配套管网建设，实现了污水达标排放。为确保茅台酒酿造的安全用水，大力保护生产区水质，当地政府已经建立起空气质量自动监测系统和水污染环境应急系统平台，有效地保护当地环境。

在茅台镇周围类似的环境进行产能扩张以保证酒的质量。产能扩张主要通过收购兼并开发地的相关企业，再进行设备更新、技术改造、流程再造等方式改变生产格局。通过租赁开发地生产厂商，建立生产基地和存储基地，不断扩大产能。但在茅台镇周边，各类小企业众多，通过并购和租赁成本均太大，矛盾众多。近年来，茅台集团走出茅台镇，寻找生态环境与茅台镇类似的区域进行异域空间拓展。茅台集团沿赤水河的上游建设新的生产基地，在中华村、太平村的8000亩土地上进行实地酿造茅台酒的试验。

保证生产原料质量，茅台集团大力实施原料基地标准化体系建设。生产茅台酒的高粱和小麦主要分布在习水、仁怀、金沙等县市。三县市年产高粱约10万~12万吨，而生产1吨茅台酒需投入2.4吨高粱，这些高粱仅满足茅台生产的部分产能。重庆綦江等县市生产的高粱，其质量也达到茅台酒生产的要求，近年来，茅台集团开发挖掘出不少新的原料基地。为保证进厂原料的质量，茅台集团建立起原料生产的标准化体系，严格按照环境标准和要求，加大对农田水利投入。严格执行食品安全控制方面的要求和准则，保证原料和产品质量安全。近年来，"企业+基地+生产标准+农户"和订单农业等多种生产形式得到大力推广，原料基地作为白酒企业的"第一车间"的安全得到有效保障。茅台集团把仁怀市及周边地区建成了专用优质原料基地，实现了高粱基地的规模化生产。

（二）围绕品牌建设，提高产品质量

洋河以高质量来铸造品牌，以高质量永葆品牌。洋河股份早在1995年就参加了ISO9002国际质量体系认证。在企业内部，通过企业质量巡查小组加大对各道工序的检查力度，对产品质量进行有效控制。大力建设质量检测中心，增加检测仪器，改进检测方法，规范检测流程，加大对软硬件的投入，严格按照ISO9002质量保证体系组织生产，不断提高产品质量。2001年，洋河被中国食品工业协会评为"质量效益型先进企业"。从美国等发达国家引进生物显微镜、715分光光度计、气相色谱仪、原子吸收光谱等行业内先进的分析仪器，充分发挥质量检测中心作用，形成以数字论品质的质量运行机制。洋河股份通过 ISO14001 国际环境体系认证，有效地保护了酒厂的生态环境为产品出口至国际市场取得了绿色通行证。为了不断满足消费者对白酒的口感、营养等方面的需求变化，洋河股份通过建设 2000 吨陈化老熟工程项目，这一项目的特点是利用原酒贮存就能达到陈化老熟的目的，进而提高洋河货架期质量的稳定性，这一项目的建成不但增强了白酒的醇厚口感，还大大缩短了生产到上市销售的周期。

洋河已经形成一套严格的质量管理体系。首先，公司明确了"今天的质量就是明天的市场"的经营宗旨，并制订了一系列控制质量的政策措施。其次，建立和完善了生产责任制、质量责任制、考核责任制，从原材料进厂到产成品出厂，在全部 24 道生产工序方面强化了全过程质量控制，使规范的操作标准始终贯穿于生产流程。最后，持续实行技术改造，利用现代生物工程技术改造传统生产工艺。

（三）忽视产品质量，秦池终遭市场惩罚

20 世纪 90 年代中后期，国内酿酒业根据市场需求的变化，产品结构出现新的调整趋势：从蒸馏酒向发酵酒转变，从高度酒向低度酒转变，从普通酒向优质酒转变。国家对白酒行业的政策发生转变：明确限制白酒的生产和销售，对白酒开征 25% 的消费税，规定白酒的广告费应在税后利润中支付。市场需求和国家政策等各种力量叠加使市场白酒总销售量逐年下降。当时全国主要酒厂都在进入产品结构调整，开始走向以质取胜的经营之路。而秦池酒却忽视产品质量，把本应用于技术改造、提高质量的有限资金用于广告和并购，并自信地说，每天给中央电视台开进的是桑塔纳，但开出的是奔驰，在市场行为方面就是简单地购入四川酒进入勾兑、扩大产能。这种无视市场规律和市场发展趋势，忽视产品质量的做法最终导致企业的失败。

四、企业不能盲目扩张

（一）多元化战略与核心竞争能力的提高存在一定矛盾

我国经济经历了一个长期高速增长阶段，目前已进入中速增长区，一些

行业的进入障碍降低但行业利润并不低，最典型的房地产行业。许多企业成长到一定阶段，拥有一定经营资源后，开始走上多元化之路。有一部分企业通过纵向一体化，在行业链的上下游整合资源。更多的企业进行的横向一体化，兼并同类酒厂，扩大产能，或是进入一个自己完全不熟悉的领域，如白酒厂生产啤酒或葡萄酒，或者是进入房地产领域，这种多元化的结果很可能是本企业的核心能力和竞争优势得不到提高。多元化发展是捷径同时也是陷阱。表面上看，企业的规模扩大了，组织结构也相应地调整了，进入多个经营领域，有效地降低了风险，但进入的多个领域都没有形成核心竞争优势，有限的经营资源没有很好地整合，管理能力没有同步跟上企业规模扩张，使企业面临着巨大的潜在风险。一旦市场需求萎缩、竞争加剧，资金链紧张的企业就会面临巨大的危机。1996 年，秦池成为第一届标王后，一下子兼并当地 8 家亏损企业，规模的快速扩张致使企业营运成本激增和控制能力下降，1997 年，市场环境发生变化，这些企业都成了秦池摆脱困境的包袱。

（二）茅台多元化之路上的经验与教训

茅台酒历史悠久、种类繁多，目前有大约五星、飞天、迎宾酒等系列共47 种不同类型的酒。有历史韵味浓厚的陈年酒，主要代表是汉帝茅台、80 年九龙墨宝、建国 60 周年珍藏酒等。针对送礼的礼盒酒，推出了盛世国藏、十二生肖、特制陈酿成龙珍藏版等。茅台在占领高档酒市场的同时也兼顾到面广量大的普通消费者，推出了一系列中低档酒。

近几年，茅台积极探索品牌多元化发展的各种方法和措施，相继推出了茅台啤酒、茅台干红和茅台保健酒，目的是在啤酒、红酒、保健酒行业中占领高端市场，但市场销售并不理想，难以获得白酒产品那种高认可度。多少年来提起茅台，人们就联想起高贵奢华、历史悠久的国酒，消费者在感情上根本无法将"茅台"两个字与洋溢着时尚气息的啤酒和西方味的红酒联系起来。啤酒和红酒对茅台而言是一个并不熟悉的领域，多年来茅台集团一直专注于白酒的酿造生产，在啤酒、红酒领域并不具备明显的竞争优势，并且白酒的销售渠道与消费群体不同于其他酒类，因此打开一个新的市场难度很大。

在白酒的细分市场方面，茅台集团在保持高端市场优势的同时，加大力度推出适合中端市场、大众消费的酒类，扩大消费群体范围，使更多人消费得起茅台。这也符合白酒最广大的消费群体是中层收入者的市场特点。但推出更多的中低档酒，会直接影响到茅台在人们心中的形象，使得高端消费者放弃选择茅台，事实上，高端消费者一直是茅台集团最主要的利润来源。

总的来说，茅台走上品牌多元化之路是集团发展的必然，但在执行过程中存在一些问题。要看到品牌多元化对茅台品牌而言具有双重作用，一方面，强势主品牌带动了其他子品牌成长，这些新的品牌成为茅台集团新的利润增长点；另一方面，主品牌受到竞争力不强的副业影响，严重影响到人们心目中茅台是高贵的国酒这一形象。

茅台品牌多元化存在三方面问题：一是低价化的误区。茅台集团为满足大众消费需求，将品牌从高端市场延伸至中低端市场，先后开发了茅台王子酒、迎宾酒等中低档品牌酒，而后进行多元化，将品牌扩大到啤酒、葡萄酒等与白酒行业关联度不大的替代产品上，影响了盈利能力。二是文化差异方面存在误区。茅台白酒文化表达的是厚重的历史感和沧桑感，生产现代气息的啤酒和西洋文化的红酒，三者同用茅台品牌，让消费者难以接受茅台品牌的啤酒、葡萄酒。三是酒类香型杂乱。茅台酒是我国白酒酱香型的代表和权威，然而茅台也开始生产浓香型白酒，推出的茅台醇、茅台王子酒等是浓香型、兼香型的白酒，这将影响其在酱香型白酒中的领导地位。

反观洋河的多元化战略，在2000年前后，酒的种类也较多，经过10多年的市场选择，凝练出三个系列：洋河蓝色经典、洋河大曲和敦煌古酿。三大主导品牌已占据了销售的绝大部分，洋河蓝色经典更是成长迅速，与洋河大曲分获中国白酒工业十大创新品牌、十大影响力品牌。在同业兼并方面，洋河与双沟合并，扩大了产能，但在处理两个品牌的关系方面有待市场检验。从洋河2003年以来打造蓝色经典的做法可以看出，洋河遵循错位行销原则，进行品牌分割管理，将公司主流产品与非主流产品明确区分开来。这种品牌管理的方法有利之处是能够避免一个产品系列出了问题影响到其他系列，不利之处是企业进行多品牌管理，会增加广告费用、销售成本，在管理、协调上也增加了难度，但尽可能地减少了多元化可能造成的风险。

第十章 外国酒类行业可持续
发展的经验及启示

对中国白酒行业可持续发展研究必须置于全球化的大背景下，其目标与发展路径必须有着与国际蒸馏酒发展主流趋势相互呼应。只有了解国际蒸馏酒发展的最新趋势，尤其在可持续发展方面的最新进展，才能判断中国白酒行业可持续发展目标、路径是否合理与先进。

第一节 国际蒸馏（烈）酒行业的主要品种

进行国际化的比较，首先需要确定比较研究的主要产品范围和国家地区范围。国际蒸馏（烈）酒行业在全球的酒精饮品大家族中占着举足轻重的定位，根据酿造方法的不同，世界八大蒸馏著名酒种分别为伏特加、威士忌、中国白酒、韩日烧酒、白兰地、朗姆酒、金酒、龙舌兰酒，它们在世界蒸馏（烈）酒消费市场上占绝对的主导地位。

一、伏特加（Vodka）

伏特加是举世闻名的蒸馏酒之一，主要成分由水和乙醇组成。伏特加是由发酵的物质，如谷物、土豆、水果或糖料蒸馏制成。伏特加的生产与消费主要集中于所谓的"伏特加带"（vodka belt），它主要整齐分布在波罗的海周围和东欧国家。传统的伏特加酒精含量为40%。今天俄罗斯、乌克兰、爱沙尼亚、波兰、拉脱维亚、立陶宛和捷克的伏特加酒精含量标准是（alcohol by volume，ABV）40%。欧盟的任何以"伏特加"命名品牌的 ABV 最低标准是 37.5%。而在美国销售的伏特加产品 VBA 必须在 30% 以上。自 2000 年以来，由于消费者口味和监管政策的不断变化，一些"手工伏特加"甚至"超一流"（ultra – premium）伏特加的品牌纷纷亮相。

（一）俄罗斯伏特加

俄罗斯伏特加的历史悠久，但是现代意义上伏特加这个词出现在 1751 年伊丽莎白女王时期的俄罗斯官方文件中，它是一个规范伏特加酒厂所有权的法令。到了 19 世纪 60 年代，由于政府推动消费国家生产的伏特加酒政策，它成为许多俄罗斯人首选的酒类。1863 年，政府垄断伏特加酒生产的制度被废除，导致价格暴跌，伏特加进入低收入民众的消费范围。1911 年，伏特加占俄罗斯所有酒类消耗的 89%。在 20 世纪这个水平已经有所波动，但仍保持相当高的水平。2001 年，它还占俄罗斯所有酒类消耗 70% 的份额。如今，一些流行的俄罗斯伏特加酒生产商或品牌有红牌伏特加（Stolichnaya）和俄罗斯标准（Russian Standard）。

（二）瑞典伏特加

瑞典生产伏特加的历史也很悠久，可追溯到 15 世纪后期。虽然很长时间生产 brännvin（意思是燃烧的酒）以粮食为原料，但由于粮食短缺等原因，从 18 世纪后期开始使用土豆，并从 19 世纪初成为主导原料。[①] 在 18 世纪 50 年代以前，没有人将 brännvin 称为伏特加。但从 60 年代起，瑞典将无味的 brännvin 称为伏特加。第一个使用伏特加这个词汇的瑞典产品是 Explorer Vodka，它的品牌创建于 1958 年，最初的目的是为出口美国市场。[②] 1979 年，瑞典推出绝对伏特加（Absolut Vodka）。伏特加如今已成为年轻人买醉的一个流行的源头，拥有蓬勃发展的黑市。[③] 在 2013 年一个所谓的"伏特加车"的组织者获刑两年半，原因是向未成年少女提供几千升的伏特加酒。[④]

---

① Brännvinsbränning in Nordisk familjebok, volume 4 (1905).

② Cocktailguiden：Explorer Vodka, accessed 2012 – 12 – 16.

③ "Vodka – mobile" selling booze to Swedish kids. Thelocal. se (10 February 2012). Retrieved on 2013 – 07 – 19.

④ Åtalade för vodkabilen dömda till fängelse. Expressen. se (2013 – 05 – 03). Retrieved on 2013 – 07 – 19.

二、威士忌

国际市场上主要的威士忌种类有苏格兰威士忌（Scotch）、美国威士忌、加拿大威士忌、爱尔兰威士忌、日本威士忌和印度威士忌。

（一）苏格兰威士忌

许多国家都生产威士忌酒，但苏格兰威士忌只产在苏格兰。在所有威士忌酒品牌中，苏格兰威士忌不仅在产量上是全球最大的，而且在利润方面，也是世界蒸馏（烈）酒行业中超过其他任何一个单一品种的最大赢家。苏格兰威士忌的制作已有 500 年以上的历史。《苏格兰威士忌准则（2009 年版）》（Scotch Whisky Regulations 2009，SWR）定义"苏格兰威士忌"有以下特征：苏格兰威士忌的酿造只使用水和大麦芽（也可以添加其他谷物），在酒厂加工出麦芽浆，通过添加酵母发酵，引起内源性酶系统转换造出原酒；在生产、储存过程中，要保持使用的原材料的颜色、香气、口感；除水、焦糖色外，禁止添加任何物质；在发酵过程中只允许加入酵母；按容积算，酒精含量必须高于 40%，但低于 94.8%；酒制成后存放在容积不超过 700 公升橡木桶中，并置放在苏格兰酒厂的库房中至少 3 年。苏格兰威士忌广泛运用泥炭烟熏麦芽，这是其制造工艺中的一个特色。苏格兰威士忌按原料的不同可划分成 5 个不同的类别：纯麦芽威士忌、纯谷物威士忌、混合麦芽威士忌、混合谷物威士忌和混合威士忌。

日本威士忌也属苏格兰威士忌类型。

（二）美国威士忌

美国产的威士忌包括纯威士忌和调和威士忌（又称为美国威士忌）两种。纯威士忌中最有名的就是波本威士忌。波本威士忌的标准有：所用玉米原料不得少于 51%（通常为 70% ~ 90%）；蒸馏物中的酒精含量不得超过 95%；在贮酒前加水稀释使标准酒精度不超过 62.5%；在内部被熏烤过的新白橡木桶中贮酒 2 年或 2 年以上（通常至少为 4 年）；按照不超过 40% 酒精含量和不超过 80% 的标准酒精度来装瓶。

（三）加拿大威士忌

法律上规定，必须在加拿大本土制造，并且在不超过 700 公升的木桶内贮酒超过 3 年方可称为加拿大威士忌。绝大多数的加拿大威士忌是多类谷物的调和威士忌，比其他威士忌品种要柔和、清淡。加拿大也有"裸麦威士忌"，不过美国禁止这种威士忌在美国市场上使用此名称。尽管裸麦是加拿大威士忌的主要原料之一，但是法律标准上并未对此做出规定①。

（四）爱尔兰威士忌

爱尔兰威士忌必须在爱尔兰本土制造，品种较多，包括麦芽威士忌、谷物威士忌、罐式蒸馏威士忌（大麦芽和非大麦芽混合威士忌）、调和威士忌。尽管在很多方面和苏格兰威士忌相似，但是在爱尔兰威士忌的制作过程中是不需要用泥炭烟熏麦芽。麦芽威士忌由 100% 发芽大麦蒸馏而得，谷物威士忌则是将谷物放置塔式蒸馏器中制得。谷物威士忌比麦芽威士忌要柔和许多。通常谷物威士忌都不会单独包装出售，而是作为调和威士忌的成分之一。罐式蒸馏威士忌（100% 大麦）比较独特，绿色的未发芽大麦为这种威士忌带来了辛辣的口感。

（五）印度威士忌（Indian Whisky）

由于 90% 以上的印度威士忌是由发酵糖蜜蒸馏得来，世界上主流的威士忌生产商并不认为印度的烈酒（Indian Spirits）是一种威士忌②。尽管如此，印度威士忌类规模是最大的，同样也是以强劲的增长势头在发展。

三、中国白酒（Chinese white spirits，Baijiu）

中国白酒主要采用含有丰富淀粉的农副产品，如高粱、大米、小麦、玉米等为主要原料，采用独特的传统的固态发酵工艺，首先用熟粮食和菌种混合培养制曲，制成曲后，再和粮食混合同时进行糖化和发酵制成粮食酒，再蒸馏、陈酿和勾兑而酿制成各类白酒。制曲时使用豆类、麦类等各种粮食，制酒发酵时主要用高粱，米香型白酒则用大米，苞谷酒主要用苞谷。根据曲种不同，白酒分为"大曲酒"、"小曲酒"、"麸曲酒"和"混曲酒"等类型。

① 加拿大司法部：http：//laws. justice. gc. calm/F－27/C. R. C. －c. 870/section－B. 02. 020. html.

② "India：Alcohol and public health"，Global Alcohol Policy Alliance，the Globe，2005，issue 2.

我国大部分名酒产于北方或夏季气候凉爽的四川，多是大曲酒。不同的主料与辅料配合，在发酵过程中产生的多种微量香味成分，因而形成不同香型白酒。公认的有五大香型（或十大香型）分法，即酱香、清香、浓香、米香、其他香（药香、豉香、凤香型、兼香、芝麻香、特香型）。

四、韩日烧酒

在韩国和日本占据主导地位的传统烧酒产品是全球第二大蒸馏（烈）酒分类市场。韩国的烧酒及日本的清酒与中国的白酒系出同源。较为一致的认识是：中国的蒸馏白酒可能是元朝时期由被蒙古人征服的中亚波斯地区传入并普及开的，并于同一时期传入朝鲜半岛形成朝鲜烧酒，日本烧酒也是在同时期由朝鲜半岛以及和中国关系密切的琉球传入的。[①]

（一）朝鲜烧酒（朝鲜语：소주/烧酒，Soju）

朝鲜烧酒，是一种源于朝鲜半岛的酒精饮料，主要原料是大米，通常还配以小麦、大麦或者甘薯等。朝鲜烧酒颜色透明，度数一般在 20% 左右，略高于我国南方的黄酒。朝鲜烧酒口感清新、不辣口、价格便宜，是朝鲜半岛消费量最大的酒精饮品，其中韩国著名的烧酒品牌真露（Jinro）是世界上销量最大的蒸馏（烈）酒品牌[②]。

（二）日本清酒（Shochu）

清酒在日本又称为日本酒（にほんしゅ）或是简称为酒（さけ），是日本的一种传统酒类。该酒的酒精浓度平均在 15% 左右。清酒酿造过程中所需的主要原料为水、米、曲，除此之外还需要使用调整酒类酸度的酵母和乳酸菌等副料。清酒近年来在日本的销售状况有低迷的倾向，主要是洋酒在日本酒类市场取得了不少的占有率。[③]

---

① 孟乃昌：《中国蒸馏酒年代考》，《中国科技史料》1985 年第 6 期。

② Steve Wright，Trends in global spirits production，Brewer & Distiller International，September 2011，www. ibd. org. uk.

③ 本段内容来自 http：//zh. wikipedia. org/wiki/日本清酒.

五、白兰地

白兰地源于荷兰语的"Brandewijn",意思为"燃烧的葡萄酒"[1],是对经过蒸馏的葡萄酒的统称,通常认为它源头可以追溯至 16 世纪。白兰地通常的酒精浓度为 35% ~ 60%,典型的用法是晚餐后用酒。除了葡萄酒本身可以作为原料外,白兰地还可以从葡萄渣或者发酵果汁中蒸馏得来。蒸馏出的白兰地酒是近乎无色的,但在橡木桶中贮藏时,将橡木的色素溶入酒中,形成褐色。年代越久,颜色越深。由于有颜色的更受欢迎,目前一些国家的酿酒厂都使用焦糖加色。

在现实的酒分类当中,还存在广义的白兰地概念,只要是以果酒为基底,加以蒸馏制成的酒类,都可以称为白兰地,不过在名称前面加上相应的水果名称,如"苹果白兰地"、"樱桃白兰地"、"草莓白兰地"、"欧李白兰地"等。

目前,世界最好的白兰地产地是法国夏朗德省(Charente)的干邑(Cognac,科尼亚克)周围地区和热尔省(Gers)的亚文邑(Armagnac,阿马尼亚克)地区。由于这些地区碳酸钙丰富的土壤适合于生长制造白兰地的葡萄品种。这些地区使用传统罐式蒸馏器复式蒸馏工艺生产的白兰地,一些酒厂(酒庄)年代久远,因此有用以勾兑的老酒,价格也昂贵。世界著名的品牌如豪达(Otard)、轩尼诗(Hennessy)、马爹利(Martell)、御鹿(Hine)、人头马(Rémy Martin)、路易老爹(Louis Royer)、百事吉(Bisquit)等都出自干邑地区。

销售干邑白兰地时有一种非官方等级标准,细分为六类,如表 10 - 1 所示,通常可以在酒瓶的标签上看到上述内容,但较传统的干邑并不采用以上分级。此外,在 Cognac 和 Armagnac 地区以外的干邑也不采用此类分级标准。

---

[1] Oxford English Dictionary, Oxford, England: Oxford University Press, 1989.

表 10 - 1　干邑白兰地的分级

等级	等级含义及存储时间年限规定
A. C.	普通级，在木桶中存放 2 年
V. S.	"很优质"或"三星级"，在木桶中存放至少 3 年，平均为 5 年
V. S. O. P.	非常高级陈年浅色白兰地或 5 星级，在木桶中存放至少 5 年，平均年期较此长
X. O.	"陈年特级"，在木桶中存放至少 6 年，平均达 20 年以上
Vintage	年份酒，在罐装销售的酒瓶标签上标注生产年份
Hors d'age	忘年陈酿，年份通常在 10 年以上

资料来源：维基百科。

与此同时，法国还存在白兰地赫雷斯理事会（Brandy de Jerez）制定的白兰地分级标准，共分为三类（如表 10 - 2 所示）。

表 10 - 2　白兰地赫雷斯分级体系

等级	窖藏年份
Brandy de Jerez Solera 白兰地赫雷斯索莱拉	存放 1 年期
Brandy de Jerez Solera Reserva 白兰地赫雷斯索莱拉佳酿	存放 3 年期
Brandy de Jerez Solera Gran Reserva 白兰地赫雷斯索莱拉特级珍藏	存放 10 年期

六、朗姆酒（英语 Rum；西班牙语 Ron）

该酒用甘蔗糖蜜（或甘蔗汁）为主要原料，外加水和酵母酿造的蒸馏酒，其中用以糖蜜酿造居多数。通常认为 17 世纪时，朗姆酒诞生于盛产甘蔗的加勒比海地区。在朗姆酒发展的早期，由于酿造使用廉价的原料，酿出即卖，没有储存期，因此辛辣刺喉，很受生活在艰苦环境的下层民众青睐。为了符合现代人的口味，当代朗姆酒的生产增加了储存醇化期，很多国家规定朗姆酒至少要存储 1 年，通常存放于波旁酒桶、其他类型的木桶或不锈钢罐中。经过储存醇化期后，朗姆酒比较绵软适口，由此进入了朗姆酒制作过程的最后一个制作流程——勾兑，制作白朗姆酒（white rum）需要过滤掉酒液中的任何颜色，而要制作黑朗姆酒（dark rum）则需加入适量的焦糖色，最终的朗姆酒是配制鸡尾酒必不可少的原料。

七、金酒（Gin，又译杜松子酒）

金酒是一种以谷物为原料经发酵与蒸馏制造出的中性烈酒基底，增添以杜松子为主，其他包括胡荽子、橙皮、香鸢尾根、黑醋栗树皮等多样化的植物性香料配方一起再蒸馏，所制造出来的一种风味蒸馏酒。金酒经常被喻为鸡尾酒的六大基酒之首（其他五种则是朗姆酒、伏特加、威士忌、白兰地与龙舌兰酒）。主要品种包括伦敦干金酒（London Dry Gin）、荷兰金酒（Dutch Gin）、普利茅斯金酒（Plymouth Gin）、黑刺李金酒（Sloe Gin）。全球性的知名品牌如表 10 - 4 所示。

八、龙舌兰酒（西班牙文 Tequila）

它是墨西哥的一种特产蒸馏酒。市场上销售的龙舌兰酒的酒精浓度通常为 38% ~ 40%。与其他酒类经常使用的谷物与水果等原料不同，龙舌兰酒使用龙舌兰草的心（在植物学上，指的是这种植物的鳞茎部分）为生产原料，经过蒸煮后，加入酵母，龙舌兰草心汁液里面的糖分发酵，通常经过 1 ~ 2 次蒸馏以后得到龙舌兰酒原酒。龙舌兰酒并没有最低的陈年期限要求，但特定等级的酒则有特定的最低陈年时间要求。刚蒸馏完成的龙舌兰新酒，是完全透明无色的，市面上看到有颜色的龙舌兰都是因为放在橡木桶中陈年过，或是因为添加酒用焦糖的缘故。2006 年时，龙舌兰酒的产区，被联合国教科文组织列入世界文化遗产名单中①。

---

① 联合国教科文组织. Agave Landscape and Ancient Industrial Facilities of Tequila ［2008 - 10 - 26］.

第二节　国际蒸馏（烈）酒行业最新发展趋势

总的来说，全球蒸馏（烈）酒行业发展前景是乐观的。根据最新的全年数据显示，2010～2011 年，全球蒸馏（烈）酒销量增长 7%，由于销售产品中优良等级品增加，导致全球蒸馏（烈）酒销售额的增幅超过了销量增长，同比增长 10%[①]。然而烈酒行业进一步发展面临着一些挑战，特别是在监管方面。

一、蒸馏（烈）酒分国市场发展趋势

（一）中国市场

中国是全球最大的蒸馏酒市场，同时也是全球烈酒市场增长最快的国家。据法新社 2013 年 6 月 17 日报道，世界葡萄酒及烈酒博览会（Vinexpo）发布的一项研究报告预测称，中国的白酒消费位列世界烈酒行业领先地位，其消费量占全球烈酒总消费量的 1/3。2010 年，在中国 410 亿美元酒精饮料市场，无论是交易量和还是交易额，传统白酒均占主导地位。2010 年，中国销售传统白酒超过 40 亿升。如同其他新兴市场国家一样，我国有成千上万的制造商和大量的本土品牌[②]。与此同时，进口的酒类仍然只有消费总市场的一小部分。干邑白兰地和混合苏格兰威士忌（blended scotch）分居销量第一、第二位，伏特加位居第三位。2012 年的进口酒在中国的销售总额是 2001 年规模的 2.5 倍，比 2011 年增长了 16%，这个增长幅度超过了世界上的其他市场。芝华士、轩尼诗和尊尼获加分居销量的前三位，占据了中国 2011 年进口烈酒的 43% 的份额。但上述三个品牌 2010 年在我国销售总额没有超过 250 万

---

①　Ipsos, Drinking to the Future Trends in the Spirits Industry, March 2013.

②　Steve Wright, Trends in global spirits production, Brewer & Distiller International, September 2011, www.ibd.org.uk.

标箱。

随着我国蒸馏（烈）酒市场在销量规模和价值规模的增长，它对全球跨国酒业公司的吸引力也越来越强。一个值得关注的事件是，2011年7月，帝亚吉欧（Diageo）收购我国白酒领导品牌之一的四川水井坊，帝亚吉欧希望将水井坊打造为一个全球性的品牌。帝亚吉欧的目标很明确，他们正在将投资关注的焦点从欧洲和北美成熟市场转向在快速增长的新兴市场，并计划在未来4年之内，在发展中经济体实现的销售额占到集团总销售额的一半。

（二）美国市场

2015年后，美国预计将成为全球第三大增长最快的烈酒市场。数据显示，1999～2012年，美国的烈酒市场销售收入及相应的市场份额稳步提升，不断挤压啤酒和葡萄酒市场，表现出了稳步向上的生机（如表10-3所示）。2010年和2011年，美国市场已经呈现出逐渐复苏态势，2010年蒸馏酒销量增长2%，高档烈酒市场稳步恢复。2010年，伏特加市场实现6.1%的强劲增长。同期，威士忌销量只增长1.4%，但爱尔兰威士忌和纯麦芽苏格兰威士忌，以及最高级别的国产及进口威士忌表现强劲，呈双位数增长。龙舌兰酒销量2010年同比增长3.6%，在过去的10年中，美国龙舌兰酒持续稳定增长。2003～2010年间，美国的龙舌兰酒销量增长47%，其中增长最为强劲的优质龙舌兰酒，销量增长了100%。2012年美国国内市场蒸馏（烈）酒市场销售数量及金额情况如附表10-1所示（见本章附表）。

表10-3　美国1999～2012年三大类酒精饮料供应商总收入及市场份额变化情况

年份	市场销售总收入（单位：10亿美元）				市场份额（%）		
	啤酒	烈酒	葡萄酒	总计	啤酒	烈酒	葡萄酒
1999	21.20	10.66	6.00	37.86	56.0%	28.20	15.80
2000	22.60	11.70	6.41	40.71	55.5	28.70	15.70
2001	23.80	12.22	6.63	42.65	55.8	28.70	15.50
2002	24.10	13.17	7.04	44.31	54.4	29.70	15.90
2003	24.87	13.87	7.50	46.24	53.8	30.00	16.20
2004	25.62	15.12	7.90	48.64	52.7	31.10	16.20
2005	25.62	16.00	8.30	49.92	51.3	32.10	16.60

年份	市场销售总收入（单位：10亿美元）				市场份额（%）		
	啤酒	烈酒	葡萄酒	总计	啤酒	烈酒	葡萄酒
2006	26.34	17.20	8.62	52.15	50.5	33.00	16.50
2007	27.49	18.20	9.24	54.93	50.1	33.10	16.80
2008	28.46	18.72	9.38	56.56	50.3	33.10	16.60
2009	28.82	18.74	9.48	57.04	50.5	32.90	16.60
2010	28.64	19.16	9.76	57.56	49.8	33.30	16.90
2011	29.24	20.36	10.19	59.79	48.9	34.10	17.00
2012	30.32	21.29	10.53	62.13	48.8	34.30	16.90

资料来源：Distilled Spirits Council of the United States, Annual Industry Review, 2012.

美国消费者越来越关注过度饮酒对健康和个人形象的影响。因此，"瘦身"或低热量的预先混合鸡尾酒消费增长迅速，市场已经接受瓶装或罐装（Ready - To - Drink，RTD）饮品类别，年轻妇女是驱动 RTD 烈酒饮品增长的主力人群。沿着瘦身发展趋势，低浓度烈酒、鸡尾酒、葡萄酒和 RTD 变种在美国消费量增长迅速。总体而言，美国消费者正在寻找浓度更低烈酒替代品。2010～2011 年，Beam 公司的"瘦骨仙"（Skinnygirl）品牌销量增长了 388%。

手工蒸馏（craft distilling）方式在美国发展很快，自 2003 年以来，美国获准使用手工蒸馏酿酒厂的数量从 69 家上升到 240 家。据预测，到 2015 年底，在美国和加拿大获准使用手工蒸馏的制造商将达到 450 家。手工蒸馏工艺的发展将对产于美国的威士忌、白兰地、金酒和伏特加酒注入新的内涵，北美市场的这股复古风吸引全球较大规模的制造商市场的关注。

（三）印度市场

印度也是全球烈酒市场增长最快的国家之一。印度近年来在全球烈酒市场中地位飙涨。印度目前是保乐力加（Pernod Ricard）的第五大市场，但保乐力加估计在 5 年内，印度可能成长为它的第三大市场。2011 年，印度的本土企业——联合酒业有限公司（United Spirits Ltd）成为世界上蒸馏酒产量最大的生产商，它以 14% 的复合年均增长率，赶超了所有的跨国公司的产量规模。在印度国内，该企业拥有印度销售排名前三的烈酒品牌，拥有印度烈酒市场 59% 的份额，它拥有 20 个每年销量超过百万标箱的品牌，占据行业的主导地位。

二、蒸馏（烈）酒分类市场发展趋势

（一）伏特加酒

它被认为是世界上最大的蒸馏（烈）酒分类市场，而俄罗斯和美国是伏特加最大的消费国。很多国家生产原料成分及工艺各异的伏特加酒。伏特加增长强劲，美国和新兴国家（如印度）预计将在未来几年内居全球伏特加酒消费的前两位。伏特加仍然是俄罗斯人的首选。在俄罗斯，生产伏特加的酒厂很多，而前三大品牌总销售量占俄罗斯所有烈酒消费总量的 8% 不到。

（二）威士忌

在 20 世纪 80 年代后期，全球所有类型威士忌的消费量呈急剧下降趋势，并且衰退持续了长达 10 年之久。在接下来的 10 年中，苏格兰威士忌销量起伏不定，2006 年销售增长创阶段性纪录。多年来，在苏格兰威士忌占主导地位的法国和西班牙市场份额下跌，但由于新兴市场国家的强劲增长而总体实现平衡。2010 年，苏格兰威士忌出口额猛增到 34.5 亿英镑，创历史纪录。2012 年，苏格兰威士忌出口额超过了 40 亿英镑，占全部苏格兰威士忌销售额的 90%。与总发展趋势相似，纯麦芽威士忌出口量增长在 2006 年达到 23%，经济衰退后，再次显示出强劲的增长势头。

但有很多研究报告对比了伏特加和苏格兰威士忌全球增长情况，结果发现苏格兰威士忌生产不断萎缩，其结果令人深省。数据显示，1998～2008 年，伏特加酒年增长速度超过苏格兰威士忌年增幅的 5 倍。这样的比较可能不公平，也许用非苏格兰威士忌与苏格兰威士忌相比较会更公平些。

在传统非苏格兰威士忌占主导地位的国家，如加拿大、美国、爱尔兰、日本和印度，近年来的非苏格兰威士忌发展高低不一。加拿大威士忌的销售多年基本持平，而美国威士忌 2003～2008 年的年复合增长率（CAGR）达到 2%。爱尔兰威士忌是所有威士忌酒类中近年来增长最快的，这在很大程度上归功于在美国市场的强劲增长。印度威士忌，多年来在印度呈两位数的增幅增长，但对全球市场影响不大。

（三）其他蒸馏（烈）酒

由于朗姆酒增加市场营销支出，加之其自身的质量及创新，通过提升朗姆酒的形象从而推动销售增长。鸡尾酒普及和持续增长也是拉动朗姆酒的一个动力源。

干邑/白兰地的销量在 20 世纪 90 年代大幅度下降，但到 2007 年销售量依旧恢复到下降前的水平。全球经济危机后，干邑/白兰地的销量再度下降，但到 2010 年出现了创纪录的增长，实现了年销量增长 17.9%、销售额增长 30%。在我国广州等一些南方城市，干邑/白兰地的消费人群不断增加，对我国传统白酒直接形成挑战与竞争。

三、品牌发展趋势

IWSR 评出了全球 2010/2011 年最畅销的国际蒸馏（烈）酒品牌榜，皇冠伏特加（Smirnoff）、百加得朗姆酒（Bacardi）和尊尼获加威士忌（Johnnie Walker）分别位居前三名，在前 50 名中，伏特加品牌有 13 个，苏格兰威士忌品牌有 11 个，其他威士忌品牌有 5 个，甜酒品牌有 5 个，朗姆酒品牌有 4 个，其他品牌有 12 个（如表 10 - 4 所示）。与 2010 年的销量相比较，尊尼获加是最大的日益"国际化"品牌，而绝对威士忌（Absolut）和皇冠分列第二、第三位。IWSR 认为，所谓的国际品牌必须至少在欧洲、亚洲、北美三大洲，销售量超过 200 万标箱（9 公升/箱）。在 IWSR 另一项最新的全球蒸馏（烈）酒销量前 100 名的榜单中，显示出亚洲占据主导全球蒸馏（烈）酒发展的趋势。在该榜单中，熟悉的国际品牌排名情况有所下降。这份榜单显示，在全球前 100 家最大的品牌中，有 46 家是来自亚太地区。韩国真露烧酒是无可争议的全球烈酒品牌，它的销售量是排在第二位的泰国 Ruang Kao（类似朗姆酒风味）的两倍。这份榜单显示在全球蒸馏（烈）酒市场中伏特加和烧酒品牌占据了主导地位，威士忌品牌占据了 17 席，而整个榜单中来自印度的品牌有 15 名。

2013 年全球前 50 名烈酒品牌名称、价值及信用评级如附表 10 - 2 所示（见本章附表）。

表 10 – 4　全球 2011 年销量前 50 名的国际品牌

排名	品牌	品种	所有人/总部所所在地	销量			2006～2011年增长率(%)
				2006 年	2010 年	2011 年	
1	Smimoff 皇冠	Vodka 伏特加	Diageo 帝亚吉欧,英国	21732.8	24413.8	25197.0	3.0
2	Bacardi 百加得	Rum 朗姆酒	Bacardi – Martini 百加得－马天尼,百慕大群岛	18833.3	18138.0	18411.4	– 0.5
3	Johnnie Walker 尊尼获加	Scotch whisky 苏格兰威士忌	Diageo 帝亚吉欧,英国	13482.7	15497.9	16680.6	4.4
4	Absolut 绝对伏特加	Vodka 伏特加	Pemod Ricard 保乐力加,法国	9878.7	10880.2	11184.6	2.5
5	Jack Daneil's	US whiskey 美国威士忌	Brown – Forman 布朗－福曼,美国	9093.7	10329.5	10949.0	3.8
6	Captain Morgan 摩根船长	Rum 朗姆酒	Diageo 帝亚吉欧,英国	7139.5	8898.1	9290.7	5.4
7	Nemiroff	Vodka 伏特加	Nemiroff 俄罗斯	7812.8	9186.0	7445.8	– 1.0
8	Jägermeister 野格利口酒	Bitters/Spirit aperitifs 苦酒/开胃酒	Mast – Jägermeister 德国	5873.2	6540.2	6757.0	2.8
9	Khlibniy DarKhlibniy 达累斯萨拉姆	Vodka 伏特加	Bayadera 乌克兰	1514.8	7864.4	6728.2	34.7

续表

排名	品牌	品种	所有人/总部所在地	销量			2006～2011年增长率(%)
				2006年	2010年	2011年	
10	Baileys 百利甜酒	Liqueurs 甜酒	Diageo 帝亚吉欧,英国	6711.0	6574.4	6538.2	-0.5
11	Khortytsa	Vodka 伏特加	Image 乌克兰	6911.3	6534.6	6192.5	-2.2
12	Ballantine's 百龄坛	Scotch whisky 苏格兰威士忌	Pernod Ricard 保乐力加,法国	5792.0	6069.3	6174.0	1.3
13	Jim Beam 吉姆光束	US whiskey 美国威士忌	Beam 光束,美国	5072.8	5469.9	5935.1	3.2
14	Cuervo 快活	Tequila 龙舌兰酒	Cuervo 快活	5514.3	5596.0	5502.0	Min
15	Ricard 里卡德	Aniseed 茴香酒	Pernod Ricard 保乐力加,法国	5665.0	5388.0	5266.3	-1.4
16	Chivas Regal 芝华士	Scotch whisky 苏格兰威士忌	Pernod Ricard 保乐力加,法国	4132.4	4592.3	4875.2	3.4
17	Grant's 格兰特	Scotch whisky 苏格兰威士忌	Wm Grant&Sons 英国	4164.1	4871.3	4819.8	3.0
18	Hennessy 轩尼诗	Cognac/Armagnac 干邑/阿马尼亚克	LVMH 路威酩轩,法国	4138.0	4419.0	4708.7	2.6

续表

排名	品牌	品种	所有人/总部所在地	销量			2006～2011 年增长率(%)
				2006 年	2010 年	2011 年	
19	J&B	Scotch whisky 苏格兰威士忌	Diageo 帝亚吉欧,英国	5414.7	4558.6	4368.1	-4.2
20	Gordon's 戈登	Gin 金酒	Diageo 帝亚吉欧,英国	4501.2	4377.1	4308.8	-0.9
21	Brugal	Rum 朗姆酒	Edrington Group 英国	4115.7	4252.0	3986.8	-0.6
22	Havana Club 哈瓦那俱乐部	Rum 朗姆酒	Pernod Ricard 保乐力加,法国	2688.7	3725.0	3839.4	7.4
23	Grey Goose 灰鹅	Vodka 伏特加	Bacardi-Martini 百加得-马天尼,百慕大群岛	2851.7	3620.5	3768.7	5.7
24	Fernet-Branca	Bitters/Spirit aperitifs 苦酒/开胃酒	Fratelli Branca 意大利	1869.2	3053.3	3712.8	14.7
25	Jameson 詹姆森	Irish whiskey 爱尔兰威士忌	Pernod Ricard 保乐力加,法国	2106.2	3105.0	3590.4	11.3
26	Stolichnaya 苏联红牌	Vodka 伏特加	SPI Group 俄罗斯	5154.4	3345.5	3537.9	-7.3
27	Malibu 马里布	Liqueurs 甜酒	Bacardi-Martini 百加得-马天尼,百慕大群岛	3178.3	3356.8	3482.9	1.9

续表

排名	品牌	品种	所有人/总部所在地	销量			2006~2011年增长率(%)
				2006年	2010年	2011年	
28	Skyy	Vodka 伏特加	Campari 坎帕里,意大利	2583.2	3357.3	3475.7	6.1
29	Blender's Pride	Other whisky 其他威士忌	Pernod Ricard 保乐力加,法国	1097.8	2865.8	3461.0	25.8
30	Dewar's 帝王	Scotch whisky 苏格兰威士忌	Bacardi–Martini 百加得–马天尼,百慕大群岛	3389.5	3331.1	3283.7	-0.6
31	Finlandia	Vodka 伏特加	Brown–Forman 布朗–福曼,美国	2398.2	2933.1	3117.3	5.4
32	Famous Grouse 威雀	Scotch whisky 苏格兰威士忌	Edrington Group 英国	3045.4	2986.4	2909.3	-0.9
33	De Kuyper 德凯伯	Liqueurs 甜酒	De Kuyper 荷兰	3343.0	2883.9	2832.6	-3.3
34	Campari 坎帕里	Bitters/Spirit aperitifs 苦酒/开胃酒	Campari 坎帕里,意大利	2620.5	2590.7	2627.2	0.1
35	Sobieski 索别斯基	Vodka 伏特加	Belvédere 波兰	2189.2	2884.1	2577.9	3.3
36	Russian Standard 俄罗斯标准	Vodka 伏特加	Roustam Tariko 俄罗斯	1095.7	2194.7	2431.6	17.3

续表

排名	品牌	品种	所有人/总部所在地	销量			2006~2011 年增长率(%)
				2006 年	2010 年	2011 年	
37	Beefeater 必富达	Gin 金酒	Pernod Ricard 保乐力加,法国	2257.1	2317.9	2379.7	1.1
38	Bell's 贝尔	Scotch whisky 苏格兰威士忌	Diageo 帝亚吉欧,英国	1983.7	2463.6	2371.3	3.6
39	Label 标签	Scotch whisky 苏格兰威士忌	La Martiniquaise 法国	1537.8	2094.6	2335.7	8.7
40	Bombay 孟买	Gin 金酒	Pernod Ricard 保乐力加,法国	1881.4	2113.5	2292.3	4.0
41	Ketel One 坎特一号	Vodka 伏特加	Nolet 荷兰	1771.6	2039.4	2170.7	4.2
42	Teacher's 教师	Scotch whisky 苏格兰威士忌	Beam 占束,美国	1778.4	1941.3	2138	3.8
43	Sauza	Tequila 龙舌兰酒	Beam 占束,美国	1885.1	2083.6	2124.7	2.4
44	Tanqueray 坦克瑞	Gin 金酒	Diageo 帝亚吉欧,英国	2040.1	1905.5	2055.8	0.2
45	Wm Lawson's WM 劳森	Scotch whisky 苏格兰威士忌	Bacardi-Martini 百加得-马天尼,百慕大群岛	1250.8	1555.6	2048.6	10.4

· 194 ·

续表

排名	品牌	品种	所有人／总部所在地	销量			年增长率（%）
				2006 年	2010 年	2011 年	2006～2011
46	Southern Comfort 南部的舒适	Liqueurs 甜酒	Brown‐Forman 布朗‐福曼，美国	2388.5	2122.8	1973.5	-3.8
47	Canadian Club 加拿大俱乐部	Scotch whisky 加拿大威士忌	Beam 宾束，美国	2066.0	1945.7	1895.5	-1.7
48	Eristoff	Vodka 伏特加	Bacardi‐Martini 百加得‐马天尼，百慕大群岛	1234.1	1700.8	1829.4	8.2
49	Rémy Martin 人头马	Cognac/Armagnac 干邑/阿马尼亚克	Rémy Cointreau 人头马君度，法国	1648.8	1622.0	1777.1	1.5
50	Kahlúa 甘露	Liqueurs 甜酒	Bacardi‐Martini 百加得‐马天尼，百慕大群岛	2122.4	1757.7	1747.7	-3.8
	前 50 品牌合计			222950.5	248347.8	253107.8	2.6
	其他品牌合计			2000724.6	2565479.7	2730859	6.4
	总计			2223675.1	2813827.5	2983966.8	6.1

注：销量以千箱计，每箱 9 公升；品牌、类别、所有人的中文名由笔者加注；总部所在国数据由笔者搜集整理添加。

资料来源：The IWSR Insights Report 2012 – The intelligence behind the numbers, www. iwsr. co. uk/.../TheIWSRMagazine – Top50InternationalBrands.

四、未来的发展趋势

消费者的需求状态推动消费者选择。消费者将继续要求有更多的蒸馏（烈）酒选择，而积极的生活方式、健康的生活、高品质的产品和便利的需求将驱动消费者的蒸馏（烈）酒消费需求。在经济走强时期，消费者更趋向于对优质蒸馏（烈）酒的消费。如今的消费者尝试新体验的愿望非常强烈。这种大的消费环境，将导致全社会对蒸馏（烈）酒类型的差异性与多样性需求的持续增长。未来适应发展的需要，蒸馏（烈）酒中含有健康成分的产品正在快速增加，如抗氧化剂、茶和果汁成分的产品。有机烈酒市场份额很小，但人们对它的兴趣正在增加。

在发达的西方市场中，中国白酒的消费需求没有大的变化。新产品在广为消费者接受之前，必须经历必要的信用积累。非苏格兰威士忌有更多的发展空间，因为它们具有可混合搭配其他酒类饮料的风格，尤其会在鸡尾酒强劲的消费中获得更多发展。调味的威士忌也将推动新的增长。

女性正在日益成为蒸馏（烈）酒的（潜在）消费市场，一些新开发的产品（尤其是新口味的烈酒）将女性锁定为消费市场的首要目标。调味伏特加和朗姆酒将成为新产品开发的主战场，将继续将一些新的消费者吸引到白酒市场中来。

在未来几年中，中国和印度将保持烈酒市场中增长最快地位。全球蒸馏（烈）酒市场有望继续增长，但增长速度低于近几年。跨国公司将继续加强接触这些新兴市场，行业整合还将持续。尚未经综合啤酒业务的白酒企业，以及对新兴市场风险的持续发酵很可能成为将来全球并购的热点所在。

第三节 成功的经验与教训

一、行业的集群发展

苏格兰有超过100家以麦芽和谷物（通常为小麦和黑麦）为造酒原料的威士忌酒厂，是世界上最大的苏格兰威士忌制造集中区。根据威士忌的产地来分，通常又分为5个主要类别：高地（Highland）、低地（Lowland）、斯佩赛德（Speyside）、艾乐（Islay）和坎贝尔敦（Campbeltown），划分的标准是根据酿酒厂分布的地理位置。在影响威士忌生产的诸多因素中，一个地方的地理位置和气候是影响该地区酒厂酿造威士忌风味的重要因素。

苏格兰威士忌品种按原料不同可分为单一麦芽、单一谷物及麦芽和谷物混合原料发酵，其中混合型品种是产量的主体，约占总产量的90%。混合型品种的威士忌由于不同厂家的原料麦芽及谷物的不同配比，导致不同的口味和不同的质量，同时保证了不同厂家威士忌质量和口味在不同年份间保持一致。著名的混合型威士忌品牌有 Bells、Dewar's、Johnnie Walker、Whyte and Mackay、Cutty Sark、J&B、The Famous Grouse、Ballantine's 和 Chivas Regal。

《1988年苏格兰威士忌法案》第5条规定，苏格兰威士忌只能产在苏格兰。这项规定可以防止源自苏格兰威士忌酒存在的两个级别，"苏格兰威士忌"和其他的威士忌。这一规定符合欧盟的威士忌酒标准。对苏格兰威士忌协会而言，允许在苏格兰生产非苏格兰威士忌，作为一种独特产品的苏格兰威士忌酒生产将难以得到有效保护。

为了规范苏格兰威士忌的生产，从1933年开始执行统一的行业生产标准规范。从2009年11月23日起，冠以苏格兰威士忌名称的蒸馏酒必须符合《苏格兰威士忌准则（2009年版）》（SWR），该准则定义并规范苏格兰威士忌的生产、标签、包装以及广告①。与此前的《苏格兰威士忌准则（1990 年版）》相比，1990 年版只对生产工艺提出具体要求。按照国际贸易协定的要求，SWR 的一些规定，不仅适用于英国，同样还适用于其他国家。

二、强化规制的约束

虽然趋势是远未普及，酒精饮品行业面临着在主要市场加强监管的前景。在市场规制监管方面，影响国家最多和全球影响最大的无疑是欧盟的《欧洲议会和欧盟委员会条例 No 110/2008——关于酒精饮品的定义、描述、介绍、贴标和地理标志保护以及废除欧盟委员会理事会条例（EEC）No 1576 /89 的规定》（REGULATION（EC）No 110/2008 OF THE EUROPEAN PARLIAMENT AND OF THE COUNCIL on 15 January 2008—On the definition, description, presentation, labeling and the protection of geographical indications of spirit drinks and repealing Council Regulation（EEC）No 1576/89，简称"欧盟规制"）。除此之外，欧盟有关蒸馏（烈）酒相关的技术规范还有 EC No 2870/2000 "欧盟推荐烈酒分析方法"、（EEC）No 1014/90 "关于贯彻执行烈酒定义、描述与说明法规的实施细则"、（EEC）No 2009/92 "烈酒、加香葡萄酒、加香葡萄酒基饮料、加香葡萄酒基鸡尾酒中所用农业来源酒精的分析方法"等。

（一）质量规制

"欧盟规制"特别突出的一点就是对质量的控制。作为控制酒精饮品质量的关键，"欧盟规制"将食用酒精固定为来自农业原料的酒精（乙醇）（ethyl alcohol of agricultural origin），并将它作为一个词来使用，整个规制中从头到尾酒精只有这一个概念，杜绝了文意不清或概念模糊的存在。欧盟在出台具体的产品质量标准的同时，还鼓励各成员国以高于欧盟标准出台自己的标准。在墨西哥，由于龙舌兰酒是该国重要的外销商品与经济支柱，因此受到极为严格的政府法规限制与保护，以确保产品的品质，而世界上大部分的

---

① "The Scotch Whisky Regulations 2009". UK Parliament. 2009. Retrieved 2012 – 04 – 30. The Scotch Whisky Regulations 2009: Guidance for Producers and Bottlers. Scotch Whisky Association. 2 December 2009. Retrieved 24 September 2012.

市场（例如欧盟）也普遍遵循墨西哥的相关法令规范来制订这种酒类的界定基准。

在保证酒类产品饮用安全性方面，欧盟建设了较为严密的技术体系，除了在标准、法规中对香料、甜味剂、色素等添加剂的使用以及酒精来源有明确规定外，众多科学咨询和专业检测机构为保障欧盟酒的安全性作出了重要贡献。欧洲食品安全局作为重要的食品安全科学咨询机构，通过有计划地开展相关研究，不断提出针对食品特定安全问题的风险评估意见，为相关技术政策法规提供支持，从而保证了包括酒精饮料在内的食品类产品的安全性。

除了政府的具体的质量规制以外，酒业行业协会也会根据地区行业发展的历史及实际情况，提出一些符合本国/本地区实际情况的行业质量标准，著名的有法国干邑白兰地及白兰地赫雷斯理事会质量等级标准。

（二）数量规制

2013 年年初，英国政府计划在英格兰和威尔士针对酒精饮品推行一项新的法律强制执行标准，即每单位酒精饮品 45 便士最低价格规制标准。苏格兰政府已经开始执行每单位酒精饮品 50 便士最低价格规制标准。尽管最新消息显示，一项在英国全境实施酒精饮品最低定价的规制不会立即执行，但英国政府仍在考虑相关咨询建议。以 45 便士标准为例，一瓶 700 毫升、酒精浓度40% 的威士忌的最低售价为 12.6 英镑；一瓶一公升、酒精浓度 37.5% 的伏特加最低售价为 16.88 英镑。据测算，如果在英国全境实施此项法律，将导致酒精消费下降 4% ~ 5%；在未来的 10 年内，将减少 2000 人死亡、6.6 万人次住院、24 万起犯罪案件。英国财政部反对此项规制，理由是此举在经济不景气情况下会减少来自酒精饮品的税收收入。①

（三）地理标志保护制度

很少产品能像酒一样和环境、文化、原产地的人们那样密不可分。"欧盟规制"明确将酒精饮品划分为 46 个酒大类（具体内容见本章附录）和单列的德国朗姆混合酒（Rum – Verschnitt）、捷克梅子酒（Slivovice），作为附表对各大酒类的原产地及相应商标列出了具体的清单，享受欧盟及所在国的

---

① http：//www. telegraph. co. uk/news/politics/9926045/David – Cameron – abandons – plans – for – minimum – alcohol – price. html.

原产地保护。EC110/2008 法规中，受到欧盟法规保护的欧洲烈酒产品地理标志名称已由 2005 年的 291 个增加到 2008 年的 334 个，并制定了烈酒地理标志注册程序、技术文件要求、名称使用等方面的强制规定与监管措施。研究表明，法国、意大利、德国、西班牙等传统烈酒生产大国拥有的注册地理标志最多，这些国家也是国际烈酒市场最具竞争力国家的代表。

最近由于美国研制成功基于葡萄为原料伏特加，促使传统的伏特加酒带国家的生产商推动对欧盟对伏特加酒立法，意图将只由用谷物或马铃薯作为酿造原料的酒精饮品定义为"伏特加"①。这一主张已引发南欧国家的猛烈批评，这些国家经常使用其他原料蒸馏提取酒精。最终，作为妥协的产物，任何不是来自谷物或马铃薯伏特加，必须在贴标中显示生产原料的成分，这一法规自 2008 年生效实施②。《苏格兰威士忌准则（2009 年版）》规定苏格兰威士忌产品销售必须明确和突出标识产品种类，如"纯麦芽威士忌"或"混合苏格兰威士忌"。其他措施还有防止纯麦芽苏格兰威士忌标识的滥用、保护原产地名称的使用，以及管理酒厂名字的使用等。

三、极其深刻的教训

酒精饮品属于食品行业，理性与适量地饮用有利于人的身心健康，但如果过量消费则危害健康，带来一系列的社会问题。更有甚者，在世界各地制造假酒的行为依然存在，尤其在法制不健全的转型国家和发展中国家比较严重，威胁着整个行业安全。以伏特加生产和消费为例：在一些国家，黑市交易或非法制造伏特加很普遍，因为它可以容易地制作和避免征税。然而，黑市生产者用工业乙醇（酒精）勾兑的行为，往往引起消费者重度中毒、失明或死亡的悲剧③。在 2007 年 3 月英国 BBC 新闻播放的一部纪录片，试图找出

---

① "EU Farm Chief Warns of Legal Action in Vodka Row", Reuters via flexnews. com (25 October 2006); Alexander Stubb, The European Vodka Wars, a December 2006 Blue Wings article.

② Regulation (EC) No 110/2008 of the European Parliament and of the Council of 15 January 2008 on the definition, description, presentation, labeling and the protection of geographical indications of spirit drinks and repealing Council Regulation (EEC) No 1576/89.

③ Eke, Steven (November 29, 2006). "People's vodka'urged for Russia." BBC News. Retrieved 2008 - 11 - 22.

俄罗斯非法伏特加饮用者群体中普遍存在的重度黄疸原因[①]。调查怀疑其原因是非法商人使用工业消毒剂（95% 的乙醇，同时含有剧毒的化学成分）添加到伏特加中，这样可以制造出高酒精含量和低价格的伏特加。这样的事件至少造成 120 人死亡，超过 1000 人中毒。考虑到黄疸肝硬化的慢性性质，预计死亡人数还将上升。然而，在俄罗斯由于伏特加酒的不当消费，每年造成死亡人数可能高达几十万人[②]。

四、关注健康与主动推动理性饮酒

适度饮酒有益于身心健康，过度饮酒会造成个人健康、家庭及社会问题。发达国家的蒸馏（烈）酒行业与企业广泛参与各种活动以鼓励消费者负责任地进行理性消费，其中包括在酒瓶上粘贴标注国家规定内容的标签，以及在广告和服务培训中宣传责任信息。

以苏格兰威士忌行业为例，该行业协会及所属会员企业一起参与了苏格兰政府与酒行业的伙伴计划（The Scottish Government Alcohol Industry Partnership），一起努力提高全社会的责任饮酒（responsible drinking）水平并一起处理酒精相关社会危害。

越来越多的酒精饮品公司将提倡理性饮酒作为宣传的重点。超一流的品牌依然倚重意愿性的广告，但兴奋型和情绪型的广告越来越多地出现在酒广告中。各大公司都在参与推动创新理性饮酒活动，百加得、帝亚吉欧和保乐力加（Bacardi, Diageo and Pernod Ricard）最近在社交媒体推出提升企业社会责任宣传，并相应作出承诺，如删除 48 小时内用户生成的不恰当的页面内容；限制 18 岁以下的脸书（Facebook）[③] 用户接触酒精饮品的页面；百加得

---

① Sweeney, John (March 10, 2007). "When vodka is your poison." BBC News. Retrieved 2008 - 11 - 22.

② Korotayev A., Khaltourina D. Russian Demographic Crisis in Cross - National Perspective. Russia and Globalization: Identity, Security, and Society in an Era of Change. Ed. by D. W. Blum. Baltimore, MD: Johns Hopkins University Press, 2008. P. 37 - 78; Khaltourina, D. A., & Korotayev, A. V. "Potential for alcohol policy to decrease the mortality crisis in Russia", Evaluation & the Health Professions, vol. 31, no. 3, Sep 2008. pp. 272 - 281.

③ 国外知名的社交网站，其社会普及程度相当于中国腾讯的 QQ。

公司（Bacardi）邀请网坛巨星纳达尔代言"冠军负责任地喝"的广告。

五、保护环境

保护环境和提升环境的可持续发展能力是酒行业优先关注的重点，也是奠定一个传统酒品牌声誉的关键所在。酒类生产商会竭力地捍卫自己产品的品质和其产生重要原材料的环境。酒类制造商大量投资于生产技术创新和节能措施，以实现能源、原材料的节约以及对环境的最小影响。为了提升全行业行动水平，2009年苏格兰酒类制造行业发起了全行业范围的环境行动策略（An Industry – wide Environmental Strategy），承诺整个行业保护环境的目标，确保到2050年，他们将来自非化石燃料的初始能源需求占比达80%，这样一年可减少超过75万吨二氧化碳排放；并且确定了在一系列领域内最低的环境标准，以确保未来环境的可持续发展。其他的目标包括：实质性减少使用包装材料，着重减少需填埋处理的包装材料的使用量；仓储使用酒桶只使用可循环使用的橡木桶；保持水的使用和排放的最高管理标准[①]。

苏格兰威士忌行业已经开展了产品的碳足迹（carbon footprint）管理活动。通过使用碳信托的核算方法和全球行业ISO标准，该行业已经制定出了产品生产与拆除过程详细的"生命周期评估"（Life Cycle Assessment，LCA）标准及其操作细则，量化了这一重大行业整体运营范围，同时考虑到各方面的原料使用、生产和销售的具体操作情况。

第四节　国外一些经验对中国的启示

中国的白酒与中国的茶道一起被称为中国的国粹，作为体现中国文化精髓和华夏人文联系纽带，在国际化的今天，中国白酒业走向世界只是个时间问题。在蓄势待发的大发展初期，中国白酒需要借鉴国际酒业发展的成功经

---

① 有关行业行动策略的详细规定和一系列环境保护的案例，可参见 www. scotch – whisky. org. uk。

验，完善自身的发展，建立健全国内的市场发展环境和企业自身生产管理水平，这样才有进入国际市场的基础与条件。

一、白酒行业要依据资源禀赋集群发展

在影响蒸馏酒生产的诸多因素中，一个地方的地理位置、气候及原材料是影响该地区酒厂酿酒风味的重要因素，也是决定各处酒类世界级非物质文化遗产的关键要素。与世界知名的蒸馏酒品种对地域环境的严格要求一样，中国特色白酒的地域资源属性极强，这本身就是一种特殊的社会价值。白酒行业依据自然禀赋集群发展，容易形成原材料采购、生产、销售方面的规模效应，有利于降低交易的成本，便于先进的技术、工艺和管理经验推广，带动形成"产学研"、"产供销"纵向与横向的一体化发展，最终形成一个地方完整的白酒行业价值链条。与此同时，也便于政府监管和企业自治，便于进行集中的生态环境治理。

二、建立与完善中国白酒的地理标志保护制度

与苏格兰威士忌等世界知名酒种一样，中国各种风味的传统白酒和环境、文化、原产地密不可分。中国不同风味的传统白酒经过长期的历史演化，逐步形成了川贵"白酒金三角"、淮河名酒带、黄河中下游集中区及其他白酒集聚带，以及大的集中带上的亚区域。我国已经出台并实施了食品的地理标志保护制度，但在白酒领域，只有个别的大企业申请与适用风味白酒的地理标志保护制度，绝大多数的风味白酒酒种及品牌不适用此保护制度。与"欧盟规制"对欧盟范围内各大酒类的原产地及相应商标列出并享受原产地保护的做法相比较，中国的风味白酒的地理标志保护制度还有很长的路要走。究竟是企业自身疏忽申请的问题，还是政府管理体制的问题，非常值得反思与改进。

三、完善和强化经济性、社会性规制

白酒是一个特殊的行业，与"三农经济"、就业和生态文明紧密相关，

展现出独特的经济价值与社会价值。白酒是跨越第一、第二、第三行业的特殊行业，同时也是推动三大行业有机循环的资源整合平台。它促进粗杂粮深加工转化增值，为农村解决大量劳动力就业，增加地方利税，促进"三农经济"发展。同时，它也成为物流业、包装业、广告业、餐饮业等众多延伸行业发展的有效依托。一个行业可以持续发展并与民众的生活紧密相融，是其社会价值的最大体现。

从中国白酒行业发展的现状及国际通行的规制来看，有关白酒行业的经济性规则主要包括进入规则、质量规则与数量规则三个方面。全球蒸馏（烈）酒行业是一个垄断竞争性市场，通常对市场的准入标准没有具体的规定，但政府对其质量规制非常严格，如"欧盟规制"、各国和行业协会的规定等。与全球的蒸馏（烈）酒行业的经济规制相比，我国明确规定了白酒行业在国内属于受限制发展的行业，国家对白酒实行生产许可证制度，提高了准入门槛。质量管理的规定既全面又严格，对白酒的生产条件设施及检测设备都有具体要求。这一切无形中保护了企业利益，有利于整个市场健康有序的发展。

白酒行业的社会性规制，主要是要捍卫白酒的社会价值，更多体现在对民生的关注上，也是在为培育白酒业长远发展培基固本。具体地讲就是两个方面：一是要关注健康与主动推动理性饮酒。关注健康是当今社会生活的主潮流；而主动推动理性饮酒，是白酒行业义不容辞的社会责任。二是全社会生态文明的旗手和标杆。白酒的生态酿造对所在地环境质量要求极高，保护环境是国粹白酒可持续发展的客观保障，白酒企业必须承担起应有的责任。白酒一定要结合自身行业特色，发挥环境保护的榜样力量，将生态理念贯穿到企业日常经营的各个环节当中，按照生态经济学原理，在系统内建立"生产者、消费者、还原者"行业生态价值链，实现经济发展与环境资源相互协调，在建设"最美中国"的大潮中充分展现白酒的社会价值。中国的白酒行业在以上两个方面已经开始行动，但无论在形式、规模与细节方面，都与发达国家有很多的差距，提升的空间非常大，要走的路还很长。

四、强化行业的过程性控制，技术标准接轨世界

白酒作为国家重点监控的行业，必须执行生产、销售的全过程监控，对

包括企业原辅料采储、生产环境条件、生产记录、出厂检验、销售记录等各环节全面检查，监督企业持续满足生产许可条件，确保产品符合标准要求。在监管体系完善的过程中，对酒类产品的电子追溯系统建设是其中重要的一环。泸州老窖、剑南春、郎酒、洋河、汾酒、古井贡、景芝等酒类品牌也已经或正在并入实施酒类安全流通溯源体系，实现 RFID 真伪查询[①]。除了在生产环节初步建立酒品防伪与追溯管理的一体化解决方案，还需要在流通环节健全批发过程信息管理网络，在零售与消费服务环节健全经营者履责和消费者监督的复核机制，为在全程建立信息关联、责任衔接、查证可信的酒类流通物联网打下基础，初步实现酒类商品来源可追溯、去向可查证、责任可追究。

从全球范围蒸馏酒行业的技术标准规范状况而言，作为以转型的国家，在国家层面的技术规范方面，我国在这方面规定是很全面的。与制酒及使用标签相关的法规已经有《中华人民共和国食品安全法》、《食品标识管理规定》、《食品安全国家标准预包装食品标签通则》（GB 7718—2011）、《预包装饮料酒标签通则》（GB 10344—2005）、《食品安全国家标准蒸馏酒及其配制酒》（GB 2757—2012）等标准规定。2013 年年底出台的《关于进一步加强白酒质量安全监督管理工作的通知》（食药监食监〔2013〕244 号）对白酒的标签进行进一步规范[②]。与发达国家相比，中国缺少地方层面、白酒子品种技术标准规范，国家技术规范具有统一性，但无法包括一些特殊性，而地方性规制正是弥补了国家层面技术规范的不足。

五、高度重视行业安全

高度重视行业安全，对于中国的白酒业界而言可谓是"有切肤之痛"。2000 年以来，发生在白酒业界的"散酒门"、"勾兑门"、"塑化剂风波"等

---

①　尹贵超：《给白酒安全戴上"紧箍咒"》，《华夏酒报》2013 年 12 月 12 日。

②　通知规定不准将液态法白酒、固液法白酒标注为固态法白酒。使用食用酒精勾调的白酒（液态法白酒），其配料表必须标注食用酒精、水和使用的食品添加剂，不得标注原料为高粱、小麦等。以固态法白酒（不低于 30%）、食用酒精等勾调而成的白酒（固液法白酒），其配料表必须标注使用的液态法白酒或食用酒精等内容，不能仅标注为高粱、小麦等。不准生产标注"特供"、"专供"、"专用"、"特制"、"特需"等字样的白酒。

一系列接踵而至的行业内个别企业丑闻，经媒体过分发酵放大，白酒这一优秀的民族传统行业遇到前所未有的冲击和考验。中国白酒的"酒品"正受到广大消费者质疑，白酒市场的消费基础和消费心理正面临着空前严峻的考验！

从国际经验看，在市场经济高速发展的初期，由于市场自身约束机制不健全，契合市场经济需要的商业诚信体系不完善，食品药品安全等产品质量安全问题一般会有一个凸显期。我国已经进入这个食品药品安全风险的高发期、易发期。

与我国大政府治理模式不同的是，发达国家协调政府、协会与企业之间的合作伙伴关系，通过行业自治和政府的引导，同样维护了蒸馏（烈）酒行业的安全。中国政府历来对食品安全问题高度关注，但受计划经济条块分割模式惯性影响，对食品安全管理分散在不同的条块内，造成了既有重复监管，又有监管"盲点"，不利于责任落实。作为政府"大部制"改革的一部分，2013 年年初，国务院将食品安全办的职责、食品药品监管局的职责、质检总局的生产环节食品安全监督管理职责、工商总局的流通环节食品安全监督管理职责整合，2013 年 3 月新组建了国家食品药品监督管理总局，其主要职责是对生产、流通、消费环节的食品安全和药品的安全性、有效性实施统一监督管理等。尽管中国白酒行业的行业自治水平不如发达国家水平高，但发挥行业自治作用不可忽视，在此方面大有文章可做。只有实现了真正意义上的行业自治，也才能实现行业安全及长期发展的长治久安。

附　录

欧盟 46 个酒精饮品的分类具体内容

朗姆酒（Rum）、威士忌酒（Whisky or Whiskey）、粮食酒（Grain spirit）、葡萄酒（Wine Spirit）、白兰地（Brandy or Weinbrand）、葡萄果渣酒或葡萄渣（Grape Fruit Residue）、果渣酒（Fruit Marc Spirit）、葡萄干酒或葡萄干白兰地（Raisin Spirit or Raisin Brandy）、果酒（Fruit Spirit）、苹果酒和梨酒（Cider Spirit and Perry Spirit）、蜜糖酒（Honey Spirit）、Hefebrand 和酒糟

（Hefebrand or Lees Spirit）、Bierbrand 或啤酒白兰地（Bierbrand or Eau de vie De bière）、菊芋或菊芋酒（Topinambur or Jerusalem Artichoke Spirit）、伏特加（Vodka）、酒精饮品（以水果为原料通过浸渍和蒸馏方法制造）（Spirit（Preceded by the Name of theFruit）Obtained by Maceration and Distillation）、以水果或原材料为名的酒（Geist（with the Name of the Fruit or the Raw Material Used））、龙胆酒（Gentian）、杜松味的酒精饮品（Juniper – flavoured Spirit Drinks）、杜松子酒（Gin）、蒸馏杜松子酒（Distilled Gin）、伦敦杜松子酒（London Gin）、香菜味的酒精饮品（Caraway – flavoured Spirit Drinks）、茸酒或白兰地（Akvavit or aquavit）、茴香味酒精饮品（Aniseed – flavoured Spirit Drinks）、帕斯提斯（Pastis，一种添加天然甘草提取物的茴香味酒精饮品）、马赛茴香酒（Pastis de Marseille）、阿尼斯（Anis，是一种带有八角茴香或小茴香味的酒精饮料）、蒸馏阿尼斯（Distilled Anis）、苦味酒精饮品或苦酒（Bitter – tasting Spirit Drinks or Bitter）、调味伏特加（Flavoured Vodka）、（饭后饮用的）利口酒/甜露酒（Liqueur）、（以水果或原材料命名的）奶酪酒 Crème de（Followed by the Name of a Fruit or the Raw Material Used）、黑醋栗甜酒（Crème de Cassis）、Guignolet 酒（Guignolet，一种将樱桃浸泡在食用酒精中的利口酒）、冲金朗姆酒（Punch au Rhum）、黑刺李杜松子酒（Sloe gin）、桑布卡（Sambuca，一种茴香味的利口酒）、拉希诺利口酒（Maraschino, Marrasquino or Maraskino，是一种含有樱桃成分的无色利口酒）、Nocino 利口酒（Nocino，是一种含有核桃成分的利口酒）、鸡蛋利口酒或艾德沃卡特酒（Egg Liqueur or Advocaat or Avocat or Advokat）、（含鸡蛋成分的）利口酒（Liqueur with Egg）、Mistrà 酒（一种带茴香或自然茴香脑味的无色酒精饮料）、Väkeväglögi or Spritglögg 酒（瑞典一种含有丁香和（或）肉桂味道酒精饮品）、Berenburg or Beerenburg 酒（一种水果或植物或其部分的浸渍在食用酒精中的饮品）、蜜糖或蜂蜜花蜜酒（Honey or Mead Nectar）。

附表

附表 10-1　2012 年美国国内市场蒸馏（烈）酒市场销售数量及金额情况

销售品种	等级商品销售箱数（单位：千箱，9 公升/箱）					等级商品销售金额（单位：百万美元）				
	普通级	优级	高级	最高级	总计	普通级	优级	高级	最高级	总计
Blended Whiskey 混合威士忌	2891	2471	–	–	5362	149	178	–	–	327
Bourbon & Tennessee 波本和田纳西威士忌	2796	4984	8079	1019	16879	157	499	1344	222	2221
Canadian 加拿大威士忌	8772	2616	150	4491	16028	462	267	22	850	1602
Scotch – Blended 苏格兰混合威士忌	2297	2923	2193	227	7640	159	457	569	106	1291
Scotch – Single Malt 苏格兰纯麦芽威士忌	–	145	993	448	1586	–	27	287	201	515
Irish 爱尔兰威士忌	–	69	1923	168	2161	–	–	356	59	415
Total Whiskey 威士忌总计	16757	13208	13338	6353	49656	927	1427	2578	1439	6371
Vodka 伏特加	26561	19828	12538	6256	65184	1085	1506	1601	1274	5466
Rum 朗姆酒	5963	16379	2770	386	25498	292	1593	333	98	2315
Tequila 龙舌兰酒	2878	6436	1117	1895	12326	221	749	205	707	1882

续表

销售品种	等级商品销售箱数 （单位：千箱，9公升/箱）					等级商品销售金额 （单位：百万美元）				
	普通级	优级	高级	最高级	总计	普通级	优级	高级	最高级	总计
Gin 金酒	7360	1137	2153	79	10728	434	129	296	13	873
Brandy & Cognac 白兰地和干邑	7231	300	2555	906	10993	537	44	569	367	1516
Cordials 甜酒	8080	11314	1831	11	21236	481	1610	421	4	2516
Cocktails 鸡尾酒	2054	4207	–	–	6261	101	248	–	–	348
Total 总计	76884	72810	36301	15887	201882	4078	7306	6002	3902	21288

资料来源：Distilled Spirits Council of the United States Annual Industry Review 2012.

附表10-2　2013年全球前50名烈酒品牌名称、价值及信用评级

全球排名		品牌名称	所属 国家	品牌价值（百万美元）		信用评级	
2013年	2012年			2013	2012	2013	2012
1	1	Johnnie Walker 尊尼获加	英国	4372	2432	AAA	AAA
2	6	Moutai 茅台	中国	2368	1493	AA	AA –
3	3	Hennessy 轩尼诗	法国	2260	1917	AAA	AAA
4	2	Bacardi 百加得	美国	2136	2009	AA +	AA +
5	4	Smirnoff 皇冠	英国	1987	1718	AA +	AA +
6	5	Chivas Regal 芝华士	法国	1763	1551	AA +	AAA –
7	7	Wuliangye 五粮液	中国	1639	1308	AA	AA
8	14	Luzhou Laojiao 泸州老窖	中国	1542	789	AA	AA –
9	9	Jack Daniels 杰克丹尼	美国	1373	1246	AAA –	AAA –
10	8	Baileys 百利甜酒	英国	1349	1269	AA	AA +
11	10	Absolut 绝对伏特加	法国	1320	1235	AA	AA
12	12	Grey Goose 灰鹅	美国	1116	945	AA +	AA +

全球排名		品牌名称	所属国家	品牌价值（百万美元）		信用评级	
2013 年	2012 年			2013	2012	2013	2012
13	11	Ricard 里卡德	法国	884	952	AA －	AA
14	16	Crown Royal 皇家皇冠	英国	862	775	AA －	AA －
15	24	Jinro 今日	韩国	762	409	A ＋	A ＋
16	15	Ballantine's 百龄坛	法国	747	780	AA	AA
17	13	Grant's 格兰特	英国	697	924	A ＋	A ＋
18	18	Rémy Martin 人头马	法国	597	500	AA	AA
19	35	Ciroc	英国	550	303	AA ＋	AA
20	19	Jameson 詹姆森	法国	540	469	AA ＋	AA
21	17	Gordon's Gin 戈登金酒	英国	538	535	AA	AA ＋
22	22	Jim Beam	美国	536	428	AA	AA －
23	25	McDowell's No.1 麦克道尔的第一	印度	533	397	AA	AA －
24	20	Jagermeister	德国	472	458	AA －	AA －
25	29	Buchanans	英国	405	340	AA	AA
26	21	Jose Cuervo 何塞快活	英国	399	452	AA	AA ＋
27	31	Famous Grouse 威雀	英国	398	329	AAA －	AA ＋
28	26	Brugal	英国	383	394	A ＋	A ＋
29	34	Ketel One 坎特一号	英国	381	315	AA	AA
30	23	J&B	英国	371	417	AA －	AA
31	30	Captain Morgan 摩根船长	英国	362	331	AA ＋	AA ＋
32	32	Martell 马爹利	法国	361	324	AA －	AA －
33	28	Havana Club 哈瓦那俱乐部	法国	357	358	AA	AA
34	36	Bombay Sapphire 孟买蓝宝石	美国	335	274	AA ＋	AA
35	27	Glenfiddich 格兰菲迪	英国	332	371	AA －	AA －
36	37	Malibu 马里布	法国	313	259	AA －	AA －
37	33	Dewar's 帝王	美国	299	316	A ＋	A ＋

续表

全球排名		品牌名称	所属国家	品牌价值（百万美元）		信用评级	
2013 年	2012 年			2013	2012	2013	2012
38	38	The Glenlivet 格伦利威	法国	292	247	AA	AA -
39	-	Royal Salute 皇家礼炮	法国	246	-	AA	-
40	39	Beefeater 必富达	法国	241	230	AA -	AA -
41	-	Kahlua 甘露	法国	239	-	AA -	-
42	-	Courvoisier	美国	237	-	AA	-
43	40	Tanqueray 坦克里	英国	231	218	AA	AA +
44	-	Campari 坎帕里	意大利	218	-	AA -	-
45	-	Sauza	美国	213	-	AA -	-
46	-	William Lawson's 威廉·劳森	美国	206	-	AA	-
47	-	Windsor 温莎	英国	202	-	AA	-
48	-	Southern Comfort 南部的舒适	美国	190	-	AA +	-
49	-	Maker's Mark 制造商的标记	美国	176	-	AA	-
50	-	Clan Macgregor 麦格雷戈氏族	英国	143	-	A +	-

资料来源：http：//brandirectory.com/league_ tables/table/top – 50 – spirits – brands –2013.

第十一章 中国白酒行业可持续发展的对策和建议

中国白酒是世界上历史最悠久的酒种，有着3000多年的发展历史，是中华民族文化和技术智慧的结晶。中国白酒作为中华民族文化的传统符号，要传承和发扬光大白酒行业，离不开白酒行业的健康可持续发展。在此前各章分析的基础上，本章对中国白酒行业健康可持续发展提出具体的对策和建议。

第一节 白酒行业未来升级的基本目标

作为中国经济的一个组成部分，白酒行业在中华民族伟大复兴的征途中扮演着重要角色。随着中国整体迈入中等以上发达国家的行列，白酒行业的可持续发展不仅要成为国内行业的"领跑者"，还要成为国际酒类行业的"排头兵"。

一、白酒行业可持续发展的目标定位

中国白酒作为世界知名的蒸馏酒种，占据了中国烈酒市场的主体，是世界上最大的单体酒种。作为白酒的原产国，白酒行业当仁不让是未来国际中国白酒的研发与销售中心。

（一）总目标

中国白酒行业可持续发展总目标定位可以用四个关键词来概括，即"民族的、生态的、大众的、文化的"。"民族的"是指白酒是中华民族的伟大发

明，它的固态发酵和酿造工艺在世界上独一无二，凝聚了中华民族的千年智慧，成为连接全球华人情感的桥梁与载体。"生态的"是指由于中国白酒的核心工艺是依托自然环境用粮食固态天然发酵酿造，它与自然生态紧密相关，是一个与生态文明结合紧密的行业。2013 年《中国白酒行业价值研究报告》给出白酒行业如下四大全新定义：白酒，是农业行业化发展中的龙头行业；白酒，是地域生态绿色行业中的特色行业；白酒，是生物科技行业中的制造业；白酒，是生态工业行业中的文化行业。在全球化的背景下，白酒的民族性是广义的，它代表了白酒的中国特色，民族的才是世界的，白酒作为全球酒精饮品的重要组成部分，势必为越来越多喜爱中国文化的国外消费者接受和喜爱。"大众的"是指白酒的消费基础是广大的人民群众，是以中产收入阶层为消费主体、连接高收入和低收入阶层的休闲消费品。奢侈品和高端化不代表白酒行业的整体定位。满足广大消费者不断变化的需求是白酒行业义不容辞的社会责任，白酒行业应不断地提高管理和科研水平，降低生产成本，生产安全和性价比高的产品来满足消费者的需求，这点与白酒行业追求健康可持续发展的目标相吻合。"文化的"是中国白酒最重要和最为明显的特性。在漫长的历史演化过程中，中国白酒形成了自身的双重特性，它既是物质的，更是精神的，更侧重于满足人的情感需求和精神需求。它是传递中华传统文化、社会价值和情感的物质载体。挖掘与弘扬中国传统酒文化，使之更好地为当代白酒生产经营服务，已成为摆在中国白酒人面前的历史重任。

（二）近中期目标

近中期是中国白酒业可持续发展的关键时期，该阶段发展的目标定位是："完善行业规制、整体转型升级、企业自律自强"。

鉴于中国的市场经济还处在初级阶段，完善行业规制既需要政府的"有形之手"，还应该借助市场资源配置这只更有力量的"无形之手"。完善规制主要包括：修改完善《食品安全法》，完善白酒行业的法律法规体系；强化行业准入、质量、数量、投资管理规制；优化税制结构，促进白酒行业健康可持续发展；划定酿造区域，实行集群发展；大力开展对知名白酒企业的品牌和白酒的地理标志保护制度工作；建立危机管理预案。

在国家规制完善的基础上，实现白酒行业的转型升级，是行业可持续发展的应有之义。从行业层面来看，白酒行业可持续发展水平包括经济可持续发展水平能力和科技可持续发展水平两个方面。白酒行业实现从低效到高效、依靠要素投入到科技进步、粗放到集约的转型。在积极借鉴与吸收国外先进生产技术基础上，中国白酒行业当务之急应主动参与国际烈酒市场规则的构建和完善工作，要构建一套国际认可的中国白酒技术标准体系，取得在国际烈酒标准体系中应有的地位与话语权。以市场为纽带，强化白酒企业的分工与协作，推动白酒产、学、研技术联盟建设，推动价值链重构，促进白酒行业共性和个别技术研究进步。行业牵头，企业参与建立酒类卫生、质量和安全流通溯源体系。重新定位行业协会的社会身份，改进内部治理结构，促进行业健康发展。

白酒企业是落实可持续健康发展核心主体。从企业的层面来看，持续的竞争力体现在创新能力、管理能力和经营能力三个方面。中国白酒企业运用现代（微）生物工程技术改进传统白酒的生产工艺的空间还很大。完善并持续改进白酒安全、质量和环境管理体系，将白酒企业的质量意识和标准意识落实到每一个生产细节。保护环境和提升环境的可持续发展能力是白酒企业优先关注的重点，也是奠定一个传统酒品牌声誉的关键所在。白酒企业应与政府、社会团体一道，关注健康与主动推动理性饮酒。企业应提高对白酒需求市场的关注度，推出既符合消费者口味又满足其心理需求的适销对路新品。

（三）长期目标

中国白酒业可持续发展的长期目标是："国内行业可持续发展的领跑者、国际酒行业的排头兵"。

鉴于白酒行业与自然环境"先天性"的紧密关系，白酒行业应做"国内行业可持续发展的领跑者"，各地环境保护的"先行者"。清洁生产和低碳发展是白酒行业科技创新和进步主战场，大型骨干企业带头已在国内开展了产品的碳足迹（carbon footprint）管理活动。

中国白酒成功实现国际化的过程，也是该行业学习和赶超国际烈酒行业可持续发展能力的过程。作为中国时代文化的重要载体，白酒行业的可持续发展能力不仅是世界水准，而且还是国际烈酒行业的排头兵。中国白酒行业将在技术、管理、营销的可持续发展方面作出自己特有的贡献。

二、确定白酒行业可持续发展目标的原则

白酒行业要实现可持续发展目标，必须不断探索和掌握生产资源的特性和规律，因势利导，扬其所长，避其所短，才能充分发挥生产资源的潜力，取得事半功倍的效果。

(一) 发展性原则

可持续发展的基点在于发展，发展既包括经济增长，也包括社会进步。白酒行业可持续发展强调经济增长的必要性，生产更多、更好的产品以更好地满足消费者需求。当然，白酒行业的经济增长不仅重视数量，更注重增长的质量。谋求社会的全面进步是人类共同追求的目标，创造一个平等、自由、博爱、健康和稳定的社会和消费环境，是可持续发展中的根本要求。

(二) 持续性原则

持续性原则强调白酒行业发展不能超越资源与环境的承载能力。资源与环境是白酒行业存在与发展的基础和条件，资源的永续利用和生态环境的健康持续是可持续发展的重要保证。具体来讲，在白酒行业发展过程中，要努力做到对可再生资源的消耗速度小于其再生速度；对不可再生资源的消耗速度小于替代资源的寻找速度；对环境的污染速度小于环境的自净能力；对生态环境的建设速度大于其退化速度。为此，白酒行业需要根据持续性原则调整生产生活方式，制定科学合理的消耗标准，避免从前那种盲目、过度的生产及消费。

(三) 经济社会和生态效益相结合的原则

白酒行业作为制造业中的生态领跑者，它的生产与营销必须要把经济、社会效益与生态效益有机地结合起来。生态资源与环境是白酒行业生产赖以存在和延续的特征资源，譬如，环境容量是有限的，一旦污染超过了限度，将导致环境的不可逆和无法再生。可持续发展的真谛是既满足当代人的经济增长和社会需求，又不以破坏子孙后代的需求为前提。因此，白酒特质的资源开发与利用应遵循经济效益、社会效益和环境效益相统一的原则。

(四) 当前利益与长远利益相结合的原则

作为市场经济的一部分，白酒行业的发展，尤其是特质资源的开发，如

当地水资源和环境资源必须有规划，要与当地乃至我国国民经济的发展速度相适应。不能为了一时的经济快速增长，而过度开发稀缺资源，短期发展行为只能导致特质资源枯竭和无法再生。因此，开发利用白酒行业的特质资源要有长远观点，既要考虑资源的开发利用，又要考虑资源的合理保护，追求的特质资源的永续开发利用，当代受益，后代永续受益。

（五）因地制宜的原则

作为资源导向型行业，白酒行业对自然环境要求很高，具有较强的地域依赖性，集中在一些特定的地域。经过漫长演变，我国形成了不同地域、不同香型白酒。不同地域的白酒行业发展必须遵从自然规律，按照当地自然资源的种类、性质、数量、质量等实际情况，采用最适宜的方向、方式、途径和措施，来开发利用本地区的资源，打造区域的重点企业和拳头产品，并以此带动地区经济的发展。

（六）统筹兼顾、综合利用的原则

一个国家和地区的自然资源，都在一定的范围内组成互相促进、互相制约的综合体。就白酒行业而言，它的主要原材料是粮食和水，最终产品是酒、二氧化碳、废气、残渣、残液等，而恰恰副产品的综合利用，却是白酒行业可持续发展的一个非常重要的领域，只有提高资源综合利用效益才可能实现可持续发展。

三、行业布局

与其他食品行业布局不同的是，白酒生产对自然环境要求很高，具有较强的地域依赖性。白酒的酿造与自然环境联系紧密，生产地的水质、气候、空气中微生物种类与数量等因素都直接影响着白酒的色、香、味、格。长期以来，我国优质白酒生产集中在一些特定的地域。作为资源导向型行业，白酒行业的发展必须遵从自然规律，在进一步优化空间布局的基础上，走出一条高效利用自然资源的优化开发之路。

白酒行业核心发展区域分布在"白酒金三角"、淮河名酒带、黄河集中区，以及其他地方特色白酒的集聚地带。上述各板块内的白酒企业不仅分布密集，并且市场绩效好、行业结构相对合理。建议国家将以上板块划定为国家级白酒行业带，有重点地打造一批行业生力军，进而推动整个白酒行业水平的提升。

（一）中国"白酒金三角"

中国"白酒金三角"位于四川贵州两省的接壤地带，长江、岷江、赤水河流经该区域，区域内的四川宜宾、泸州和贵州遵义是中国三大白酒中心，构成了中国白酒的"金三角"。该区域拥有独特的水质、土壤、空气、微生物及原粮、窖池、洞藏等地域性资源，联合国教科文组织、粮农组织专家称赞它是"在地球同纬度上最适合酿造优质纯正蒸馏白酒的地区"。该区域是中国固态蒸馏白酒的高端品牌集聚区，是茅台、五粮液、泸州老窖、郎酒、沱牌、习酒、董酒、水井坊、剑南春九大知名白酒品牌的集中地。

2008年，四川省提出打造"中国白酒金三角战略构想"，发展目标是打造中国的"波尔多"。自2010年初正式启动"中国白酒金三角战略"以来，四川省的白酒发展已取得了巨大成效。贵州省政府也高度重视传统白酒行业的发展，近年来陆续出台了《省人民政府关于促进贵州省白酒行业又好又快发展的指导意见》、《贵州白酒振兴计划》、《贵州省政府促进茅台酒又好又快发展的指导意见》等一系列加快白酒行业发展的政策措施，贵州白酒行业得到了较快发展。在我国，"白酒金三角"地区的自然条件最好，企业整体实力最强，酒文化积淀最为丰厚，是区域整体竞争力最为强大的行业板块，扛起中国白酒行业的半壁河山。

（二）淮河名酒带

这一地区的白酒企业主要依托淮河水系分布，主要区域西起豫西伏牛山脉，东抵黄海，南至长江，北达黄河南堤的范围。中原文化、楚汉文化为淮河名酒带独具特色的酒文化形成奠定了坚实的基础。

传统的十七大名酒中有5个名酒分布在该区域，即洋河、双沟、古井贡、宋河和宝丰。此外，苏、皖、豫三省还拥有数量众多的二线品牌，如江苏的高沟、汤沟，安徽的口子窖、金种子、高炉家、皖酒、店小二、迎驾，河南的汝阳杜康酒、伊川杜康酒、张弓酒、赊店酒等企业，连同其他大量区域品牌构成了淮河名酒带内的品牌金字塔格局。

（三）黄河中下游集中区

这一区域的白酒企业主要依托黄河水系分布，包括黄河中下游地区的陕西、山西、河北、河南北部、山东。该区域是中华文明的发祥地，山陕黄土文明、齐鲁儒家文化、中原文化、燕赵文化在长期的发展中争奇斗艳、相互交融，奠定了黄河名酒带独特酒文化的丰厚底蕴。

该区域的汾酒和西凤酒是我国传统的十大名酒。此外，陕西、山西、河北、河南北部、山东五省还拥有数量众多的二线品牌，如陕西的白水杜康、太白酒，河北境内的衡水老白干、刘伶醉，山东的兰陵、景芝、泰山，众多的白酒企业以及众多的区域品牌构成了该区域的品牌梯队格局。

（四）其他白酒集聚带

鄂酒板块，以宜昌和武汉为两大中心点，前者有稻花香酒业，是湖北省最大的白酒生产基地，产品为浓香型白酒；后者有武汉市生产黄鹤楼酒，属清香型大曲白酒，松滋县生产的"白云边"酒，属兼香型白酒。京酒板块，以红星、牛栏山为代表，属普通白酒。

在国家层面，白酒行业属于限制发展行业；但在局部地区，它却是地方优势行业，肩负发展地方经济、实现地区现代化的重任，理应得到各级政府的政策扶持。两者之间的关系是一般与特殊的关系。国家级白酒行业带作为白酒行业的重点发展区域，国家应对行业带内的白酒行业和企业予以扶持；而在国家级白酒行业带区域以外，白酒行业仍属于限制发展行业。打造国家级白酒行业带有利于提升优质白酒在中国白酒业中地位和比重，有利于加快白酒行业结构性调整，有利于推进白酒行业的国际化。

从中国"白酒金三角"跨行政区域发展的实践来看，打造国家级白酒行业带的重点在于以下几方面：一是要打破行政壁垒，形成发展的合力。国家级白酒行业带内相关市县的白酒行业实力都很雄厚，多年来存在较为严重的市县间的"市场分割"和同业同质竞争的现象，人为地妨碍了人力资源、生产要素和商品的有效配置和流动，导致区域整体优势无法有效发挥。国家级白酒行业带内市县政府在白酒行业发展上要放眼长远，自觉放弃"市场分割"，变市县小市场为区域大市场，以市场为基础，推进跨行政区划的资源整合，形成区域发展合力，打造真正意义上的国家级白酒行业带。二是申请国家地理标志保护。挖掘国家级白酒行业带内悠久的酒文化资源和品牌内涵，整合与提升区域内不同香型、不同品牌名酒的白酒文化，申请特色名酒的国家地理标志和原产地保护，为打造富有特色的国家级白酒行业带提供法律上的保障。三是推动区域品牌与酒企品牌协同发展。由白酒行业带内的行业协会牵头，运用电视、广播、网络、报纸、户外广告等媒介，并通过酒交易会、招商洽谈会等形式进行区域品牌与企业品牌联动宣传，扩大国家级白酒行业带的知名度和影响力。四是培育区域特色的酒文化。构建以酿造文化、营销文化、消费文化为重点内容的白酒文化体系，以名酒企业旅游、酒类会展、酒文化遗产研究保护为具体载体，打造白酒行业带区域品牌的持续发展优势。

四、完善行业质量标准体系

（一）推动科研和技术创新，完善基础科学研究

进入 21 世纪以后，中国白酒行业开展了大规模白酒基础科学研究，不断地将当代先进技术引入中国白酒行业，极大地改善与拓展中国白酒的生存空间。2006 年 4 月至 2012 年 12 月，中国酒业协会牵头组织了"中国白酒 169 计划"，相关科研院所和众多的白酒企业共同参与，围绕白酒行业共性和关键性的科技问题进行联合攻关，相继在相关企业建立了一批风味化学、功能微生物和酶技术研究平台。该项计划填补多项白酒基础与应用科学研究领域空白，将白酒行业真正带入现代微生物研究核心技术领域，中国白酒行业借此摆脱了传统的劳动密集型行业形象，确立了现代生物技术企业的新定位。紧随其后实施的"中国白酒 158 计划"，则侧重白酒生产和包装的机械化和自动化研究。以上科研计划的实施不仅从整体上提升白酒行业的科技含量，而且为实现今后高效的生产打下了坚实基础。

（二）制定中国白酒标准化的国家标准

技术标准是一种世界通行的技术语言，标志一个行业产品成熟程度与科技水平。与世界其他知名蒸馏酒酒种相比，时至今日，中国没有出台一部反映白酒一致性和易识别的国家标准。由于中国白酒国家标准的缺失，导致其在联合国商品贸易统计数据库中没有单独的商品编码，只能归属于

"HS2002—220890：每升酒精含量低于80%的其他蒸馏酒及酒精饮料"，上述分类矮化了我国传统工艺白酒的国际地位，不利于白酒的"走出去"战略实施。由于无法实现与世界其他知名蒸馏酒种的区分，因此，在国际市场上，无法实现对我国传统工艺白酒有效保护。

造成我国白酒标准化的国家标准缺失的原因是多样的，其中一个关键因素在于我国白酒不同香型特色构成客观上加大了制订白酒标准化国家标准的难度。不同香型特色的中国白酒的风味其实是由不同的微量香味物质组成，如何确定白酒统一的物理与化学特质以及关键技术指标的阈值，在当前的技术水平条件下，存在技术难题。我国白酒的技术标准发展已有30多年的历史，2008年全国白酒标准化技术委员会成立，这标志着我国白酒标准化研究进入一个新的阶段。近年来，我国相继制定颁布了多种香型白酒的国家标准，在白酒标准化方面取得了长足的发展。今后制定我国白酒标准化的国家标准，需要参考国际蒸馏酒发展趋势和总结其他知名酒种国家标准制定的得失经验，体现国家标准的先进性和适用性，不断规范白酒行业的生产技术和产品标准，逐步实现"以标准（法规）治酒"，促进我国白酒行业朝更规范的方向发展，为我国白酒进军国际市场提供标准支持。

制定中国白酒的技术标准体系，应从维护白酒行业的经济安全的战略高度来考量，构建既符合我国人群消费特点又兼顾国际消费者消费特点的技术标准体系，使之成为国际烈酒市场规则的重要组成部分，形成中国民族品牌知识产权保护体系，并以它为技术支撑推动中国白酒的国际化进程。当前白酒行业面临的问题是：与国际上液态发酵和纯种发酵相比较，我国传统白酒酿造的固态制曲、发酵和固态蒸馏的工艺独特性和差异多样性增加了制定白酒统一的技术标准体系的难度。

（三）中国白酒的国际化

白酒这一中国特有的民族瑰宝，不仅是民族的，同时也是世界的，它应走出国门，让全世界的人民喜爱它。与其他世界知名酒种相比，中国白酒在国际市场占有率、品牌知名度等方面处于劣势，解决白酒出口难题是一个庞大的系统工程，需要中央和地方政府、行业协会及企业的共同努力才能实现。中国白酒真正"走出去"的前提与关键在于中国（酒）文化为国际消费者认同与喜爱，而文化的传播是一项长期而又艰巨的工作。在中国白酒的国际化进程中，今后相当长一段时间内，应坚持传承与创新相结合，既要传承好中国传统工艺白酒自身的特色，又要做好国际化背景下的口感和品质的创新。

五、白酒行业健康可持续发展路径

从国家层面来看，中国白酒行业总体上属于限制发展的行业，但在国家级白酒行业带内白酒行业发展应受到中央与地方政府的支持。中国白酒行业健康可持续发展的路径选择就是要在地区间非对称的政策空间内实现发展。

（一）持续竞争力构建，实现转型

从全社会层面来看，支撑白酒行业可持续发展能力有两个方面：一是资源与环境支持可持续水平，包括人均耕地面积、人均粮食消费量、三级水资源占比、空气清净天数占比、粮食（高粱、小麦、稻谷、玉米）种植面积（万亩）和年产量（亿斤/年）等因素，这方面的因素决定白酒行业潜在的产出水平及质量。二是社会协调发展可持续水平，包括人口自然增长率、城镇人均可支配收入、人均白酒消费量、农村居民纯收入、城乡居民的恩格尔指数等因素，这方面因素决定了白酒消费市场的潜在规模。

从白酒行业层面来看，白酒行业可持续发展水平也包括两个方面：一是行业经济可持续发展水平能力，体现为白酒业总产值及在全国工业总产值中所占比重、增加值、利税总额、利税总额占全国财政收入比重、销售收入、生产成本、销售价格、白酒产量占比（白酒产量占啤酒、葡萄酒和白酒三类酒种总产量）、偿债能力、资产保值能力、白酒行业集中度等指标。二是白酒行业科技可持续发展水平，体现为科研投资占行业增加值的比重、每万人拥有的R&D人数、每亿元增加值的发明专利数、吨酒粮食消耗水平、能源消耗水平等指标。

从企业的层面来看，持续的竞争力体现在管理能力、经营能力和创新能力三个方面：管理能力，体现在体制/制度/团队、综合项目管理、企业文化、劳动生产率、合同履约率、工程竣工率、员工及管理人员的文化程度；经营能力，体现在战略定位、市场拓展、成本管理、企业信誉、主营业务定位、市场占有率、项目招标完成情况、信息技术应用能力、产值利润率、资金管理；创新能力，体现为技术/产品/信息创新能力，具体可包括技术装备率、动力装备率、科技成果数量及水平、新技术产品应用、研发费用投入等因素。

　　白酒行业及企业构建持续竞争力、实现转型首先要实现从粗放型发展向集约型发展转变，单纯靠拼资源、能源和人力投入，在现实我国已经无以为继，必须转而依靠科技实现全行业（企业）集约化发展。在积极借鉴与吸收国外先进生产技术基础上，不断增强行业自身科技创新能力。注重发挥白酒企业创新主体能动作用，改变经验型管理和生产的现状，实现规模以上企业生产与管理的全面升级。以市场为纽带，推动白酒产、学、研技术联盟建设，促进白酒行业共性和个别技术研究。

　　清洁生产和低碳发展是白酒行业科技创新和进步重要方向。加强科技创新，推行清洁生产，实施整体污染预防的策略，从源头上削减或消除污染物，并且提高综合经济效益。从生产、流通、消费等各个环节入手，强调"减量化，再利用、资源化"，减少资源消耗和污染排放。在国家发展低碳经济的大环境下，构建白酒低碳行业链是中国白酒行业发展的必由之路，也是谋取行业绿色竞争力的关键所在。

　　（二）价值链重构，既做研发也做品牌

　　白酒行业价值链是指以满足消费者物质与精神需求为目标，以白酒酿造为核心环节，前向连接农产品的种植与加工，后向连接白酒的产供销，由此形成具有相互衔接关系的行业或企业的多个环节、许多活动的集合。从发育过程上看，白酒行业价值链为综合型价值链，包括了技术、生产、营销等方方面面；从独立性上看，它属于自主型行业价值链，依靠自身的特质而无须依赖其他价值链而自主存在；从形成的诱因看，它属于需求内生型价值链。消费者的需求是内生的，引发了企业的生产行为。行业价值链主要受到消费需求、行业生命周期、政府行业政策的影响[1]。

　　以品牌整合整个行业价值链。按照现代的品牌决策理论，需要通过品牌白酒企业整合整个行业链，进而获取较大化的行业增值。现代社会中的人们已经摆脱了"有酒喝"的传统消费观，追求"少喝酒、喝好酒"健康消费观，注重酒的品质及对人体健康的影响。作为一项传统行业，白酒行业价值

---

　　[1]　潘成云：《解读行业价值链——兼析我国新兴行业价值链基本特征》，《当代财经》2001年第9期。

链本身并不复杂，品牌所带来的价值增加是所有增值环节中最重要的部分。白酒品牌浓缩了一个区域、企业白酒文化历史，代表着某种特色白酒风格，它和普通白酒之间是精品与普通品的关系，中间差着文化、精神享受，消费者愿意为品牌白酒支付价格溢价。因此，白酒行业链的整合必须以品牌建设为核心，充分发挥品牌的价值，由品牌企业为主导来整合地域或特色白酒行业价值链。

品牌和研发作为白酒（行业）价值链上最关键的两个环节，都是白酒行业必须加强的。与其他行业相比较，自有品牌是中国白酒行业一个比较优势，进入市场经济30多年来的发展，白酒企业在自有品牌的运作方面积累了丰富的经验，整个行业面临的问题是如何在保持传统自有品牌优势的同时，不断开发出符合市场需求的新品，以及部分优秀品牌的国际化问题。研发环节面临着既要坚守和传承白酒酿造的核心工艺又要满足不断变化的市场需求，很多时候会有冲突。在大的方面，白酒业的研发必须顺应生态经济、循环经济的要求，在提升原材料效率、降低碳排放和改善所在地环境目标下，不断地在新技术、新材料、新工艺研究与开发方面进行创新，它是提升价值链的技术与物质支撑。

开发白酒价值链和行业链当中的地理标志产品动力。地理标志产品代表的是某一地域的一种独特的"天赋"自然资源，正是这种天然的资源禀赋通过多种途径和方式带来最终商品的经济价值增值。不同于一般资源型行业集群的发展过程和特征，地理标志资源禀赋型行业集群的形成是立足于当地特有资源，具有某一方面特殊的和更大的竞争力。21世纪以来，以地理标志作为核心的传统行业集群逐渐成为带动区域经济发展的新动力，以地理标志产品为中心，通过科技创新，综合开发衍生品与副产品，就能实现不断推动行业竞争力的提升和可持续发展。

白酒制造企业与观光旅游价值链的嫁接是国际上较为流行的做法。如苏格兰的威士忌酒厂旅游已成规模，成为宣传苏格兰威士忌酒的重要渠道之一。知名白酒制造企业可以挖掘自身的文化历史、特色产品和酿造资源，结合当地旅游资源共同推展旅游文化活动，吸引更多的游客到白酒企业所在地来旅游和消费。通过企业旅游项目的开展，拉近游客与中国酒文化的距离，激发他们对中国酒文化的共振，增强他们消费中国白酒的意愿和消费信心。在中国"白酒金三角"地区，酒文化旅游项目已经初具规模，如五粮液的酒文化特色街区、茅台镇集工业旅游、文化观光和体验为一体的度假区和泸州美酒湾等项目。

第二节　白酒行业可持续发展的对策和建议

依据白酒行业可持续发展的目标和定位，从国家、地方、行业协会和企业四个层面提出以下对策建议。

一、国家要加大改革力度，实现"两只手"的同向互动

中共十八届三中全会是新的历史时期又一次重要会议。会议是重大突破和理论创新之一，就是重塑政府和市场的关系，让市场在配置资源中起决定性作用。但如何处理政府和市场的关系，一直是改革过程中面临的核心问题。

传统的经济学理论告诉我们，配置资源有两只手，一只是政府有形之手，另一只是市场无形之手，需根据不同时期不同阶段灵活掌握，有时需要交叉使用。在当前情况下，必须让市场在资源配置中起决定性的作用，但更不可忽视政府之手的作用。要坚持构建"市场主导，政府引导"的发展模式，在最大限度地激活和释放市场能量的同时，政府应及时回归到"培育市场主体，构筑市场载体"的位置上来。

实现政府的有形之手和市场无形之手的同向联动，并最终实现市场在配置资源中起决定性作用的关键是政府的有形之手怎么抓、抓什么。对于白酒行业来说，政府的有形之手首先要做好行业的顶层设计以促进市场机制的形成，而要做到这一点，就必须在管理理念和方式上有较大的突破和改进。

长期以来，凯恩斯主义消费需求理论影响并指导着我国宏观经济决策。在特定的历史条件下，消费、出口和投资的"三驾马车"支持着我国国民经济发展，但随着时间的推移和国际国内形势的变化，在需求理论及影响下宏观经济形势的弊端和问题日益凸显。产能过剩、结构失衡，效率低下已成为

包括白酒行业在内的宏观经济的通病，迫切需要在理论上作出回答，在实践中作出调整。

2015 年 12 月召开的中央经济工作会议以及之前召开的中央改革领导小组会议上，新一代领导提出了供给侧改革的理念。相对于需求理论，供给侧管理改革更符合当下的国情。其核心内容是通过改革释放政策红利，通过调整结构和生产要素升级实现效益的增长。落实到白酒行业，政府应健全和完善白酒行业的各种规制，降低企业制度性和经营性成本。引导白酒企业调整产品结构，增加市场的有效供给，减少资源浪费。通过一系列供给侧管理的改革，促进白酒行业良性机制的形成。

供给侧管理的改革是中共十八届三中全会精神的细化，对白酒行业可持续发展具有重要的指导意义。如果说中共十八届三中全会提出的"让市场在配置资源中起决定性作用"是体制性目标，那么供给侧管理的改革则是实现体制性目标的措施。只有通过供给侧管理的改革催生新的运行机制，市场在配置资源中才能实现效率最大化。否则，市场就会失灵。因此，实现我国白酒行业可持续发展，制度设计在政府，内生机制在企业，检验成果在市场。只有实现政府和企业的同向联动，市场配置资源的效果才会明显。

（一）修改完善《食品安全法》，完善白酒行业的法律法规体系

我国政府历来十分重视食品安全问题，不断加强对制造、销售掺假掺杂食品、假冒食品、不安全食品的打击力度。2009 年 6 月开始实施的《食品安全法》是我国食品安全领域的"基本法"，弥补了食品安全监管法规众多而整体性缺失的不足。为了配合《食品安全法》的实施，我国相继颁布、实施《食品安全法实施条例》等配套法规规章，清理修订了现有规章制度，初步实现了对各类环节性、要素性的食品安全法规的统领和指导，上述举措加强白酒安全标准体系建设，有助于解决当前白酒行业标准缺失的问题，对白酒行业的持续健康发展起到积极作用。

1. 适用广义的食品安全概念。与我国《食品安全法》适用的狭义食品安全概念相对比①，美国、日本等国家所接受的食品安全概念则是广义的，认

---

① 《食品安全法》第 99 条第 2 款规定："食品安全，指食品无毒、无害，符合应当有的营养要求，对人体健康不造成任何急性、亚急性或者慢性危害。"

为：食品应当无毒、无害，符合应有的营养要求，且不存在任何掺假掺杂或非法添加任何添加剂，即使这些掺假掺杂物品与添加剂对人体健康没有任何危害，只要是法律没有规定允许添加，都属于非法的，该添加行为都应受到法律处罚。上述广义的食品安全概念正在被越来越多国家的立法与司法实践所接受，对食品安全的概念界定过窄，不利于保护消费者的合法权益。

2. 注重发挥消费者的制衡作用。由于我国白酒生产、经营企业"点多面广"，在国家食品安全监管部门监管能力有限的情况下，无法采取监管到户的模式，所以必须注重发挥消费者的监督与制衡作用，鼓励消费者积极同制售有毒白酒或掺假掺杂的白酒生产经营者作斗争，但现行《食品安全法》没有充分体现这一理念。《食品安全法》第96条规定："生产不符合食品安全标准的食品或者销售明知是不符合食品安全标准的食品，消费者除要求赔偿损失外，还可以向生产者或者销售者要求支付价款10倍的赔偿金。"但现实情况通常是：消费者购买白酒的价格往往不高，消费者维权必须到生产商所在地索赔也并不可行，这里面有个可能的赔偿收益与差旅费及时间成本比较问题。此外，生产商通常会以不知情为由抗辩消费者行使10倍的赔偿权，导致现实中10倍赔偿权成为"空中楼阁"。

3. 进一步规范我国食品安全法律体系。食品安全标准是食品安全法律体系的重要基石，是衡量食品是否安全的重要尺度。在《食品安全法》实施之前，我国已经拥有两套食品国家标准：一套是以《产品质量法》为依据的"国家食品质量标准"，另一套是以《食品卫生法》为依据的"国家食品卫生标准"，对于同一种食品，经常出现两者执行不同标准的情况。我国《食品安全法》实施以后，统一的食品安全国家标准至今还未出台，待它出台以后，我国将是世界上唯一拥有三套食品国家标准的国家，可能引发更多的平行国家标准间的冲突。问题的复杂性还在于：当前我国食品相关标准进一步细分为国家标准、行业标准、地方标准、企业标准四级。

（二）划定酿造区域，实行集群发展

《国民经济和社会发展第十三个五年规划纲要》、《关于促进行业集群发展的若干意见》、《国务院关于鼓励支持和引导个体私营等非公有制经济发展的若干意见》等宏观政策都明确规定国家支持和促进行业集群和地方特色行业的发展。打造国家级白酒行业带，是发展白酒行业集群和提高区域竞争力的重要战略选择，有助于推进优质白酒行业群形成和发展。作为地方特色行业，白酒行业集群的行业链较长，连接和带动农业、包装、运输、服务等相关行业发展，对发展地方经济、解决就业和促进社会稳定等都起到重要作用，其社会效益和经济效益非常突出。尽管白酒行业在国家层面属于限制性发展行业，但具体落实到国家级白酒行业带内的行业集群，理应得到国家帮扶政策的支持，而且政策空间应该较大。

协调、引导国家级白酒行业带内的白酒行业集群发展，打破行政区划的限制，以白酒行业链为依托，建设集白酒行业科研、酿造、贸易（包括酒类生产的原材料、辅助材料、酒类生产设备、包装材料、酒类商品、酒业会展、酒文化旅游等专业市场）于一体的白酒行业开发区（园区），形成具有区域或全国影响力的白酒行业中心。依托市场机制，白酒行业开发区（园区）内实现基础设施、公共服务等资源的共享，完善园区公共服务体系，搭建白酒行业共性与关键基础研究平台、成果行业化孵化平台、质量检测平台、白酒交易平台等公共服务平台，避免由于重复建设而造成社会资源的浪费，降低企业生产和交易成本。完善行业集群金融服务体系，进一步完善担保、风险投资和行业基金等金融服务，为白酒企业提供必要的金融配套服务，缓解企业在创新与发展中所面临的资金压力。依托白酒行业集群的规模效应，集群内的白酒企业可发挥各自优势，做大各自品牌，形成各具特色的竞合态势，共同推动整个行业集群的升级。

（三）完善扶持白酒行业集群发展的政策体系

白酒行业集群的发展涉及诸多的政策。当前，影响白酒行业集群发展最大的政策是政府的行业政策，涉及相关的融资、土地、税金等方面。为促进国家规划的白酒行业集群发展，国家应明确规定对国家级白酒行业带内的白酒行业集群进行重点支持，在金融信贷、土地使用、税费等方面给予相应支持。省市县政府相应出台相关政策，细化与落实融资、土地、税费等方面支持政策。

政府在制定白酒行业集群发展政策时，必须系统调整相关经济政策，在政策导向上：一是行业政策上，鼓励并引导各类资本和组织机构参与区域白酒行业带的建设，以加强集群内地区间和企业间的合作。二是以市场为纽带，通过完善和强化白酒行业的经济性规制（通常包括进入、质量与数量3个方面）和社会性规制，促进大企业对现有的中小白酒企业并购，突出相对集中的规模发展，不断形成新的行业集聚优势。三是将行业政策重心从单个大企业的点扶持向地方二线企业的多点培育，稳步增加新的经济增长点，提升优势白酒行业整体实力。与此同时，推进原料、包装、贸易、运输等关联行业的发展。

（四）强化行业准入、质量、数量、投资管理规制

加强白酒企业生产许可制度的执行与行业监督，逐步淘汰规模小和技术落后的小作坊式酒厂，抬高白酒行业的准入资本与技术门槛，进一步提高整个白酒工业的整体素质；通过固定投资政策指导，压缩白酒行业的低效重复建设；以市场为纽带，鼓励大企业的同业并购，通过减少企业数量，减轻行业内的无序竞争的程度。

在保证白酒产品饮用安全性方面，需要建立更为完善的技术标准法规体系，对香料、甜味剂、色素等添加剂的使用以及酒精来源作出明确规定；根据食品及医学研究的最新进展，不断提出针对白酒特定安全问题的风险评估意见，为完善相关技术政策法规提供技术支持，从而高水平地保证白酒产品的安全性。

数量方面的规制主要包含两个方面的内容：一是建立以主要原材料数量确定最终酒精饮品数量，确保在一定的技术条件下，产出最大可能边际，防止企业的不法行为。二是借鉴 2013 年英国政府在全国推行酒精饮品最低售价制度，从法律上保障企业的利益，防止企业间过度的恶性竞争。

投资管理规制方面，遵从国家行业发展政策，对国家批准的国家级白酒行业带及白酒行业集群，在行业投资管理方面给予一定的支持，否则，按照国家限制发展行业的投资管理。

（五）优化税制结构，促进白酒行业健康可持续发展

从国家层面来看，白酒行业属于一个重税行业，因为除了对白酒征收增值税以外，白酒还属于消费税调节对象。近年来，对白酒行业影响较大的政策是《国家税务总局关于加强白酒消费税征收管理的通知》（国税函〔2009〕380 号），要求从严征收白酒企业消费税。此外，《企业所得税法实施细则》对白酒行业的广告支出实行限额，超支部分不得作为成本扣除。以上两项规

定，控制了白酒产品的宣传力度，压缩了白酒企业的利润空间，形成了趋紧的税收政策环境。

在现行的税收制度框架下，争取有利于白酒行业发展的税收环境，贵州省《关于发展白酒行业有关税收政策的意见》（黔府办发〔2011〕104号）有很强的实用借鉴价值，它集合了我国增值税、消费税、企业所得税方面最有利于白酒行业发展的税收政策。

正在推进的新一轮税制改革，拟将消费税征收的环节从生产环节调整至零售环节，这样将减轻白酒企业的税负，为了保障白酒产地政府的税收利益，国家可能通过税收转移支付的方式至白酒产地政府。拟议中的消费税改革可能产生两个方面的冲击：一是白酒行业与地方政府之间的关系，利益关系可能不如改革前那么明显，削弱了地方政府盲目发展白酒行业的动力。二是对白酒消费人群的结构及消费选择造成冲击。

（六）建立危机管理预案

白酒是食品，消费者数以万计，制定危机管理预案既非常必要又十分迫切。危机管理预案制定者（企业或行业协会）不仅要预见到危机发生的各种可能性，而且要针对这些问题提出切实可行的解决方案。例如，如果白酒消费者发生了群体性白酒中毒事件，企业首先要态度诚恳，快速查明事故原因，公布真相，向受害人道歉，回购、销毁问题产品并给受害人以经济补偿。为了快速平息事态，避免跌入危机陷阱，要坦诚面对媒体和相关利益方，必要时要借助权威机构或意见领袖的影响力进行背书。事后补救是危机管理预案的关键部分，也是处理危机的关键阶段，企业要迅速兑现承诺，防止酿成新的危机，同时要迅速策划公益活动，重塑品牌形象。一个成熟的危机管理预案应包含脆弱性评估、确定问题及危机等级、资金预算安排、方案执行等方面。危机管理通常是一个复杂的工程，除了依靠自身力量外，企业往往还要依赖外部专业的危机管理团队来处理具体的危机事件。

近年来，我国食品行业的一些知名大企业还引入一套预防性的食品生产安全控制体系——危害分析与关键控制点（Hazard Analysis and Critical Control Point，HACCP）。HACCP与ISO9000一样，是一个程序化管理体系，它是目前世界公认的最有效的食品安全预防控制体系。HACCP特色在于通过食品安全的危害分析，主要针对各关键控制点进行质量控制，避免对不同工序的检验，以较低的成本保证较高的产品质量安全性。一些欧美发达国家将水产品、果汁以及禽肉等行业纳入 HACCP 强制实施范围，以确保本国的食物安全。食品企业取得 HACCP 认证，有利于增强企业在国内、国际市场上的竞争力，扩大市场份额。

（七）完善名酒企业的品牌和地理标志保护制度

从全球成熟市场经济体发展烈酒的经验来看，依据国际商标法和地理标志保护制度，依法开展国内外市场对知名烈酒企业的品牌和原产地的保护是其中的一项重要内容，如法国干邑白兰地、英国苏格兰威士忌，都受到各自国家及主要国际市场的品牌与原产地保护。该措施有利于特定酒种保持质量水平的稳定，同时按照统一标准管理国际市场，有利于其在国际市场上拓展市场。前些年，国家相关部门对我国名酒企业也实施了原产地保护制度，但在实施中也发现不少问题，最突出的是在对名酒企业原产地保护的同时，该区域内的小酒企也在其中，也正是这些小酒厂利用地缘的关系和名酒企业的知名度搞假冒伪劣产品，冲击名酒骨干企业。因此，一方面，要完善我国的原产地保护制度；另一方面，要加大对我国知名白酒如茅台、五粮液等知名品牌的打假维权力度。这有利于保护整个行业的健康发展，对维护我国知名白酒在消费者心中的地位形象具有重要意义。碍于我国白酒国际化程度较低，在海外开展我国知名白酒品牌与原产地保护基本处于空白状态。

（八）加强政府的食品安全监督

当前，人民群众对食品和药品安全性和有效性问题高度关注，对政府监管能力也提出更高要求。为了克服以前分领域、分环节进行食品安全监督管理体制的弊端，2013 年 3 月，国务院组建新的国家食品药品监督管理总局，统一整合了此前由食品安全办、食品药品监管局、质检总局、工商总局履行的安全监督管理职责。新机构的主要职责是对生产、流通、消费环节的食品和药品的安全性、有效性实施统一监督管理等。2013 年 11 月，国家食品药品监督管理总局下发了《关于进一步加强白酒质量安全监督管理工作的通知》（即食药监食监〔2013〕244 号），要求强化我国白酒质量安全的监督管理工作，不断完善长效监管机制，督促企业切实保障白酒质量安全，促进白酒行业健康可持续发展。

二、地方政府要依托市场资源配置机制转变行业调控方式

（一）依据资源禀赋发展白酒行业，不能随意建酒厂

白酒行业对自然资源具有较强的依赖性。从酿造工艺来说，一个区域的气候、水质、土壤、原材料都会对白酒的品质产生直接影响。从理论上讲，一个区域内的上述资源，对当地居民和企业而言是可以共享的，而不应该为一部分人或企业垄断使用。但在局部空间范围内，由于环境污染和可用资源的容量都是有限的，这就决定了一个区域内的白酒企业数量和最终的白酒产量是有限的，以往每个乡镇建酒厂的做法必须摒弃。

由于长期以来我国白酒行业门槛低、监管不严，导致当前白酒企业数量众多，平均规模过小，市场集中度差，严重影响了整个行业的健康可持续发展。企业规模过小，无法形成规模生产，直接带来环境污染和资源浪费两方面问题。绝大多数小型白酒企业完全没有能力对废气、废水和废弃物进行无害化处理，对当地环境造成了严重破坏，影响所在区域环境及资源禀赋可持续健康发展。

（二）强化白酒行业的分工与协作

在划定国家级行业带及行业集群发展的新形势下，白酒行业的发展有了获取制度红利的可能，主要是行业分工红利和生产的规模红利。在行业集群发展情况下，依托白酒价值链进行横向与纵向的分工，以往以白酒酿造为核心的纵向一体化模式被打破，白酒酿造企业将一些非核心生产环节与工序，如原材料的采购、基本建设、产品包装、运输、销售等外包给一些专业企业来完成。白酒生产企业专注于新产品的研发、核心生产环节、开发商务渠道，也就是说抓住了价值链的"微笑曲线"的两端，实现了企业价值的最大化。白酒企业的转型造成大量业务外包，给白酒行业的辅助环节和关联行业创造了发展空间，必然会推动原料采购与加工、包装材料、运输、旅游、广告、文化与城建等行业的发展，最终实现白酒主体行业与配套行业、关联行业的协调发展。

（三）强化源头管理和过程控制

白酒企业要全面落实国家和行业的卫生、质量、安全标准规范，建立与

完善企业内部相关的管理制度、考核标准和产品召回制度，确保企业严格按照以上制度开展生产，保持企业原材料采储、生产环境条件、关键点检测、出厂检验、销售等各环节有相应的完整记录可查，确保对产品从原料采购到产品销售的所有环节可进行有效追溯。政府食品主管部门督促企业持续满足生产许可条件，确保产品符合标准要求，并对于重点地区、重点企业，要加大日常监督检查力度，发现违法问题要坚决依法查处。

地方政府牵头、企业参与建立酒类卫生、质量和安全流通溯源体系。在生产环节建立酒品防伪与追溯管理的一体化解决方案，在流通环节健全批发过程信息管理网络，在零售与消费服务环节健全经营者履责和消费者监督的复核机制，为将来全程建立信息关联、责任衔接、查证可信的酒类流通物联网打下基础，初步实现白酒商品来源可追溯、去向可查证、责任可追查。泸州老窖、剑南春、郎酒、洋河、汾酒、古井贡等酒类品牌已经或正在并入实施酒类安全流通溯源体系，实现 RFID 真伪查询。

三、企业是落实可持续发展核心主体

在可持续发展基本国策下，高效、低耗、轻污染是我国制造业发展的方向。我国白酒企业应进一步运用高科技武装自己，走新型工业化道路，同时需面向市场最大限度发挥企业独特技术工艺和人力资源的比较优势，实施全方位的创新。

（一）紧跟变化中市场，实施全方位创新

经过黄金 10 年的发展，白酒行业已走到了一个历史的十字路口。2013年，整个白酒行业增速大幅下滑，利润再次降低。到 2014 年的一季度整个行业的状况还在继续恶化，白酒市场已出现了颠覆性的变化。从宏观经济形势看，经过"十五"、"十一五"的发展，GDP 增速减缓已使消费动力削减，中共十八大以后严控"三公消费"和既"打老虎又打苍蝇"的反腐形势使得政务消费降到冰点。从消费群体的变化情况看，随着"80 后"、"90 后"的成长为主流消费群体，10 年之后白酒市场的萎缩将是不争的事实。从市场竞争的情况看，竞争态势已入红海，大多数资源已被瓜分且效能下滑，企业面临的是难以扭转的资源约束性效益危机。从商业模式看，电商大潮冲击白酒传统的商业模式。综上所述，白酒作为传统行业已受到了空前的市场挑战，实现可持续发展需要全方位的创新。

1. 观念要创新。正确认识当前白酒行业形势需要有全新的观念。笔者认为，目前，行业遇到的困难和问题是市场对白酒的强制调整，一是白酒行业发展中的理性回归和价值再现。2013 年仅是调整的开始，是政府消费被控后市场对白酒价格层面的调整，行业深层次的调整或许刚刚开始，且时间会持续到 2015 年年底甚至更长时间。二是白酒已开始回到"本我"时代，价格逐渐体现价值。"三公消费"控制后，各大酒企全都布局中、低端市场，暴利时代成为历史。从 2008 年 2 月以来，白酒行业销售利润率至 2013 年 2 月达到峰顶后就开始逐渐回落，说明行业开始成熟，同时标志着白酒真正地进行"市场营销"的时代。三是白酒已进入大众消费时代，名酒需要向"民酒"回归，如果漠视市场变化继续追求高端高价高利，那么梦想将会被市场击得粉碎。因此，观念的创新就是要对现实市场的把握，在变中求变。

2. 管理要创新。过去的 10 年，是白酒行业快速发展的 10 年，也是粗犷发展的 10 年。在新的形势下，实现行业可持续发展，必须实施有效管理和深化组织变革。从目前情况看，大多数白酒企业都把主要精力集中在产品创新和渠道的构建上，而忽视管理组织的调整和变革。而要做到这一点，企业首先需要控制好供需平衡，在供产销之间找准结合点，既要盯着供，又要看好销；对供—产—销的链条实施动态管理，力求供需平衡，防止对经销商压货过多而形成市场泡沫。其次，管理体系要加快转型。这包括两个方面的内容：一是企业内部管理组织的变革，主要是减少管理层级，也就是"扁平化管理"缩减企业决策的时间和流程，以此提高企业对市场的反应速度。二是改革经销商管理体系。要改变厂方向经销商要销量、要回款，经销商向厂方要政策、要费用陈旧的经营模式。企业要在制定规划、决策的上传下达、信息传递等方面实现流程化和制度化。通过管控方式和合作模式的变革，使企业能准确把握市场信息，同时使经销商能及时准确理解并能有效执行企业的相关决策。三是要提高团队的营销技能。现在市场环境在变，对营销人员提出了更高的要求。这就要求管理组织要特别关注执行层面业务人员能力的培养和素质的提高，通过实施精细化管理来提高他们的业务能力。

3. 产品要创新。与发达国家的蒸馏酒企业的生产技术水平相比，我国白酒企业运用现代（微）生物工程技术改进传统白酒的生产工艺的空间还很大。从白酒企业现实生产情况来看，在以下方面还需加大研发的投入与力量：提高酿造、微生物利用、勾兑、分析技术，进一步降低发酵、酿造过程产生有害物质含量；用营养保健学和中医技术手段提升白酒的酒质；用自动化技术推动白酒生产的机械化与自动化；开展科研攻关，对风味白酒的风格特点、健康因子、质量控制等领域进行定量研究，推动特色风味白酒的技术规范和质量标准制定和实施。

企业应提高对白酒需求市场的关注度，及时把握消费者口感多元化和消费时尚化需求动向，大胆在香型创新化、度数低度化、包装现代化等方面进行创新，推出既符合消费者口味又满足其心理需求的适销对路新品。企业产品创新不仅能给企业带来新的竞争优势，还能丰富白酒家族的品类，既满足了消费市场的多样化需求，又给企业和行业带来新的经济增长点。

4. 营销要创新。随着市场情况的变化，过去以大区域代理为主的营销模式已显落后，必须学习可口可乐、加多宝等快销的做法，深度精耕市场，渠道精细操作。目前，绝大部分名酒骨干企业都放下身段，下延中低端产品，这就必须采取密集经销和分销，代理也要从市下沉到县甚至到镇，否则，市场就会有变化。

除了正常的深度分销外，面对新的形势，营销创新还要坚持"两条腿"走路，线上和线下并举的方针。线下营销创新要重点关注三个方面：一是实行个性化定制营销，找准销售群体。这是高端酒销售的衍生品，关键要找准切入点，根据这个群体的要求赋予白酒产品新的内涵，使之竞争能力结合实现双赢。二是圈子营销。这是团购渠道的延伸。市场资源无处不在，表现的形式各不相同。圈子营销就是要善于发现和整合资源，特别是整合资源最为重要。这是考量企业竞争力硬指标。三是跨界联系整合营销。企业要建一个平台，吸引多方加入，实现利益上的捆绑，战略上的联动。这不仅给酒企吸引了大量的资金，也为白酒销售拓展了新的渠道，锁定新的消费群体。

互联网正在重构大多数传统行业，我国最传统的白酒业更应该主动策应。酒企将网上商城或移动互联网终端作为平台，并通过这一平台将线下商家与消费者直接嫁接，形成双向的价值传递。这样做一方面可以减少销售层级，节约渠道费用，使产品最快到达消费者；另一方面基于互联网的大数据，酒企能在未来比较准确地了解和掌握核心消费群体。

（二）强化企业质量意识和标准意识

充分利用现行的国际及国家管理标准和规范，结合白酒行业及企业实际完善并持续改进白酒安全、质量和环境管理体系，将白酒企业的质量意识和标准意识落实到每一个生产细节。近年来，我国名酒企业基本上按《食品安全管理体系食品链中各类组织的要求》（国际标 ISO22000：2005；国标 GB/T22000—2006）、《质量管理体系要求》（国际标 ISO9001：2008；国标 GB/T19001—2008）、《食品安全管理体系白酒生产企业要求》（CNCA/CTS0022—2008）和 ISO14001 环境管理体系建立、完善并持续改进了企业的产品质量管理体系、安全管理体系和环境管理体系，并取得了相关权威认证机构的认证。

《食品添加剂使用卫生标准》（GB2760—2007）对白酒行业使用的添加剂范围、使用限量做了强制性要求。《蒸馏酒及配制酒卫生标准》（GB2757—1981）对白酒产品中的甲醇、杂醇油及重金属等有害物质的含量限量做了强制性要求。国家出台的《白酒企业良好生产规范》（GB/T23544—2009）属于推荐性标准，对白酒酿造企业的厂区环境、物料控制与管理、加工过程控制、质量管理、卫生管理等环节的良好操作做了规范要求。很多企业还获得了国家"绿色食品"和"纯粮固态发酵白酒"标志认证。有的大型酒企还按照《有机生产通用规范和要求》（GB/T19630—2005）标准要求建立了有机生产的管理体系，获得了有机高粱、有机小麦、有机白酒产品认证。

（三）关注健康与提倡理性饮酒

白酒因含较高的酒精浓度，过度饮酒会造成个人健康、家庭及社会问题。借鉴发达国家酒企的做法，我国白酒企业将提倡理性饮酒作为一项社会责任，广泛参与各种活动、鼓励消费者负责任地进行理性消费。一是白酒生产企业要建酒道馆，普及白酒知识，提倡健康饮酒。这是一件关系行业兴衰、民族兴旺的大事，国家应授权相关部门强制推广。二是要规范广告宣传，针对白酒广告多、乱、假的现象，进行清理整顿，同时在广告中要有健康理性饮酒的提示，提醒消费者健康饮酒，饮健康的酒。三是利用白酒销售网点进行宣传和健康饮酒提示。销售网点面广量大，是宣传提倡健康饮酒的阵地，受众面广且面对面。因此，在店面装潢时，要将理性饮酒的提示内容放在显要位置以吸引消费者的眼球。通过长时间潜移默化的宣传，提高消费者理性饮酒的自觉性。

（四）保护环境

保护环境和提升环境的可持续发展能力是白酒企业优先关注的重点，也是奠定一个传统酒品牌声誉的关键所在。没有良好的自然环境，白酒企业产品的品质就无从谈起。鉴于白酒企业与环境紧密联系，白酒企业应做各地环境保护的"先行者"，应投资于生产技术创新和节能措施，以实现能源、原材料的节约以及对环境的最小影响。白酒企业对环境的影响主要集中在供热锅炉燃烧煤的废气排放，发酵过程中产生的尾水和洗瓶废水的排放。大型骨干企业都已实现达标排放，中小白酒企业要对锅炉实施改造，加装水没除尘装置实现对烟尘的控制。要大力加强尾水提取香脂液的研究，变废为宝，这样既能减少排放，又能提升效益。对冲洗瓶水要通过沉淀净化使其符合使用标准，可反复利用。大型骨干企业可带头在国内开展产品的碳足迹（carbon footprint）管理活动。

四、社会要营造客观公正的白酒行业发展舆论环境

良好的社会环境是白酒行业健康可持续发展的大背景。随着我国改革开放进程的不断深入，整个社会结构发生了很大变化，由此引致不同社会群体的价值观念、生活方式、消费理念和消费结构持续不断地发生着较快的变化。消费者需求的不仅是口感好的白酒，而且必须是安全、卫生和有益健康的，同时全社会对白酒行业的期望和要求越来越高。白酒行业未来的发展取决于它与健康、休闲的现代生活理念和生活方式的融合程度。当前，面对着我国白酒的生存环境发生新的变化，其中最为关键的是消费者对白酒消费信任度下降和社会舆论环境恶化，白酒行业发展面临着前所未有的挑战。

白酒行业内部过度竞争，导致一些企业铤而走险，制假、掺假和售假时有发生，有些欺骗消费者的行为演变为行业的潜规则，破坏了整个行业的产品质量信誉，恶化了白酒消费市场的外部环境，来自行业外部的偏见日增，消费者的消费信心受到冲击，我国白酒的发展环境恶化到前所未有的程度。客观地看待当前白酒行业发展外部环境的困境，当然白酒行业自身存在的问

题是主因，这涉及国家的政策和规制，以及企业自身的社会责任感，需要通过政府、行业和企业的共同努力加以克服；而白酒行业发展外部环境存在的问题则是次因，其中舆论环境最为突出。舆论环境扮演着市场"指挥棒"的角色，客观公正的舆论环境有利于健康市场的形成，而问题在于我国的舆论环境对于白酒行业发展的监督与宣传存在问题。一是将一些个别企业的负面消息无限制地提升到全行业层面，以偏概全、恶化全行业经营环境，造成白酒消费信任危机。二是受国际资本的操作，炒作洋酒，这对我国白酒行业发展形成了很大的挑战，白酒行业在发展中更需要得到国家及消费者的支持。三是不关心白酒行业发展中所遇到的制度性和政策性问题，对行业残酷竞争形势充耳不闻，在白酒行业与政府和广大消费者起不到沟通桥梁的作用。

近年来，我国名酒行业持续提价既存在名酒品牌的价值回归的合理因素，也存在盲目追求高端化的冲动，误以为公务消费市场和富裕阶层为高端化白酒提供了市场基础，但随着中共十八大后国家对公务消费的整顿，这一市场很快就不存在了。一些媒体不客观看待白酒行业过度高端化发展的问题，扣上了抛弃大众消费者的"帽子"，贬低了白酒行业的积极贡献。在市场机制日益健全的情况下，高端白酒价格的形成最终是由供给方与需求方共同决定的市场行为，任何主观价值判断都是次要的市场因素。作为社会良心代表的媒体，要从关心、支持和爱护中国民族品牌生存发展的视角，为白酒民族品牌营造一个客观与公正的舆论环境，给予优秀民族品牌更多公正、正面的报道。白酒行业应当适应时代的发展潮流，与全社会一起主动倡导一种健康、文明、科学的白酒消费方式，创造一种健康、时尚、休闲的白酒消费新理念，培养和扩大白酒理性消费的群体规模。

五、酒业行业协会要恰当履行自身职能

要实现白酒行业的整体振兴与健康可持续发展，就需要实现白酒行业的自治，由白酒企业的业内人士组成不同层级的白酒行业协会，由它们代表白酒企业，对外共同打造行业的良好形象，共同维护白酒行业的利益，为争取白酒行业发展鼓与呼，对内实现行业自治，自觉提升白酒产品的整体质量，不断开拓白酒行业新的市场空间。

（一）重新定位行业协会的社会身份

由于转型国家的特征，目前我国绝大多数酒业行业协会脱胎于计划经济下的政府管理部门，带有官办性质，协会工作人员通常参照事业单位人员管理。由于协会与成员企业的利益诉求存在差异，导致两者之间关系远不如民间商会那样关系密切，因此在采取集体行动维护行业声誉和利益方面常常存在不到位。从中共十八届三中全会的改革要求来看，理顺政府与社会组织的关系和推进社会管理创新均是改革的重点内容，因此，逐步改变酒业行业协会的身份定位，让其真正地回归民间化，是改革的题中之意，也有利于促进行业协会自身的长远发展。

在现代社会的治理结构中，行业协会属于社会组织，它是连接政府与成员企业的纽带与桥梁。为行业与企业争取好的外部发展条件是行业协会使命与职责，同时它接受政府的委托代理一些行业自律的职能。行业协会引导会员企业依法生产经营，推动行业诚信建设，落实白酒行业食品安全管理；通过宣传、普及白酒安全知识，引导消费者正确认识白酒消费与健康的关系，倡导消费者科学饮酒与文明饮酒。

协会积极做好对企业的日常服务工作，牵头组织开展行业与市场情况调研，为会员企业提供全面、准确、及时的行业、市场数据和需求动向，从而更好地指导会员企业生产与经营；通过协会的英语或其他语种的网站网页，向国际社会宣传我国白酒的文化内涵、特定的口味品质以及多重的社会功能等特点。

（二）改进内部治理结构

酒业协会实现自我管理的目标，必须建立一套行之有效的内部惩罚制度。该制度包括内部处罚的构成要件、处罚方式以及处罚的救济途径，该制度一经成员大会讨论通过后进入酒业协会章程。酒业协会根据成员违规行为轻重及后果大小，依次适用罚款、名誉惩罚、集体抵制、开除会籍等处罚方式。更为重要的是，酒业协会还要建立一套信息披露制度，对于行业新规、成员企业产品质量安全信息、企业重大的市场行为的披露必须做到及时、准确、全面。信息披露是克服生产者与消费者、行业协会与成员企业之间信息不对称的最佳手段，它能够有效保护成员企业和消费者的知情权与选择权，防止消费者采取集体惩罚行业的过激行为的发生。通过协会内部处罚制度与公众信息披露制度建设，酒业协会的罚款处罚可以有效地阻吓中小型成员企业的违规行为，而信息披露可以较好地威慑更加重视声誉、财力雄厚大企业的机会主义行为。

六、中国白酒行业的国际化道路

（一）食品安全与行业标准

从我国白酒行业国际化现状来看，白酒产品技术标准的重要性毋庸置疑，它是开拓国际市场最为关键的先决条件。技术标准是一种世界通用的技术语言，也是各国市场准入和市场保护的最重要技术手段，国际标准和有重要影响的国家标准已构成国际贸易规则的一部分，成为跨国产品质量仲裁的重要准则。我国应重视白酒产品技术标准化工作，尽快出台统一的国家技术标准，给白酒行业国际化提供技术支撑。

目前，我国白酒行业"走出去"的最大障碍是缺失白酒统一的国家安全标准支撑，造成出口企业的安全生产措施不足，出口产品的质量无法达到进口国的食品安全标准。作为我国白酒重要出口国的日本，以及潜在目标市场的欧美发达国家，均已建立了完善并与国际接轨的食品安全标准体系，它们依靠较高的食品安全标准和先进检验技术对我国白酒出口构筑技术贸易壁垒。面对白酒出口受阻的挑战，我国白酒安全管理能力亟待加强。

结合我国白酒业发展的实际情况，对比欧盟烈酒标准战略和标准法规体系，构建我国统一的白酒技术标准体系。加快白酒标准化科研，力争早日推出国家统一的白酒技术标准体系和安全标准体系，跟踪国际技术发展趋势，不断提升白酒标准制订、修订的技术水平；按照国家技术和安全标准化体系要求，相应提高企业的生产、管理、检测、质量控制水平，不断提升我国白酒的品质形象；加强相关微生物发酵机理和生产过程领域的基础研究和数据积累；加强对酿造工艺、产地、年份等信息真实性的识别与判定技术研究；建立综合中式和欧美口味的白酒感官品评技术标准；加强白酒健康因子的研究，锁定健康因子的确切成分、含量、生成途径和药理机理，并且将可能的有益发现推广到我国所有白酒，以提高我国白酒的整体品质。

（二）口感改良与消费群体

酒是一种选择性的嗜好品，口感与风味是消费者最为关注的品质特征。我国白酒难以走出国门的原因有很多，主要还是国际消费者不习惯我国传统白酒的口味。欧洲人判断烈酒的质量好坏标准与我国标准有极大的区别，他们更注重酒入口后的口感，好酒入口后要不刺、不冲、不辣、不麻、不苦、不涩、不燥，整体柔和、丰满、纯净。而我国判别酒的质量好坏，侧重酒的香气评价，酒香是我国优质白酒的第一标志。必须承认的是，我国白酒在产出后加工和后期陈酿方面与威士忌、白兰地和龙舌兰等知名品种相比还存在很大差距；此外，在产成品的色泽、香气特征、口味、固有特征成分上，也存在较大的个性区别。我国白酒要提高国际市场的竞争力，必须要在后加工工艺与技术方面下深功夫。

我国白酒国际化的一个核心问题是要培育国际白酒消费者群体。从国际消费者的角度考虑，海外消费者不仅要认识和了解白酒，接受改良后的白酒口感，还要学会欣赏和品味我国白酒。白酒出口企业要解决好白酒口感国际化的问题，研究白酒的酒度、口感特征、饮用方式等如何符合国际消费者的消费方式和消费习惯。我国白酒的国际化应借鉴与利用我国美食在国外成功推广的经验，通过大量细致工作的铺垫，白酒就一定能在国际市场上立足与发展。

（三）品牌与中国文化的"走出去"

与国际知名蒸馏酒种相比，中国白酒在国际品牌影响力、市场份额、文化传播等方面，存在相当大的差距。我国白酒的品牌建设存在最突出的问题就是缺乏能够让国际消费者认可的品牌文化。我国知名白酒品牌均注重文化建设，将其视为市场的制高点，但文化建设仅限在我国国内，没有国际影响力，从而导致国际消费者对我国白酒品牌没有认同感。

我国文化没有融入世界、没有融化海外消费者的心是白酒没有走向世界的根本原因。我国文化要先"走出去"，白酒才可能真正地走出国门，前者是后者的前提条件。利用文化输出启动白酒国际化是一种最有效方式。我国白酒真正的国际化就是让国际消费者接受白酒特有的消费文化、品牌和生活方式。

白酒及其文化走出去必须依靠国家的力量。2013 年，中国提出了建立新丝绸之路经济带和海上丝绸之路的构想。这两条"丝绸之路"，一个靠陆，一个向海，一个地缘相邻，一个文化相近，在我国周边发展战略中位置显要。陆上丝绸之路经济带更具有战略意义，东连亚太，中贯中亚，西通欧盟发达国家，沿线国家可实现经济互补，多边共赢机会多。东南亚是我国战略意义的南大门，我国与东南亚国家文化相通，血脉相亲，海上丝绸将我国和东南亚国家连成一线。这两条"丝绸之路"相得益彰，白酒企业把握时机全方位地切入，借机发力，白酒及其文化"走出去"将指日可待。与此同时，随着我国文化体制改革的不断深化，我国文化创造力与影响力在国际上不断增强，尤其是我国文化"走出去"的孔子学院（学堂）和其他人文交流渠道，为我国白酒的国际化进程注入新的活力。从大的趋势看，我国白酒行业走向世界正当其时。作为行业"走出去"策略的一个组成部分，我国白酒的"走出去"离不开政府的推介渠道，需要有关政府领导部门牵头，整合外贸、知识产权、旅游、文化、传媒等多方面的力量，向海外推介和宣传我国的酒文化，通过全社会长期的共同努力，才可能把我国白酒文化的精髓传播到海外。

依据国际规则，我国白酒产品商标在目标国家或地区成功注册后，根据世界知识产权组织（OMP）的《商标国际注册马德里协定》和《商标国际注册马德里协定有关协定书》的有关规定，经相关国家和地区的知识产权管理机构审查通过，获国际商标注册证，受所在国家或地区的知识产权保护。

（四）提高国际市场营销水平

国际市场营销水平不高是阻碍中国白酒国际化的一个现实问题。亚洲的日本、韩国、马来西亚和菲律宾等国以及中国的香港和澳门地区是白酒产品的主要出口市场。由于我国白酒企业国际市场营销水平不高，当前对亚洲市场的开发力度相对较低，成效也不够明显。要提高我国白酒的国际市场营销水平，涉及具体的营销策略和商业模式运用，可从以下两个方面进行考虑：一是需要对目标市场进行烈酒消费市场调研，摸清国外消费者的心理特点，寻找我国文化与当地文化的相同点和相似点作为市场营销的突破口，因地制宜地传播我国白酒广告。二是利用人民币升值有利于海外投资大背景，我国白酒企业可以通过并购或投资目标市场的中小型蒸馏酒厂，利用它们的信息优势与专业优势、成功的营销经验和本土化的营销渠道，借道进入当地烈酒消费市场。

（五）抓紧对人才的培养

白酒国际市场开拓有别于国内市场营销，不仅需要白酒专业的知识和营销知识，还需要酒类专业的国际贸易知识和目标市场的法律知识。目前，我国白酒出口的规模较小，出口国家与地区数量较少，从事国际贸易的人员数量不多，从事具体国别研究的人员在国内更为少见。对外贸易是一种高度组织化的管理型企业行为，它需要大量通晓专业知识、国际贸易知识和法律知识的复合型经营管理人才。在利用和有选择地引进欧美发达国家和地区酒类贸易人才资源外，还要立足我国的白酒企业，通过对外贸易实战，抓紧酒类贸易人才培养，这将是我国白酒行业与企业的一项长期人才工程。

附　录

探索传统产业　走科学发展之路

　　赵凤琦先生的《新常态下白酒行业发展路径选择》一书，是我所看到的第一部，也是迄今唯一一部从经济学视角研究白酒工业可持续发展的学术专著。历史典籍记载，中国人饮用酒精性饮料（黄酒或水果发酵酒）的历史至少可以追溯到 3000 年以前，从《本草纲目》的描述和考古证实的遗迹遗址发现，中国人消费白酒（粮谷类蒸馏酒）也绝不少于 600 年或者更早，可以说，我国白酒的生产和消费源远流长。因此，赵凤琦先生所做的白酒产业可持续发展研究，并非一般意义上的简单论述一项古老产业的传承与延续，而是提出白酒工业应当适应自然环境、符合社会需求、遵从经济规律和依靠科技进步的发展原则，是努力研究与探索我国白酒工业如何走上科学发展之路。

　　这部学术专著以微观经济学、产业经济学和制度经济学理论为分析基础，以实证分析法、规范分析法、比较分析法和因素分析法为手段，对改革开放30 余年，特别是近 10 年来的白酒行业运行状况进行了梳理，较为全面地解读了白酒工业的基本形势、主要成就和存在的问题及其成因；思考了如何建立白酒行业可持续发展的指标体系；研究建立和完善国家规制、市场规制、行业和企业管理规制等外缘性和内生性制度体系的措施；参考和借鉴国际蒸馏酒发达国家的成功经验，以及分析全球经济一体化和酒类产品消费多元化，对我国白酒产业的冲击和影响；提出了实施白酒行业可持发展战略的对策和建议。这部专著是白酒企业生产经营者、行业管理和监管部门以及相关产业，思考和谋划白酒行业未来发展之路的重要参考文献。

　　白酒是具有悠久历史和蕴含丰富文化的民族传统产业，也是我国人民日常生活中不可或缺的重要消费品。进入 21 世纪以来，我国白酒工业逐渐进入高速发展的快车道，2004～2013年的10年间，规模以上白酒企业完成白酒总产量从312万千升到1226万千升，增长近4倍；主营业务收入从613亿元到5018亿元，增长了8倍多；实现利润从59亿元到805亿元，增长了13倍多。随着中国经济发展进入"新常态"，白酒产业增速受到宏观经济环境的制约，同时，在高增长背景下掩盖和积累的矛盾逐渐显现，产能肆意扩张、品牌过度开发、价格不断上涨、市场无序竞争、企业信誉透支等行业自身弊病，以及公务宴请、奢靡消费、舆论渲染等推波助澜，使白酒行业未来发展路径又一次面临重大抉择的关口。值此历史关键时刻，研读《新常态下白酒行业发展路径选择》，对我们白酒从业者具有重要的现实意义和深远的历史意义。

赵凤琦先生主持国有大型白酒骨干企业生产经营工作逾10年之久，在他和经营团队的艰苦努力下，深陷低谷的双沟酒业股份有限公司逐步走上健康稳定发展的轨道，苏酒、珍宝坊、双沟醉猿等一批极具特色的优势产品，不仅在历次全国性评酒活动中载誉而归，也深为广大消费者喜爱，成为"苏酒板块"中亮丽的风景线，为双沟酒业和江苏白酒产业的复兴和发展，奠定了坚实基础。

苏酒集团成立后，赵凤琦先生的工作重点改变为抓好大型国有企业党的建设，同时，他对白酒企业的经营管理和白酒产业未来发展的思考更加深入。为了进一步提高理论素养和开扩视野，年逾半百的赵总毅然踏进我国社会科学研究的最高殿堂，并深得名师教导，历时三年，为白酒行业贡献了这份弥足珍贵的思想盛宴。

"沧浪欲有诗味，酝酿才能芬芳。"感谢赵总用心血为我们酿造了一坛香远益清的"陈年老酒"。

中国食品协会白酒协会会长　马勇

2015年10月

参考文献

（一）中文书籍

1. ［美］戴维·J. 弗里切：《商业伦理学》，机械工业出版社 1999 年版。

2. 杜宇玮：《长三角区域公共服务一体化——以港口设施为例》，《南大商学评论》（经济学版）第 16 辑，南京大学出版社 2008 年版。

3. 刘志彪、安同良：《现代行业经济分析》第三版，南京大学出版社 2009 年版。

4. ［美］林恩·夏普·佩因：《领导、伦理与组织信誉案例》，东北财经大学出版社 1999 年版。

5. 马中：《环境与资源经济学概论》，高等教育出版社 1998 年版。

6. 世界环境与发展委员会：《我们共同的未来》，世界知识出版社 1989 年版。

7. 杨公朴等：《行业经济学》，复旦大学出版社 2005 年版。

8. 中国科学院：《2001 中国可持续发展战略报告》，科学出版社 2002 年版。

9. 张维迎：《产权、政府与信誉》，三联书店 2001 年版。

10. 王彩霞：《地方政府扰动下的中国食品安全规制问题研究》，经济科学出版社 2012 年版。

11. 张婷婷：《中国食品安全规制改革研究》，中国物资出版社 2010 年版。

（二）中文期刊及报摘文章

1. 陈勇：《白酒行业技术发展趋势分析》，《酿酒科技》2013 年第 3 期。

2. 陈曦：《茅台如何酿造品牌》，《企业管理》2010 年第 11 期。

3. 傅国城：《关于白酒行业发展战略趋势的思考》，《酿酒》2005 年第 9 期。

4. 傅国城：《中国白酒行业发展应侧重于理性升级与企业文化形成共振》，《酿酒》2012 年第 5 期。

5. 郭金鑫：《立足点滴　酿造真诚　历练秦池成熟之美——记临朐县人大代表、山东秦池集团总裁胡福东》，《山东人大工作》2011 年第 7 期。

6. 何宏魁、李安军、万春环、汤有宏、周庆伍：《物联网技术在白酒行业应用综述》，《酿酒科技》2012 年第 2 期。

7. 韩金宏、励建荣：《中国白酒行业的现状和发展前景》，《农产品加工》（学刊）2006 年第 2 期。

8. 胡承等：《对中国白酒发展中一些问题的思考》，《酿酒》2003 年第 3 期。

9. 胡向婷、张璐：《地方保护主义对地区行业结构的影响——理论与实证分析》，《经济研究》2005 年第 2 期。

10. 黄永光、刘杰：《中国白酒金三角发展战略分析》，《酿酒科技》2010 年第 8 期。

11. 李启宇、何凡：《"中国白酒金三角"白酒行业空间组织优化探讨》，《酿酒科技》2013 年第 4 期。

12. 林枫：《从行业本质看行业大势——中国白酒行业未来趋势》，《中国酒》2012 年第 2 期。

13. 刘杜若：《我国白酒行业的集中度及其决定因素的实证研究》，《酿酒科技》2009 年第 4 期。

14. 刘世松：《我国白酒行业的现状》，《中外食品工业信息》2001 年第 8 期。

15. 林琳、唐骁鹏：《西方激励性规制理论述评》，《经济问题探索》2004 年第 2 期。

16. 林向：《白酒业三大"醉"状》，《第一财经日报》2011 年 11 月 30 日。

17. 凌潇、严皓、廖国强：《酒类产品质量安全的行业协会自我规制》，《酿酒科技》2013 年第 8 期。

18. 零点指标数据：《2013 中国白酒消费现状及趋势》，《销售与市场》2013 年第 9 期。

19. 季克良：《中国白酒与传统酱香型白酒发展趋势分析与判断》，《经济信息时报》2013 年 6 月 7 日。

20. 孟宝、郭五林、鲍燕：《中国白酒金三角旅游开发与中国白酒品牌国际影响力提升浅议》，《酿酒科技》2012 年第 12 期。

21. 孟乃昌：《中国蒸馏酒年代考》，《中国科技史料》1985 年第 6 期。

22. 潘成云：《解读行业价值链——兼析我国新兴行业价值链基本特征》，《当代财经》2001 年第 9 期。

23. 钱立洁：《当前民营中小企业诚信问题研究》，《企业经济》2006 年第 12 期。

24. 秦立友、曹保卿：《创建诚信企业 建设和谐社会》，《中国储运》2005 年第 5 期。

25. 曲延芬：《价格上限规制分析》，《工业技术经济》2005 年第 2 期。

26. 徐占成、李学琴、徐姿静：《关于对中国白酒质量技术标准的思考》，《酿酒》2009 年第 5 期。

27. 熊正河等：《标准对白酒行业国际化的技术支撑作用研究》，《酿酒科技》2011 年第 5 期。

28. 辛平、吴家杰：《让"洋河"奔腾向海洋——访十六大代表、洋河股份党委书记、董事长杨廷栋》，《酿酒》2003 年第 1 期。

29. 徐岩：《中国白酒国际化进程中的传承与创新》，《酿酒科技》2012 年第 12 期。

30. 杨红文：《论白酒质量》，《酿酒科技》2009 年第 10 期。

31. 杨廷栋：《白酒的发展取向是满足消费者的价值需求》，《酿酒科技》2009 年第 9 期。

32. 杨柳：《中国白酒业的核心竞争力研究》，《酿酒》2006 年第 1 期。

33. 杨柳：《白酒行业发展的路径选择》，《酿酒科技》2009 年第 2 期。

34. 尹贵超：《给白酒安全戴上"紧箍咒"》，《华夏酒报》2013 年 12 月 12 日。

35. 闫宗科：《健全白酒标准 促进白酒行业健康安全发展》，《酿酒科技》2012 年第 8 期。

36. 吴家杰：《实施名牌战略　永葆企业青春——江苏洋河股份有限公司争创"中国驰名商标"侧记》,《酿酒》2002 年第 3 期。

37. 吴勇毅：《国酒茅台多元化发展困局》,《中国商贸》2007 年第 6 期。

38. 王浩军：《企业失信与良性市场要求的悖论及对策分析》,《特区经济》2006 年第 6 期。

39. 王明、沈才洪：《白酒行业食品安全管理现状及趋势》,《酿酒科技》2010 年第 1 期。

40. 王化斌、李明志：《对中国白酒标准化技术与发展的几点建议》,《酿酒科技》2010 年第 1 期。

41. 王炎：《WTO 与中国的传统酒业》,《农村经济》2005 年第 9 期。

42. 王延才：《中国白酒行业发展报告》,《酿酒》2001 年第 7 期。

43. 王延才：《大力发展循环经济　促进行业持续发展》,《酿酒科技》2006 年第 8 期。

44. 王延才：《中国酿酒工业协会白酒分会五年工作报告》,《酿酒科技》2010 年第 8 期。

45. 王延才：《走新型工业化和机械化道路是传统白酒发展的必由之路》,《酿酒科技》2011 年第 10 期。

46. 王延才：《2012 年中国酒业协会白酒分会理事会工作报告》,《酿酒科技》2013 年第 6 期。

47. 张尚姝：《白酒消费趋势引导企业新一轮竞争》,《消费日报》2013 年 9 月 24 日。

48. 张文平：《国酒茅台的可持续发展与环境保护》,《酿酒科技》2006 年第 4 期。

49. 赵姗姗、李娜：《浅谈白酒行业面临的困境及应对策略》,《酿酒》2013 年第 4 期。

50. 钟国辉、邹海晏：《对中国白酒走向世界的思考》,《酿酒》2011 年第 4 期。

51. 骆玲、唐志红：《行业可持续发展能力评估指标体系研究》,《西南交通大学学报》（社会科学版）2007 年第 5 期。

52. 周正刚、陈曙光：《文化行业可持续发展指标体系的探讨》，《广东社会科学》2008 年第 5 期。

53. 吴志军：《我国稀土行业可持续发展战略研究》，《江西社会科学研究》2012 年第 2 期。

54. 钱吴永、李晓钟、王育红：《物联网行业可持续发展能力评价指标体系构建及优化方法研究》，《中国科技论坛》2014 年第 6 期。

55. 毕立民：《论金融行业可持续发展能力的评价与建设》，《商业研究》2004 年第 20 期。

56. 黄继忠、王小宇：《基于因子分析法的中国钢铁行业可持续发展协调度分析》，《辽宁大学学报》（哲学社会科学版）2008 年第 5 期。

57. 王桂荣、苏贵良：《山东省经济可持续发展能力实证研究——基于PCA、DEA 及 AHP 分层法》，《中国石油大学学报》（社会科学版）2013 年第 5 期。

58. 段树国、龚新蜀：《基于熵值法的地区循环经济发展综合评价——以新疆为例》，《中国科技论坛》2012 年第 11 期。

59. 秦永东、欧向军、甄峰：《基于熵值法的人居环境质量评价研究——以徐州市为例》，《城市问题》2008 年第 10 期。

（三）中文博士硕士学位论文

1. 陈涛：《我国桑蚕业行业可持续发展研究》，西南大学博士学位论文 2012 年。

2. 曹艺：《我国企业诚信规制之探析》，西安工程大学硕士学位论文 2011 年。

3. 胡斌：《中国白酒的品牌国际化研究》，首都经济贸易大学硕士学位论文 2007 年。

4. 侯亚景：《中国白酒行业集聚与行业链的优化研究》，天津理工大学硕士学位论文 2011 年。

5. 刘杜若：《关于中国白酒行业国际竞争力的研究》，江南大学硕士学位论文 2008 年。

6. 刘畅：《日本食品安全规制研究》，吉林大学博士学位论文 2010 年。

7. 刘贞：《基于市场交易的电能与环境协调激励电价机制设计》，重庆大学博士学位论文 2008 年。

8. 刘素英：《中国政府规制研究》，华东师范大学博士学位论文 2011 年。

9. 李洁：《中国企业诚信问题研究》，东北财经大学硕士学位论文 2010 年。

10. 李文帅：《白酒产品追溯管理系统设计研究》，北京邮电大学工商管理硕士专业学位论文 2009 年。

11. 满拥军：《我国企业诚信问题研究》，天津大学硕士学位论文 2006 年。

12. 徐发：《我国白酒行业现状和发展趋势分析》，合肥工业大学硕士学位论文 2010 年。

13. 闫瑜：《我国葡萄酒行业国际竞争力分析》，我国海洋大学硕士学位论文 2011 年。

14. 周志彦：《企业诚信的经济学分析》，武汉理工大学硕士学位论文 2006 年。

（四）法律法规

1.《中华人民共和国产品质量法》，1993 年 2 月 22 日通过，2000 年 7 月 8 日修订通过并实施。

2.《中华人民共和国食品卫生法》，1995 年 10 月 30 日通过并实施。

3.《中华人民共和国食品安全法》，2009 年 2 月 28 日通过，2009 年 6 月 1 日起施行。

4.《中华人民共和国食品安全法实施条例》，2009 年 7 月 8 日通过并实施。

5.《食品安全管理体系食品链中各类组织的要求》（国际标 ISO22000: 2005；国标 GB/T22000—2006）

6.《质量管理体系要求》（国际标 ISO9001: 2008；国标 GB/T19001—2008）。

7.《食品安全管理体系白酒生产企业要求》（CNCA/CTS0022—2008）。

8. ISO14001 环境管理体系。

9.《食品添加剂使用卫生标准》（GB2760—2007）。

10.《有机生产通用规范和要求》（GB/T19630—2005）。

11. 《白酒企业良好生产规范》（GB/T23544—2009）。

12. 《蒸馏酒及配制酒卫生标准》（GB2757—1981）。

（五）英文文献

1. 联合国教科文组织，"Agave Landscape and Ancient Industrial Facilities of Tequila". 2008 - 10 - 26.

2. Alexander Stubb, "The European Vodka Wars", A December 2006 Blue Wings Article.

3. Andrea Collinsa & Ruth Fairchildb, "Sustainable Food Consumption at a Sub - national Level: An Ecological Footprint, Nutritional and Economic Analysis", Journal of Environmental Policy & Planning, Volume 9, Issue 1, 2007, pp. 5 - 30.

4. Bain, J. S., "Barriers to New Competition", Cambridge: Harvard University Press, 1956.

5. B. Gail Smith, "Developing Sustainable Food Supply Chains", Downloaded from RSTB. Royal Society Publishing. Org on December 29, 2013.

6. Dominique Maxime, Michèle Marcotte, Yves Arcand, "Development of Eco - efficiency Indicators for the Canadian Food and Beverage Industry", Journal of Cleaner Production, Volume 14, Issues 6 - 7, 2006, pp. 636 - 648.

7. Eke, Steven, "People's Vodka' Urged for Russia", BBC News, Retrieved 2008 - 11 - 22.

8. "EU Farm Chief Warns of Legal Action in Vodka Row", Reuters via flexnews. com 2006 - 10 - 25.

9. Flaherty, M. T., "Dynamic Limit Pricing, Barriers to Entry, and Rational Firms", Journal of Economic Theory, 1980, 23, 160 - 182.

10. Gaskins, D. W., "Dynamic Limit Pricing: Optimal Pricing under Threat of Entry", Journal of Economic Theory, 3, 1971, pp. 306 - 322.

11. "India: Alcohol and Public Health", Global Alcohol Policy Alliance, The Globe, 2005, Issue 2.

12. Ipsos, "Drinking to the Future Trends in the Spirits Industry", March 2013.

13. Judd, K. , "Credible Spatial Preepmetion", Rand Journal of Economics, 16, 1985, pp. 153 – 166.

14. Korotayev A. , Khaltourina D, "Russian Demographic Crisis in Cross – National Perspective". Russia and Globalization: Identity, Security, and Society in an Era of Change. Ed. by D. W. Blum. Baltimore, MD: Johns Hopkins University Press, 2008. pp. 37 – 78.

15. Khaltourina, D. A. , & Korotayev, A. V. , "Potential for Alcohol Policy to Decrease the Mortality Crisis in Russia", Evaluation & The Health Professions, Vol. 31, No. 3, Sep 2008, pp. 272 – 281.

16. "Oxford English Dictionary", Oxford, England: Oxford University Press, 1989.

17. Porter, M. E. , "Competitive Advantage: Creating and Sustaining Superior Performance", New York: Free Press, 1985.

18. Porter, M. E. , "The Competitive Advantage of Nations", New York: Free Press, 1990.

19. Regulation (EC) No 110/2008 of the European Parliament and of the Council of 15 January 2008 on the Definition, Description, Presentation, Iabeling and the Protection of Geographical Indications of Spirit Drinks and Repealing Council Regulation (EEC) No 1576/89.

20. Steve Wright, "Trends in Global Spirits Production", Brewer & Distiller International , September 2011, www. ibd. org. uk.

21. Sweeney, John, "When Vodka is Your Poison", BBC News, Retrieved 2008 – 11 – 22.

22. "The Scotch Whisky Regulations 2009", UK Parliament, 2009, Retrieved 2012 – 04 – 30.

23. "The Scotch Whisky Regulations: Guidance for Producers and Bottlers", Scotch Whisky Association, 2 December 2009, Retrieved 24 September 2012.

24. Vicki Waye, "Carbon Footprints, Food Miles and the Australian Wine Industry", http: //www. law. unimelb. edu. au/files/dmfile/downloadf0481. pdf.

25. "Vodka – mobile' Selling Booze to Swedish Kids", Thelocal, Se (10

February 2012), Retrieved on 2013 – 07 – 19.

26. Von Weizsacker, C. C., "A Welfare Analysis of Barriers to Entry", The Bell Journal of Economics, 11, 1980, 399 –420.

27. Zweimüller J, Brunner J. K., "Innovation and Growth with Rich and Poor Consumers", Metroeconomica, 2005, 56 (2), pp. 233 –262.

28. 加拿大司法部: http://laws., justice. gc. calm/F – 27/C. R. C. – c. 870/section – B. 02. 020. html.

后　记

本书是由我的博士学位论文《我国白酒行业可持续发展研究》修改而成。

2000 年春节前夕，我离开了政府机关到江苏双沟酒业股份有限公司任职，距今已近 20 年。目前虽已退居二线，但仍在白酒企业扑腾。这些年来，白酒行业跌宕起伏，冰火交融。我作为局中人，感同身受，冷暖自知。最难忘的是到企业上班的第一天，想象中的喧嚣与忙碌被寂静与清闲所取代，一个人面对厂门口静静流过的淮水发呆。三年以后，我所在的企业及整个行业发生了奇迹性的变化，整个行业呈现出强劲的发展势头，仿佛消费市场对白酒的需求有无限的空间，随后各名酒企业及所在地的政府对投资白酒扩大产能表现出极大的兴趣，再造酒城、打造酒都成为整个行业共同的声音。然而，到了 2013 年，白酒消费市场出现逆转，高端白酒动销不畅，企业效益开始下滑，在建项目开始停工，企业叫苦不迭。这种过山车式的发展，一方面，对行业伤害很大；另一方面，也要求白酒行业乃至整个社会就白酒行业可持续发展问题作出回答与思考。

2010 年，白酒行业如日中天。此时，中国两大名酒企业洋河、双沟在政府主导下实行强强联合，成立苏酒集团，我的工作重点也侧重于党务工作，可以有更多的时间和精力来思考白酒行业的可持续发展问题。但终因思考的角度，研究的方法以及能力的限制等原因，虽然发表过一些文章，但对行业可持续发展有指导作用的成果少之又少。为了把这个课题研究下去，我决定"百战归来再读书"。

影响我国白酒行业可持续发展的因素很多，除了粮食等资源环境因素外，更多的是涉及社会管理体制、方式以及文化等因素。在本书中，没有专门章节论述白酒行业可持续发展与粮食产量的关系，仅在第四章指标体系中设定粮食产量评价指标。这是因为酿酒耗用的粮食主要是人们不可直接食用的粗粮。农业连续丰收，粮食已不是制约白酒行业可持续发展的关键因素。所以，本书中较多关注的是建立全国统一的白酒消费市场、防止区域市场垄断、建立和完善社会规制、实现依法（规）治酒和社会诚信体系建设等。因为这些都是现实生活中存在而又必须解决的问题，所以要有专门的章节对其论述。

白酒和京剧一样，都是国粹。但白酒作为世界烈酒的一部分，必须要用国际视野来审视。对于我国白酒行业，通过和世界烈酒对比，可以发现自身的缺点与不足。本书专设章节对欧美等国烈酒行业发展的现状、管理规制以及经验作了介绍，以期引起理论工作者和白酒行业的全体同仁的关注。

我十分幸运自己能成为中国白酒界的一员，又能选择这样一个具有重大现实意义和历史价值的题目进行研究。然而，它内涵丰富、涉及广泛，上下五千年，横跨多学科，实难把握，更难出彩。在写作中，我深感学识浅薄，力不从心，尽管下了很大功夫，有待于完善的地方仍然很多，希望未来有机会进一步修改完善。书中若有不妥，纯属个人能力问题，责任全由我自己承担。

感恩是每个人必须具备的基本素质，致谢是书中似乎多余而又不可或缺的内容。当我即将完成书稿交付出版之际，想起了诸多领导、恩师、同事和朋友。

感谢中国社会科学院研究生院刘迎秋院长、黄晓勇书记，他们力排众议，破格录取我这个超龄博士，把我带进我国最高学府的知识殿堂。这段经历不仅丰富了我的知识积累，也为我长期关注的白酒行业可持续发展问题的研究提供了便利条件。

我要感谢恩师，中共中央政策研究室李连仲教授。他是一位具有较高学术素养又能解决实际问题的著名学者。他在完成上级交办工作的同时，牺牲了很多休息时间，指导我的学习研究，仅论文写作提纲就六易其稿。老师这种诲人不倦的精神给了我克服困难、坚定前行的正能量。

感谢《求是》杂志社理论评论部吕虹教授、中国人民银行宋泓均教授、江苏省社会科学院骆祖春研究员、江苏省教育厅新闻办薄其芳主任，在本书写作过程中给予的悉心指导与帮助。

中国酒业协会王延才理事长、宋书玉秘书长，中国食品协会白酒协会的马勇会长,《酿酒》杂志社的赵彤女士,在我过去的研究中以及选题方面都给予许多好的意见和建议,在此一并致谢。

在我读博期间,江苏苏酒集团原董事长杨廷栋先生、现任董事长张雨柏先生主动承揽我的工作,为我减轻工作上的压力,使我得以集中精力读书思考。北京国能煤炭投资公司包建生董事长三年如一日,悉心照料我的生活,为本书的写作提供了时间和生活上的保证。我要真诚地谢谢他们!

真诚地感谢家人的支持与理解。过了知天命的人读博,需要克服家庭的困难和自身的不足,更需要家人的理解与支持。读博期间,我太太主动承揽全部家务,赡养老人,携带幼孙,一日三餐精心照料,热汤热水胜过万语千言,没有"我爱你"浪漫表白,但有"我在这"力量的存在。年过八旬的老父亲,坚信不添麻烦就是支持,在我读博三年期间,自己从没主动给我打过一个电话。家人的理解与支持,是我完成学业的原动力。

从学位论文到书籍的出版,在格式体例等方面都需要有较大的转换。在此期间,经济管理出版社第二编辑室主任张艳、编辑张达以及美编刘艳南老师都给予了热情的指导与帮助。在此,一并致谢。

在本书写作与修改过程中,江苏宿迁诚投公司杨小彬先生、杨诺涵小姐,中鸿税务的王敏小姐以及北京国能煤炭投资公司王欣女士在文稿的打印、校对、编排方面都付出了辛勤的劳动,在此一并致谢。

吾生有涯而学无涯。完成了博士学位论文的答辩并不是某个阶段的结束,而是一个新的开始。中国白酒行业可持续发展可谓是前路漫漫,我也将如影随形上下求索。

是为记。

赵凤琦

2015 年 6 月 18 日